티파티 운동과
위대한 미국 운동

미국학총서 XVII

티파티 운동과 위대한 미국 운동

‘리얼 아메리카’의 회복을 위한 저항운동

초판 1쇄 발행 2024년 5월 28일
초판 2쇄 발행 2025년 1월 31일

지은이 손병권

펴낸곳 서울대학교출판문화원
주소 08826 서울 관악구 관악로 1
도서주문 02-889-4424, 02-880-7995
홈페이지 www.snupress.com
페이스북 @snupress1947
인스타그램 @snupress
이메일 snubook@snu.ac.kr
출판등록 제15-3호

ISBN 978-89-521-3231-4 94340
978-89-521-1106-7 (세트)

이 저서는 2013학년도 서울대학교 미국학연구소 총서 사업의
지원을 받아 수행된 연구 결과물임.
This work was supported by Seoul National University
(American Studies Institute Publication Series).

미국학총서 XVII

티파티 운동과 위대한 미국 운동

'리얼 아메리카'의 회복을 위한 저항운동

손병권 지음

서울대학교출판문화원

Tea Party and MAGA Movements:
The Protest Movements for Reclaiming 'Real America'

Byoung Kwon Sohn

Seoul National University Press

머리말

이 책은 원래 티파티 운동(Tea Party movement)만을 대상으로 해서 서울대학교 미국학연구소 총서의 하나로 진작 세상에 나왔어야 했다. 그런데 필자의 게으름 탓으로 제때 나오지 못하고 있다가, 조금 더 긴 호흡으로 미국 정치를 보려는 욕심이 보태져 트럼프의 위대한 미국(MAGA) 운동과 함께 통합적으로 집필되어 이제 선을 보이게 되었다. 필자는 이와 같은 양대 사회운동을 관통하는 핵심을 '리얼 아메리카'를 회복하려는 미국 보수주의 세력의 '정체성 회복' 노력이라고 보았다. 이런 필자의 욕심이 과욕이었는지 여부는 독자와 동료의 평가에 달려 있을 것이다.

미국 정치에서 일반적으로 '정체성'이라는 개념은 소수인종, 이민자, 동성애자 등 사회적 소수집단의 권리가 미국 내 주류집단과 같은 수준의 보편적 권리로 인정되어야 한다는 민주당 및 자유주의 세력의 요구와 관련되어 있다. 그리고 이러한 요구는 1960년대 자유주의의 절정기에 이르러 민권운동, 여성운동 등의 형태로 강하게 분출되었고, 오늘날 널리 인정되는 추세이다. 그런데 1990년대 중반 이후 미국 정치의 양극화 현상과 맞물려 자유주의 세력의 정체성 정치와 구별되는 다른 형태의 정체성 정치도 등장했다. 보수주의 진영 내에서 발현된 헌법 근본주의 성향의 작은 정부론이나 반이민 성향의 백인 민족주의 등 진위(眞僞)나 피아(彼我)를 확연히 구분하려는 공세적 성격의 정체성 정치가 그것이다.

현대 미국의 보수주의 세력의 정체성 정치는 바로 '리얼 아메리카'의 주인이 누구이며 그 진정한 주도 이념은 무엇인가를 중심으로 진행되었다. 이러한 정체성 정치는 주로 공화당과 백인 등이 주축이 되어 전개되어, 과거 민주당과 자유주의 세력이 주장해 온 정치적 올바름이나 개방적 이민 정책에 대항하는 성격을 띠고 있다. 자유주의의 정체성 정치가 소수집단의 동등한 정치적 권리를 요구하면서 주류세력과의 '정상화된 공존'을 주장한 것이라면, 보수주의의 정체성 정치는 '리얼 아메리카'를 표상하는 원칙과 가치, 전통과 종교를 대변하는 세력이 주인이 되어 '제대로' 나라를 이끌어야 한다는 '배제와 차별'의 논리를 담고 있다. 또한 자유주의의 정체성 정치가 극단화되면서 나타나는 부작용이 사회적 파편화 현상이라면, 보수주의 정체성 정치의 등장이 시사하는 문제점은 이보다 훨씬 근본적인 것으로서 분명한 진위와 피아 구별에 기반한 대결과 배척의 정치라고 할 수 있다. 이 책이 분석하는 헌법 근본주의적 성향의 티파티 운동과 백인 민족주의를 표방한 위대한 미국 운동이 바로 보수주의 세력이 추구하는 정체성 정치의 전형적 모습을 드러낸 것이라고 할 수 있다.

이처럼 보수주의 진영 내에서 새롭게 등장한 정체성 저항운동인 티파티 운동과 위대한 미국 운동은 미국 정치의 전반적인 정치적 양극화 현상 속에서도 특히 공화당의 극단적 우경화로 야기된 '비대칭적 양극화(asymmetric polarization)'와 함께 이해되어야 한다. 다시 말해 오늘날 미국 정치의 구조적 변화를 이끌어 가는 주요한 요인 가운데 하나는 민주당보다 헌법 근본주의와 반이민적 백인 민족주의에 경도되어 가는 공화당에 있는 것으로 보인다. 공화당이 더 깊고 강하게 우경화되면서 미국 정치의 극단적인 적대적 양극화 현상이 심화되었고 미국 민주주의 궤도 이탈 현상이 나타나기 시작했는데, 이를 보여 주는 대표적인 사례가 티파티 운동의 반오바마 운동으로의 변질과 트럼프 추종자들에 의한 2021년 1월

6일 미국 의사당 폭력 점령 사태라고 할 수 있다.

양대 사회운동을 분석하는 이 책은 또한 미국의 제도권 정치가 제도권 밖 '운동정치'의 공격에 상당히 취약해지고 있음을 강조하고자 한다. 물론 미국은 선거, 이익집단, 의회 등을 통해 사회적 요구가 수렴되고 다원주의적 이익이 처리되는 대표적인 국가이기는 하다. 그러나 2010년 중간선거에서 티파티 운동의 지원을 받은 공화당 후보의 의회 입성과 2016년 아웃사이더 트럼프의 대통령 선거 승리 등에서 알 수 있듯이, 공화당은 당 밖의 운동정치에 의해 포획되어 가는 외양을 드러내고 있다. 이 책은 '과정으로서의 정치'를 특징으로 하는 제도권 정치가 운동정치에 의해 도전받는 현상이 현대 미국 정치의 한 단면이라 보고, 이러한 현상에 주목할 필요가 있음을 강조하고자 한다.

마지막으로, 이 책은 티파티 운동과 위대한 미국 운동을 사회운동의 사례로 보고 분석을 진행했다. 공적 권위체가 추진하는 정책에 대한 불특정 다수의 불만이 표출되면서 이를 바로잡기 위해 노력하는 지속적인 갈등적 저항으로 사회운동을 정의한다면, 이 책이 분석하는 양대 사회운동은 이러한 정의에 부합한다. 그런데 통상 사회운동의 범주에서 자주 연구되어 온 주제는 자유주의나 진보주의 세력이 추진한 민권운동, 환경운동, 반전운동이나 민주화 이행과 관련하여 권위주의 체제에 저항해 온 민주화운동 등이었지 우익 보수세력의 민중주의적 대중운동은 아니었다. 그러나 1990년대 이후 세계화에 대한 반발과 이에 따른 저학력·저소득층 중심의 반정부 대중동원, 그리고 브렉시트와 트럼프의 등장을 전후하여 등장한 반이민 정서나 종족적 민족주의 현상이 계속 목격되면서, 이러한 우익세력의 대중동원도 사회운동의 범주 속에서 본격적으로 연구할 필요가 생겨났다고 보인다. 실제로 현재 세계 각국의 정치적 지형에 충격을 주는 현상은 극단적 보수세력의 종교적·근본주의적·민족주의적 대중동원 현상이다. 이 책은 보수세력의 대중동원을 특징으로 하는 이러한 현상을 사회운동의 이론적 관점에 따라 분석하는 것이 필요하다고 보고 연구를 진행했다.

이 책이 나오기까지 여러 분에게 많은 신세를 졌다. 무엇보다 이 연구가 진행되도록 계기를 마련해 준 동기이자 동료인 전 미국학연구소 소장 이옥연 교수에게 감사의 말을 전하고 싶다. 늦었지만 이제라도 마무리하여 미안함을 덜 수 있어 다행이라는 생각뿐이다. 그리고 역시 소장을 역임했던 박원호 교수와 현재 소장인 이동신 교수 두 분의 후의에도 고마운 마음을 전하고 싶다. 끝으로, 행정적 업무를 위해 수고해 준 미국학연구소의 김지희 선생, 그리고 연구 성과물이 최종 완성본으로 나올 수 있도록 애써 준 서울대학교출판문화원에도 감사의 말씀을 함께 전하고 싶다.

2024년 3월

손병권

차례

1장

서론

1. 문제 제기와 양대 운동의 개관

필자는 이 책을 통해 2009년 오바마(Barack Obama) 행정부 출범 이후 시작된 티파티 운동(Tea Party movement)과 2016년 대통령 선거를 전후해서 등장한 트럼프(Donald Trump)의 위대한 미국 운동(Make American Great Again[MAGA] movement)[1]을 '리얼 아메리카(real America)의 회복을 위한 정체성 중심의 저항운동'으로 보고, 이 두 운동의 등장과 전개 과정을 설명한 후 두 운동의 성격을 비교 분석하고자 한다. 무엇보다 이 책이 다루는 티파티 운동과 위대한 미국 운동은 "미국이란 어떤 나라인가?" 혹은 "미국이란 어떤 나라여야 하는가?"라는 질문과 관련된 정체성 정치가 발현된 저항운동이며, 양대 운동의 등장과 전개에는 이러한 정체성과 관련하여 동원을 위한 '프레임(frame)'의 제공이 매우 중요했음을 미리 언급해 두고자 한다. 3장과 4장에서 각각 양대 저항운동의 등장과 전개 과정

1 이 책에서는 '미국을 다시 위대하게 만들자'라는 트럼프의 구호에 착안하여 그가 주도한 저항운동을 '위대한 미국 운동'으로 명명했다. 사실 트럼프가 제시한 이러한 구호의 취지를 정확히 살리기 위해서는 '다시 위대한 미국 운동'으로 불러 '다시(again)'의 의미를 살리는 것이 더 나아 보인다. 그러나 '다시'를 삽입하는 것이 다소 길기도 하고 문장상 호흡 조율 문제도 있어 그냥 '위대한 미국 운동'이라는 표현을 사용하기로 한다.

을 상세히 설명하기에 앞서 각 운동의 등장 배경을 개괄적으로 설명하기로 한다.

서브프라임 모기지 사태로 미국이 경기침체의 깊은 늪에 빠진 상황에서 연방정부의 재정 지출에 반대하여 '작은 정부'를 주장하면서 헌법의 근본으로 돌아가자고 외친 티파티 운동은 2009년 출범한 오바마 행정부의 재정 정책에 분노하면서 등장한 이념적 차원의 미국 정체성 회복 운동이었다. 오바마 행정부가 임기 시작과 함께 경기부양을 목적으로 2009년 2월 13일 미국 회복 및 재투자법(American Recovery and Reinvestment Act of 2009)을 통과시킨 직후[2] 다시 2월 18일 주택 소유자 적정성 및 안정 계획(Homeowners Affordability and Stability Plan)을 추가적으로 발표하자, 2월 19일 시카고 상품거래소 객장에 있던 CNBC 기자 산텔리(Rick Santelli)의 격정적인 '티파티' 구호에 의해 촉발된 티파티 운동은 근본적으로 오바마 대통령의 확장적 재정 정책에 반대한 운동이었다.

그러나 티파티 운동은 이미 부시(George W. Bush)[3] 행정부 당시부터 그 조짐이 드러나고 있었다고 보는 편이 옳다. 그렇게 보는 이유는 부시 행정부 말기인 2007년에서 2008년에 걸쳐 서브프라임 모기지 사태로 촉발된 금융위기와 이에 따른 미국 경제의 전반적 침체에 대처하기 위한 연방정부의 과도한 재정 지출이 티파티 운동의 배경에 자리 잡고 있기 때문이다. 이미 부시 행정부 말기에 금융위기 사태를 극복하는 과정에서 연방정부의 재정 지출이 지나치게 증가하고 부채가 급속도로 늘어나기 시작하자, 보수 성향의 미국 유권자들은 연방정부의 재정 건전성을 크게 우려하기 시작했다. 이러한 불만이 누적되는 가운데 오바마 행정부가 추

2 이 법은 2009년 2월 13일 양원을 통과한 후 2월 17일 오바마 대통령의 서명으로 효력을 발휘했다.

3 이 책에서 '부시'는 달리 명기하지 않는 한 제41대 대통령(George H. W. Bush)이 아니라 제43대 대통령(George W. Bush)을 지칭한다.

가적 재정 지출이 필요한 경기부양책과 부실주택 소유자 및 금융기관에 대한 지원 정책을 추진하자, 마침내 티파티 운동이 촉발되었다고 볼 수 있다.

이렇게 태동한 티파티 운동은 연방정부의 재정 지출 축소, 부채 감소, 재정 건전성 확보 등 소위 '작은 정부론'을 통해 리얼 아메리카의 정체성을 찾으려는 집단적 노력의 발현이었다. 프리덤워크스(FreedomWorks), 번영을 위한 미국인(Americans for Prosperity), 티파티 패트리어츠(Tea Party Patriots), 폭스뉴스(Fox News) 등 티파티 운동을 주도하거나 지원한 전국적 규모의 보수 성향 조직이나 언론매체, 그리고 미국 전역에서 산발적으로 티파티 운동에 동조하거나 참여한 사람들은 모두 견제와 균형의 원리에 충실한 제한 정부, 시장의 자율성을 존중하며 규제를 최소화하는 작은 정부가 미국의 헌법적 정체성에 부합한다고 보았다. 2016년 대통령 선거를 전후해 등장한 위대한 미국 운동이 백인 민족주의(white nationalism)와 인종주의적 경향 등 '종족적 정체성'을 드러낸 운동이었다면, 티파티 운동은 근본적으로 제한 정부와 작은 정부라는 건국 초기의 근본 이념으로 돌아가 재정 건전성을 확립함으로써 헌법적 정체성을 회복하고자 한 운동이었다.

한편 위대한 미국 운동은 2015년 6월 16일 뉴욕의 트럼프 타워에서 트럼프가 대통령 출마 선언과 함께 백인 민족주의, 미국 우선주의(America First),[4] 민중주의(populism)적 메시지를 선포하고, 오바마 행정부의 정책은 물론 그 이전부터 민주당 행정부가 꾸준히 추진해 온 개방적 이민 정책과 자유무역 정책 등을 비판하면서 주동한 백인 중심의 종

---

4 '미국 우선주의'는 트럼프가 선거운동 기간 동안 자주 사용하던 'America First'에서 착안한 용어로 군사적·경제적 측면에서 미국의 이익을 가장 중요시한다는 것을 표방하는 개념이다. 미국 제일주의, 미국 중심주의 등으로 표현해도 무방하리라 생각된다.

족적 정체성 운동이었다. 대통령 출마선언 연설부터 멕시코의 불법 이민자들을 '마약 거래자', '범죄자', 심지어 '강간범'이라고 부르면서 인종주의적 발언으로 논란을 일으킨 트럼프는, 2016년 2월에 시작된 공화당 예비선거 초반부터 당내 주류 후보들보다 우위를 유지하다가 7월 대통령 후보로 지명된 이후 민주당의 클린턴(Hillary Clinton) 후보를 물리치고 같은 해 11월 8일 마침내 대통령에 당선되었다. 공직 경험이 전무한 대통령 후보였던 트럼프는 예비선거 당시 공화당 내부의 대립과 갈등 속에서 언론매체의 집중적 보도와 보수적 백인 유권자들의 압도적 지지에 힘입어 클린턴을 부패하고 무능한 기득권 정치인으로 공격하면서 미국의 제45대 대통령으로 당선되었다.

트럼프의 당선은 블루월(Blue Wall)[5]에서의 승리 등 2016년 대통령 선거운동 기간에 여러 가지 요인이 '교묘하게' 결합하여 우연히 발생한 사건이 결코 아니었다. 트럼프의 승리는 지난 수십 년 동안 미국 사회에 누적되어 오다가 2016년을 정점으로 분출한 미국 정치의 문화적·정치적·경제적 변화나 인구사회학적 변동과 함께 분석되어야 한다. 그리고 미국 사회의 저류에 잠복되어 있다가 마침내 트럼프의 대통령 당선을 만들어 낸 거대한 흐름은 백인 민족주의의 발흥이라는 종족적 정체성 정치와 밀접하게 관련되어 있었다.

무엇보다 트럼프는 미국 주류세력에서 밀려날지도 모른다는 불안감을 느낀 저소득·저학력의 보수 성향 백인의 반이민 정서를 기민하게 포착한 후, 이들의 불만과 위기의식에 부응하는 원색적 공약을 선동적 언어로 약속하면서 이들을 투표장으로 대거 동원하여 승리할 수 있었다. 트럼프는 출마선언부터 민주당 행정부가 고수해 온 개방적 이민 정책을

---

5 블루월은 전통적으로 민주당의 아성으로 간주되었던 위스콘신, 미시간, 펜실베이니아 주를 일컫는다.

폐기하고 강력하고 주권적인 국경수호 정책을 추진할 것이라고 천명했다. 트럼프의 반이민주의적 입장은 민주당의 자유주의[6] 정치인들과 주류 언론매체들이 옹호하는 개방적 이민 정책과 이들이 추구하는 정치적 올바름(political correctness)이 미국의 정체성을 훼손하고 미국의 국민집단(national group)[7]인 백인의 이익을 침해한다는 주장에 다름 아니었다.

민주당과 자유주의에 대한 트럼프 후보의 이러한 신랄한 비판과 대안 제시는 2016년 대통령 선거운동 기간 중 과연 "누가 리얼 아메리카를 대변하는가?" 그리고 "누가 '리얼 아메리칸(real American)'인가?"라는 호소력 있는 질문을 제기하면서 강력한 백인 민족주의 운동이 발흥할 기회의 창을 만들었다. 트럼프는 "미국은 누구의 나라인가? 유럽계 백인의 나라인가, 아니면 유색 소수인종의 나라인가?" 혹은 "과연 정치적 올바름은 백인이 주인이 되는 미국의 국익을 증진하고 주권을 수호하는 것에 유용한가, 아니면 미국 백인의 세금에 기생하는 유색 소수인종을 우대하는 기만적인 개념인가?"라는 근본적 질문을 끊임없이 제기하면서 위대한 미국 운동을 이끌어 갔다. 트럼프는 출마선언부터 '미국을 다시 위대하게 만들자'라는 구호를 선거운동의 화두로 삼아 지지세력의 외연을 확대하기보다, 백인 노동자를 포함한 보수 성향 유권자들을 결집하는 전략을 구사하여 관록의 클린턴을 누르고 당선될 수 있었다.

6 이 책에서 '자유주의'는 유럽에서 볼 수 있는 보수주의나 사회주의와 구별되는 자유주의를 지칭하는 것이 아니라, 미국적 배경에서 연방정부의 개입을 줄이고 시장의 자율성을 존중하는 공화당의 보수주의와 대칭점에 있는 민주당의 자유주의를 의미한다. 이러한 자유주의를 '진보주의'로 표현하기도 하지만, 이 책에서는 규제를 위한 연방정부의 확대, 복지의 확충, 여성의 낙태권 보장 등을 강조하는 민주당 중심의 정치 사조를 자유주의로 부르기로 한다.

7 '국민집단'은 미국이라는 나라와 가장 밀접한 일체감을 느끼는 종족집단(ethnic group)으로 비국민집단과의 경계를 가장 분명하게 설정하려는 집단이다. 이러한 경향을 가장 강하게 보이는 미국의 국민집단은 백인이다. 국가 정체성 및 국민집단 개념에 관한 더 자세한 논의에 대해서는 Theiss-Morse(2009), chapter 1 "The Need for a Social Theory of National Identity"를 참조하기 바란다.

이렇게 등장한 양대 저항운동을 분석하는 이 책은 티파티 운동과 위대한 미국 운동이 모두 '리얼 아메리카'의 회복을 추구하는 정체성 중심의 저항운동이라는 점에서 유사하다고 보고 논의를 전개한다. 이러한 문제의식을 토대로 이 책은 양대 운동의 등장을 '사회운동(social movement)'이라는 이론적 맥락에서 조망하여, 사회운동 이론의 다양한 개념들을 원용하면서 양대 운동의 등장과 전개 과정, 그리고 양대 운동의 유사점과 차이점을 검토하고자 한다.

2. 사회운동의 관점에서 본 티파티 운동과 위대한 미국 운동

이러한 연구목적을 수행하기 위해서는 먼저 '사회운동'이란 과연 무엇이며 어떤 의미에서 티파티 운동과 위대한 미국 운동을 사회운동으로 볼 수 있는지 설명해야 할 것이다. 필자는 이 책에서 사회운동을 '정부의 정책에 반대하거나 정부의 조치에 불만을 지닌 불특정 다수의 사람이 자신의 목적을 달성하기 위해 상당 기간에 걸쳐 정부에 대해 갈등적 저항(contentious protest)을 지속적이고 반복적으로 시도하는 집합행동'으로 정의한다. 사회운동의 정의와 관련하여 대체로 정부의 정책에 대한 반대, 갈등적 저항, 지속적인 집합행동 등의 요소를 부각하는 것은 특별히 새로운 발상은 아니다. 실제로 이 요소들은 갈등적 정치(contentious politics)와 사회운동을 오랜 기간 연구해 온 태로우(Sidney Tarrow)나 틸리(Charles Tilly) 및 그의 동료 등에 의해 반복적으로 강조되어 왔다(Tarrow 2011, "Introduction"; Tilly and Wood 2020).[8] 그리고 이렇게 정의된 사회운

---

8 권위에 저항하는 갈등적 정치가 일정 조건을 충족하면 사회운동으로 전환한다고 보는 태

동은 다원주의 정치 과정의 핵심 행위자 가운데 하나인 이익집단(interest group)과 구별되는 특징을 지닌다.

우선 사회운동은 시민에 대한 철저한 통제로 운영되는 전체주의 국가보다 민주주의 국가에서 분석 대상으로서 의미를 지닌다. 불특정 다수의 사람들이 자신의 목적을 달성하기 위해 정부와 갈등적 대결 상황에 들어서는 사회운동은 결사 및 의사 표현의 자유가 보장된 민주주의 국가에서 보다 자주 관찰될 것이다. 한편 권위주의 국가의 민주화 과정이라든지 준(準)권위주의 국가에서도 사회운동은 존재할 수 있다. 왜냐하면 민주화 이행기에 처한 국가나 시민의 최소한의 집단행동이 인정되는 국가에서는 철저한 정부통제가 사실상 불가능하여 사회운동이 촉발될 수 있기 때문이다. 예컨대 1980년 광주 민주화운동이나 1987년 한국의 민주화운동, 그리고 홍콩에서 빈번히 출현한 반정부운동, 사회주의권의 몰락 과정에서 동유럽 민주화운동 등이 이러한 범주에 속한다.

한편 사회운동은 정의상 정부의 정책에 대한 불만을 계기로 나타나며 갈등을 수반하는 저항운동이다. 사회운동은 우선 정부의 정책에 대한 불만이라는 동기에서 출발하는 것이 일반적이다. 정부의 정책이 다수 시민이 중요시하는 가치 혹은 이념에 부합하지 않거나 정부가 시민들의 요구에 반응하지 않을 경우, 시민들은 시위나 집회 등에 참여하여 이를 바로잡으려는 노력을 전개한다. 따라서 정부의 정책에 대한 반대나 비판을

로우는 반대세력, 권위체, 엘리트 등에 대한 도전, 공동의 이익에 대한 인식을 바탕으로 한 유대감, 개별적 항의가 아닌 지속적 저항 등을 사회운동의 주요 요소로 파악하고 있다. 한편 사회운동을 독특한 형태의 갈등적 정치로 보는 틸리와 우드(Lesley J. Wood)는 사회운동의 세 가지 주요 요소로서 첫째, 대상 권위체에 대한 지속적인 집합적 주장('사회운동 캠페인'), 둘째, 운동 조직의 형성, 공개적 집회, 언론 성명, 시위 등 일련의 주장 요구성 실행('사회운동 레퍼토리'), 셋째, 운동의 가치성(worthiness), 통합성(unity), 다수성('numbers'의 번역어로 서명, 청원, 지지자의 메시지 등 다수의 참여를 상징하는 일련의 행위나 이미지 등을 지칭함), 공약(commitment) 등('WUNC')을 제시한 바 있다.

중심으로 전개되는 사회운동은 정부와 갈등관계에 놓이는 '저항'의 성격을 띨 수밖에 없다. 1960년대 미국의 민권운동과 서구 각국의 반전운동과 반핵운동 등은 모두 정부의 정책에 대한 불만과 비판에서 야기된 갈등적 저항을 동반했다.[9]

사회운동은 또한 특정한 목적을 중심으로 불특정 다수의 사람들이 참여하는 저항운동이라는 점에서 내부 구성원에 대해 '회원(member)'의 지위를 부여하여 집단 안과 밖의 경계를 구별하는 이익집단과 다르다. 이익집단은 자신이 추구하는 정책 목표를 달성하기 위해 정부에 압력을 가할 목적으로 다수의 인원이 모여 구성된다는 점에서 사회운동과 유사하다. 그러나 이익집단은 회원과 비회원 간의 구별이 비교적 명확하며, 회원은 불특정 다수가 아니라 회원 자격이 있는 특정의 구성원이다. 특히 사적 이익집단에 가입한 회원에 대해서는 회원에게만 부여되는 선택적 유인(selective incentive)이 존재하여 이들만을 위한 유형, 무형의 선별적 서비스가 제공된다.[10]

이와 달리 사회운동은 참가자와 비참가자 간의 경계가 유동적이며 명확하지 않은 경우가 대부분이다. 단순한 방관자들이 시위나 집회 현장에서 이를 '관망'하다가 사회운동의 취지에 공감하면서 참가자가 되기도 한다. 정보화 사회의 진전에 따라 페이스북, 트위터, 각종 웹사이트나 포털 등 사회 네트워크 서비스(SNS: social network service)를 활용하여 사회

9 그러나 갈등적 저항이 반드시 폭력을 수반할 필요는 없다. 사회운동이 전개되어 정부와의 갈등 과정에서 경찰과의 대치나 투석전 혹은 공공시설 파괴를 포함하는 등 폭력적 상황이 발생할 수도 있다. 그러나 폭력적 상황은 갈등이 확대되어 파생되는 부산물이지 그 자체로서 사회운동의 정의에 필수적 요소가 아니다. 반면 시민과 정부 사이에 어떤 이슈의 처리나 정책을 둘러싸고 갈등관계가 조성되어 이를 토대로 시민들이 정부에 저항하는 양상은 사회운동의 필수요소이다.

10 이익집단의 형성 과정에서 선택적 유인의 역할에 대해서는 Olson (1965)을 참조하기 바란다.

운동이 전개되면, 불특정 다수의 사람들이 이러한 SNS 매체를 통해 사회운동의 동조자, 지지자 혹은 참가자가 되기도 한다.[11] 즉, 사회운동은 참가자와 비참가자의 구별이 이익집단의 회원과 비회원의 구별만큼 명확하지 않고, 그 경계를 분명하게 설정하기 어려운 '움직임(movement)', '유동성(fluidity)', '불확정성(uncertainty)' 등을 특징으로 한다.

그렇다면 이 책이 다루고자 하는 티파티 운동과 위대한 미국 운동은 이와 같이 정의된 사회운동에 부합하는지 검토할 필요가 있다. 우선 티파티 운동은 명백히 불특정 다수의 시민이 정부에 대해 쟁점 이슈를 중심으로 불만을 제기한 갈등적 저항운동이므로 사회운동의 범주에 속한다. 티파티 운동은 이익집단과 달리 불특정 다수의 시민들이 온라인 혹은 오프라인으로 입수한 각종 정보를 통해 상호 유대감을 형성하면서 출범한 후 전국적으로 확대된 풀뿌리 저항운동이었다. 전국에 산재한 다양한 풀뿌리 조직들이 연합하여 전국 규모의 조직이 형성되기는 했으나, 그 조직 지도자들은 이익집단처럼 개별 참가자를 회원과 비회원으로 구별하지 않았고 구별할 수도 없었다. 이처럼 티파티 운동의 안과 밖을 나누는 경계는 불확정적이며 유동적이었다.

또한 티파티 운동은 오바마 행정부가 대규모 재정 지출을 통한 경기부양 및 부실주택 구입자 지원 정책 등을 시행하자 이에 대한 반발로 촉발되었고, 보수 성향 유권자 사이에 의료보험 개혁에 대해 강한 불만이 확산되면서 세력을 확대했다. 전체적으로 불특정 다수의 시민들이 오바마 행정부의 각종 정책에 반대하여 정부를 비판하면서 정부와 갈등적 상황을 연출했다는 점에서 티파티 운동은 사회운동의 정의에 부합한다.

---

11 이 글이 다루는 티파티 운동의 경우 실제로 페이스북이나 개인 블로그가 전달한 다양한 집회나 시위 정보를 보고 티파티 집회 현장으로 달려와 시위에 참여한 시민도 많았다. 위대한 미국 운동의 경우 역시 트럼프의 트위터 메시지가 운동의 파급력이 빠르게 확산되는 데 일조했다.

마지막으로, 티파티 운동은 한두 차례의 집회나 시위에 그치지 않고 상당 기간에 걸쳐 반복해서 일련의 이슈를 중심으로 진행되었다는 점에서도 사회운동의 정의에 부합한다. 티파티 운동은 산텔리의 구호로 촉발되어 지역사회의 운동가들에 의해 간헐적으로 전개되다가 전국적 규모의 보수단체에서 지원을 받아 세력을 확대하기까지 상당 기간 집회와 시위를 이어 나갔다. 티파티 운동의 쇠퇴를 언제로 볼 것인가 하는 문제는 학자나 관찰자에 따라 판단이 다르겠지만, 적어도 2010년 중간선거에 이르기까지 티파티 운동의 예봉이 지속되었다고 볼 수 있다. 이런 관점에서 볼 때 티파티 운동은 단순한 일회성 혹은 단발성 시위나 집회와 달리 사회운동의 범주에 속한다고 판단된다.

한편 트럼프가 주도한 위대한 미국 운동 역시 위에서 정의한 사회운동의 여러 조건을 충족한다. 위대한 미국 운동을 지지한 불특정 다수의 사람들은 지역사회에서 폭스뉴스의 보도나 보수 성향 토크쇼 진행자들의 해설, 그리고 SNS 매체 등을 통해 이 운동에 대한 정보를 접하면서 동조자가 되기도 했고, 적극적 참가자가 되기도 했으며, 심지어 지역 운동가로 변신하기도 했다. 보수 성향 시민들은 특정 조직에 가입하지 않고도 트럼프의 연설과 이에 대한 보도를 접하거나 그의 트위터 메시지에 공감하면서 집합적 유대감을 형성하여 위대한 미국 운동의 지지자나 참가자로 변화해 나갔다.

또한 위대한 미국 운동은 정부의 정책에 대한 비판이라는 면에서도 사회운동의 정의에 부합한다. 사실 이 운동을 주창한 트럼프의 대통령 선거 출마 자체가 오바마 행정부 등 역대 민주당 행정부를 비판하려는 동기에서 출발한 것이었다. 트럼프의 출마는 오바마 행정부가 추진한 개방적 이민 정책, 자유무역협정 추진, 기후변화 규제 등에 불신과 불만을 품은 보수 성향 백인들을 중심으로 한 저항운동의 서막이었다. 트럼프는 남미의 불법 이민자들을 받아들이고 이들과 그 자녀들의 국외 추방을 유예하면서 오히려 각종 혜택을 베푸는 비미국적 정치인이라면서 오바마 대통령을 혹평했다. 이러한 트럼프의 비판에 크게 공감하면서 보수 성향 백인들이 오바마 행정부가 추진한 각종 정책에 반감을 표명했다는 점을 상기할 때, 위대한 미국 운동 역시 사회운동의 범주에 들어가는 사례로 볼 수 있다.

마지막으로, 위대한 미국 운동은 백인 민족주의 및 미국 우선주의를 중심으로 상당 기간 지속되었다는 점에서 사회운동의 정의에 부합한다. 위대한 미국 운동은 2015년 6월 트럼프의 대통령 선거 출마선언에서 시작되어 2016년 한 해를 달군 대규모 사회운동이었다. 짧게 보아도 위대한 미국 운동은 트럼프의 출마선언 이후 대통령 선거운동 기간 동안 줄기차게 진행되었다. 그런 의미에서 상당 기간 지속적으로 정부의 정책에 저항한 사회운동의 범주에 속한다고 볼 수 있다.

이 책에서는 티파티 운동과 위대한 미국 운동을 불특정 다수의 운동 참가자가 정부의 정책에 불만을 제기하면서 저항한 갈등적 행위로 보고, 사회운동이라는 틀에서 이 양대 운동의 등장과 전개를 설명하고 그 유사성 및 차이점을 아울러 살펴보고자 한다. 이 책은 또한 운동의 목표나 전개 과정의 차이점에도 불구하고 양대 운동 모두 운동 지지자들이 중요시하는 가치가 침해되었을 때 나타나는 분노와 불만, 좌절감과 위기의식에서 태동한 저항이었으며, 각각의 운동이 주장한 미국의 국가 정체성을 확인하고 이를 구현하는 '리얼 아메리카'를 회복하고자 한 운동이었음을 주장하고자 한다.

이 책은 (2장에서 소개될) 다양한 사회운동 이론 가운데 프레임 이론(frame theory)을 양대 사회운동에 모두 적용하여 설명하고, 티파티 운동의 경우 자원 동원 이론(resource mobilization theory)을 보충하여 설명하는 방식으로 논의를 전개하고자 한다. 사회운동의 등장과 전개를 설명하는 다양한 이론들은 해당 이론이 등장한 시기의 정치적·사회적 배경에서 선행 이론을 비판하면서 제시되었다는 점에서 이론적 보편성이 떨어질 수도 있다. 반면에 각각의 이론은 어떤 시기에 특정한 사회적 분위기 속에서 중요하게 부각된 이슈를 중심으로 전개된 일군의 사회운동에 대해 나름대로 강한 설명력을 지닐 수도 있다.

이 가운데 프레임 이론은 이 책이 다루는 티파티 운동이나 위대한 미국 운동처럼 참가자들이 어떤 가치나 이념 혹은 전통이나 문화유산을 중심으로 특정한 프레임을 공유하고, 이를 통해 집합적 유대감을 형성하는 과정을 설명하는 데 유용하다. 실제로 사회운동의 기원과 전개 과정에서 불특정 다수의 사회운동 '방관자'를 '동조자'나 '참가자'로 유도할 때는, 그 운동의 원칙이나 방향, 운동의 필요성을 미래의 잠재적 참가자들에게 선명하게 전달하여 신속히 확산시키는 '프레임 연계(frame alignment)' 과정이 매우 중요했다. 특히 헌법적 가치나 원칙 혹은 혈연적 동류(同類)의식이나 문화적 공감대 등 미국의 국가적 정체성과 관련된 질문을 제기하면서 등장한 양대 운동에서, 이러한 정체성을 위협하는 요소들을 명쾌하게 지적하고 위협 요소에 대처하는 방식을 설득력 있게 제시하는 프레임의 설정 및 확산이 결정적 역할을 수행했다. 실제로 '티파티를 개최하자' 혹은 '미국을 다시 위대하게 만들자' 등의 구호는 이러한 해석의 틀을 선명하고도 함축적으로 전달한 프레임 연계의 적절한 표본이라고 할 수 있다. 사회운동을 이끄는 조직과 불특정 다수의 잠재적 참가자 간 프레임 연계에 주목하는 사회운동 이론이 프레임 이론인데, 이 책은 일차적으로 프레임 이론을 중심으로 양대 사회운동의 등장과 전개에 대한 논의를 진행하고자 한다.

한편 자원 동원 이론이 티파티 운동에서 설명력을 지닌다고 여겨 이 책의 논의에 원용하고자 한다. 이렇게 보는 이유는 폭스뉴스와 같은 보수적 언론매체나 프리덤워크스와 같은 전국 규모의 보수적 조직이 잠재적 참가자들에게 유형 혹은 무형의 자원을 제공하여 티파티 운동의 초기 전개 과정에 효과적으로 기여했기 때문이다. 보수적 언론매체는 각 지역의 티파티 시위를 상세히 보도하거나 향후 시위 일정을 소개하기도 했고, 전국 규모의 보수 성향 조직들은 공감을 표시하는 불특정 다수의 사람들을 대상으로 티파티 운동의 취지를 홍보하거나 지역 책임자들을 통해 전국 각지에서 티파티 운동의 조직화를 위해 다양한 자원을 제공하기도 했다. 이러한 자원 동원 노력은 후일 티파티 운동이 자생력을 갖추면서 지역 풀뿌리 운동으로 발전하여 2010년 중간선거에서 본격적인 영향력을 발휘하는 밑거름이 되었다.

3. 연구의 범위 및 방법과 내용

티파티 운동과 위대한 미국 운동의 등장 및 전개 과정을 설명하고 양대 운동을 비교 분석하는 이 책은 티파티 운동의 경우 2009년 2월 19일 산텔리의 티파티 구호가 등장한 시기부터 같은 해 9·12 워싱턴 행진까지로, 위대한 미국 운동의 경우 2015년 6월 16일 트럼프의 대통령 출마 선언부터 그가 대통령에 당선되는 2016년 11월 8일까지로 연구의 시간적 범위를 한정한다. 티파티 운동은 2009년 태동 이후 티파티 1.0, 티파티 2.0, 티파티 3.0 등을 거치면서 진화했다고 보는 의견도 있고(Rosenthal 2016), 위대한 미국 운동은 어떤 의미에서 트럼프가 2024년 대통령 선거에 출마를 선언한 상황이므로 오늘날까지 유효하다고 볼 수도 있다.[12] 그러나 이처럼 양대 운동의 범위를 확대할 경우에는 시기별로 각 운동의

12 트럼프는 바이든 대통령 취임 이후 처음 치러진 2022년 11월 8일 의회 중간선거에서 공화당이 압승하리라는 예상을 깨고 민주당이 비교적 선전한 지 1주일이 지난 11월 15일 플로리다주 마라라고 저택에서 2024년 대통령 선거에 출마한다고 공식 선언했다(Kurtzleben 2022).

변형된 모습이 다양하게 나타나 운동의 특징을 규정하기가 어렵다. 그 결과 태동 당시 정부 정책에 변화를 요구하는 사회운동으로서의 특징이 약화되면서 시간이 지남에 따라 어느 정도 기성 정당과 연합하는 제도화 과정을 거쳐, 이를 초기 사회운동과 같은 것으로 볼 수 있을지의 문제가 제기될 수 있다. 따라서 이런 고민에 따라 이 책은 티파티 운동의 경우 이 운동이 등장한 후 본격적인 풀뿌리 민중운동으로 정착하기 전까지의 태동기와 전국적 확산 초기까지의 시기에 주목하기로 한다.[13] 그리고 위대한 미국 운동의 경우 트럼프의 등장과 당선이 이 운동의 등장과 전개에 가장 핵심적인 부분이므로 이 기간에 국한해서 분석하기로 한다.[14]

연구방법에서 이 책은 사회운동 및 양대 운동에 관한 다양한 연구 문헌과 일차자료 등을 중심으로 작성되었다. 티파티 운동의 경우 프레임 이론을 통한 분석을 위해 티파티 운동의 메시지를 적극적으로 전달한 프리덤워크스나 폭스뉴스 등에 대한 자료가 중요한데, 프리덤워크스의 역할에 관해서는 다양한 언론보도 내용과, 부분적으로 티파티 운동을 현장에서 분석하여 일차자료적 가치를 지닌 문헌에 의존했다.[15] 폭스뉴스의 프레임 연계와 관련해서는 '미디어 매터스 포 아메리카(Media Matters for America, 이하 '미디어 매터스'로 칭함)'의 아카이브를 통해 폭스뉴스의 티파티 운동 보도 내용 일부를 찾아서 분석했다.[16]

---

13 그 후 시기는 티파티 운동이 2010년 의회 중간선거를 준비하면서 제도권 공화당의 한 분파세력으로 변형되는 시기에 해당하므로 이 연구에서 제외한다.

14 위대한 미국 운동 역시 트럼프의 대통령 당선과 함께 제도권 세력으로 변모하여 사실상 공화당을 흡수하였다고 볼 수 있다.

15 예컨대 『뉴욕타임스(*The New York Times*)』의 기자인 저니크(Kate Zernike)가 티파티 운동 시위 현장을 누비며 참가자들과 인터뷰하고 지원 조직의 활동 등을 조사한 *Boiling Mad: Inside Tea Party America*와 같은 책은 일차자료의 성격을 지닌다.

16 Media Matters for America, "Tea Party Stories about the conservative anti-tax movement founded in 2009." https://www.mediamatters.org/tea-party.

위대한 미국 운동의 경우에는 2015년 6월 16일부터 2016년 11월 8일까지 트럼프가 발신한 트위터 메시지를 분석했다. 트위터 메시지 자료는 트럼프의 트위터 게시글을 별도로 저장해 놓은 '트럼프 트위터 아카이브(Trump Twitter Archive)'[17]에서 필요한 자료를 추출하여 연구를 진행했다.

전체적으로 이러한 자료를 통해 논의가 진행될 이 책은 티파티 운동과 위대한 미국 운동의 전개를 시간적 순서에 따라 설명하되, 양대 운동의 집회나 시위 양상, 그리고 이를 이끈 조직의 형성과 이들 간의 상호작용보다 이러한 운동을 주도한 조직이나 지도자의 프레임 연계 노력에 집중할 것이다. 이러한 연구의 범위, 방법, 그리고 방향에 따라 이 책은 다음 순서로 진행될 것이다. 2장에서는 양대 사회운동 분석을 위한 이론적 토대를 검토할 목적으로 다양한 사회운동 이론을 개괄적으로 요약하여 소개할 것이다. 먼저 1절에서는 현재 미국 정치를 이해하기 위해 사회운동에 주목해야 하는 이유를 제도권 정치만으로는 설명할 수 없는 미국 정치의 변화상과 결부해 설명할 것이다. 이어서 2절에서는 사회운동에 관한 전통적 이론과 함께 이들 이론의 문제점을 지적하면서 등장한 프레임 이론이나 집합적 일체감 이론 등을 설명할 것이다. 마지막으로 3절에서는 티파티 운동과 위대한 미국 운동의 등장과 전개 과정을 설명하는데 이들 이론이 적절한지 검토하고, 이 이론들 가운데 프레임 이론과 부분적으로 자원 동원 이론을 활용할 필요가 있다는 점과 그 근거를 제시할 것이다.

---

17 해당 웹사이트 주소는 https://www.thetrumparchive.com/이다. 이 사이트는 5만 6,571개의 트럼프 트위터 데이터를 제공한다. 또한 이 사이트가 제공하는 날짜 필터(date filter) 기능을 활용하여 연구자가 원하는 기간의 데이터를 추출할 수 있으며, 추출된 데이터를 엑셀 파일로 다운로드할 수도 있다.

이어서 3장에서는 티파티 운동의 등장 및 전개 과정과 그 과정에서 프레임 연계의 역할을 수행했던 프리덤웍크스와 폭스뉴스의 활동을 분석할 것이다. 먼저 1절에서는 티파티 운동의 성격과 특징을 개관하고, 2절에서는 티파티 운동의 초기 전개 과정을 설명할 것이다. 이어서 3절에서는 프레임 연계와 자원 동원을 중심으로 티파티 운동의 등장과 확산이 가능했다는 점을 대표적 티파티 운동 지원단체인 프리덤웍크스와 사실상 티파티 운동의 홍보대사 역할을 한 폭스뉴스를 중심으로 설명할 것이다. 마지막으로 4절에서는 티파티 운동과 위대한 미국 운동의 접점이 되는 이민 문제를 중심으로 양대 운동의 연속성을 검토할 것이다.

계속해서 4장의 1절에서는 먼저 위대한 미국 운동을 개괄적으로 살펴보고, 2절에서는 위대한 미국 운동이 등장한 배경을 미국의 경제침체와 세계화의 여파, 미국 정치의 양극화 심화, 개방적 이민 정책 문제, 대안우파의 활성화, 흑인 대통령 오바마의 출현 등을 중심으로 설명할 것이다. 이어서 3절에서는 2015년 출마선언에서 시작하여 2016년 대통령에 당선되기까지 트럼프의 선거운동을 중심으로 위대한 미국 운동의 출현과 전개 과정을 설명할 것이다. 마지막으로, 4절에서는 위대한 미국 운동의 프레임 연계와 관련하여 트럼프의 트위터 메시지를 분석할 것이다.

이어서 5장에서는 이들 양대 사회운동을 비교, 분석할 것이다. 이를 위해 먼저 1절에서는 양대 운동의 연속성을 논의하고, 2절에서는 양대 운동의 유사점과 차이점을 설명할 것이다. 마지막으로 6장에서는 전체의 논의를 요약, 정리한 후, 사회운동의 관점에서 본 미국 정치 및 미국 민주주의의 미래에 대한 필자의 생각을 간단히 피력할 것이다.

2장

사회운동 이론과 양대 사회운동에 대한 이론화

1. 사회운동의 관점에서 본 미국 정치의 변화상과 새로운 시각의 필요성

1787년 필라델피아 헌법회의(Philadelphia Convention) 이후 미국은 권력분립과 견제와 균형을 특징으로 하는 대통령제 연방국가로 발전해 왔다. 건국 이후 노예 문제를 둘러싼 남북전쟁, 동부의 금융 · 산업자본 세력에 대항한 중서부와 남부 농민의 민중주의 운동, 금권정치 및 정당 보스정치에 대항한 혁신주의 운동, 그리고 1960년대 민권운동에 이르기까지 다양한 격동과 분열의 시기가 있었지만, 미국은 이러한 분열의 위기를 극복하고 점차 연방정부의 권한을 확대하면서 국가통합을 유지해 왔다.

이러한 정치발전 과정에서 특히 제2차 세계대전 이후 미국 정치는 기존 정치 '제도(institution)'가 순기능적으로 운영되는 가운데 소위 정형화된 정치 '과정(process)'을 통해 매우 안정적으로 진행되어 왔다. 일상의 유권자들이 주기적으로 실시되는 선거를 통해 선택한 대통령과 의원, 민주당과 공화당이라는 양대 온건 정당, 다양한 이익집단과 시민단체, 그리고 언론매체 등 민주주의 국가에서 흔히 목격되는 다양한 정치행위자들이 상호작용하면서 소위 일상화된 과정으로서의 정치를 운영해 왔다. 주기적 선거를 통한 집권세력의 교체, 다양한 사회적 이익의 상호 대립 혹은 연대, 이익집단을 통한 압력정치(pressure politics) 등은 미국 정치를 규정하는 일반적 특징이 되었다.

이처럼 제2차 세계대전 이후 소련의 팽창에 맞서 봉쇄 정책을 통해 대외적으로 냉전구도를 형성하면서 자유주의 진영의 패권국가로 등장한 이후, 미국은 국내적으로 '자유주의적 합의(liberal consensus)'를 바탕으로 선거와 이익집단정치를 통한 전형적인 다원주의 정치의 모습을 구현했다.[1] 또한 안정적 다원주의 정치는 통상 '철의 삼각형(iron triangle)'이라는 제도권 정치의 독특한 모습으로 나타나기도 했다. 이는 의회의 개별 상임위원회, 개별 상임위원회의 소관 영역에 대해 밀접한 이해관계를 지닌 이익집단, 그리고 이들과 직접 관련을 맺고 정책을 작성하는 행정부 산하 유관부서를 중심으로 한 가장 일반적인 정책결정 과정을 지칭하는 것이었다.

전후 자유주의적 합의에 근거한 안정적이고 다원주의적인 정치 과정은 1960년대의 민권운동과 1970년대 베트남전쟁 반대운동 및 닉슨(Richard Nixon) 대통령 당시 워터게이트(Watergate) 스캔들을 거치면서 각종 도전과 위기에 봉착하기도 했다. 민권운동, 여성운동, 소비자운동, 반전운동, 환경운동 등 1960년대부터 분출된 각종 사회운동은 기존의 제도권 정치가 해답을 제시해 주지 못했던 다양한 문제를 드러내면서, 흑인 등 소수인종을 억압한 백인, 여성을 가정에 가두어 둔 남성, 노동자에 대해 우위에 있던 기업, 환경론자의 주장을 무시한 개발론자 등 사회의 기존 주류세력을 비판하기 시작했다. 1960년대와 1970년대에 분출된 이러한 기득권 세력에 대한 비판 및 개혁의 요구에 직면하여 미국의 제도권 정치는 상위계층 혹은 주류세력 편향성으로 인해 간과되어 온 인종 평등

1 제2차 세계대전 이후 자유주의적 합의와 과정으로서의 정치를 잘 설명한 저서로는 Hartz (1955)와 Truman(1951)을 참조하기 바란다.

의 구현 및 소수세력에 대한 보호, 제왕적 대통령(imperial president)에 대한 견제력 배양 등 넓게 볼 때 미국 헌법정신이 담고 있는 핵심적 가치를 회복하고 자기혁신을 주도해 가는 자정(自淨) 능력을 보여 주기도 했다.

그러나 이러한 격동의 시기에 미국 정치가 보여 준 자기혁신 능력과 민주적 복원력은 1980년대를 거쳐 1990년대에 이르러 제2차 세계대전 이후 베이비붐 세대 최초의 대통령으로 평가받는 클린턴(Bill Clinton) 행정부 출범 이후 도전에 직면했다. 그리고 그러한 도전의 중심에는 미국 사회의 가속화되는 정치적·이념적·정파적 양극화라는 현상이 도사리고 있었다. 클린턴 대통령 제1기 임기 중간인 1994년 11월에 치러진 제104대 의회선거에서 남부의 민주당 기반이 약화되어 보수주의의 공화당과 자유주의의 민주당 사이에 완충세력으로 존재했던 블루독(Blue Dog) 등 보수적 민주당 의원들이 몰락하면서 미국 사회는 이념적·정파적으로 대립과 분열의 시기로 접어들기 시작했다. 이어서 2000년대에 이르러 부시 행정부의 등장, 테러와의 전쟁, 그리고 중동에서의 두 개의 전쟁 등을 거치면서 미국의 정치적·사회적 양극화는 더욱 심화되었고, 보수주의와 자유주의 간의 이념적 대립은 더욱 격화되었다. 그리고 양당 간 이념적·정파적인 극단적 대립 현상과 사회적 분열은 미국 최초의 흑인 대통령인 오바마 대통령의 집권과 더불어 정점에 이르게 되었다.

이러한 극단적 양극화라는 소용돌이 속에서 미국 제도권 정치의 자기혁신 능력과 민주적 복원력은 현저히 약해질 수밖에 없었다. 미국 의회 내 민주당과 공화당은 상대 정당을 국정의 동반자로 여기기보다 의정운영의 방해세력으로 보고 각각 다수당이 되었을 경우 상대방과의 협의 과정을 생략하면서 독단적으로 의사를 운영하는 경향을 보이기 시작했다. 공화당은 민주당을 정치적 올바름과 세계화를 맹신하는 비애국적 정당으로 비난하고, 민주당은 공화당을 다원주의에 기반한 사회적 통합보다는 백인 문화의 우월성을 주장하는 배타적 정당으로 몰아세우는 등,

미국 사회의 전반적 분위기는 점점 더 갈등 양상으로 치달았다. 다양한 사회세력의 합종연횡을 통해 견제와 균형의 기제 속에서 유지되었던 미국의 다원주의적 사회질서가 빠르게 와해되면서, 공화당 지지자와 민주당 지지자 간의 대립은 정책적 이견에 따른 경쟁이 아니라 점점 더 미국의 국가적 정체성을 둘러싼 대치 상황으로 변질되었다.

이런 극단적 양극화 현상의 이면에는 탈냉전 이후 미국 주도의 단극체제에서 민주당 정부가 추진해 온 세계화, 개방적 이민 정책과 이로 인한 남미 히스패닉 인구의 급격한 증가, 중동 테러 세력의 준동에 따른 반이슬람 정서 확대와 같은 현상이 도사리고 있었다. 여기에 페이스북, 트위터, 블로그 등 SNS 매체의 사용이 크게 늘어나자 전통적 주류 언론에 도전하는 대안적 뉴스가 등장하여 확증편향(確證偏向: confirmation bias) 현상과 반향실 효과(反響室 效果: echo chamber effect)를 가져와 사회적 양극화 현상을 부추겼다.

1990년대 초반 이후 대략 지난 30년간 발생한 이러한 거대한 변화는 미국 제도권 정치의 문제해결 능력에 한계가 있음을 드러내기에 충분했다. 부시 행정부 당시 시작된 중동에서의 두 개의 전쟁이 기약도 없이 계속되고 2007년 말에 시작된 서브프라임 모기지 사태로 미국 경제가 장기 침체 국면에 빠져들면서, 정치권에 대한 미국 유권자들의 불신과 실망감이 극도로 심화되었다. 미국 의회는 로비 세력에 포획된 특권층의 대변인으로 인식되었고, 대통령은 국정 최고 책임자보다는 자기 정당의 이익만 대변하는 정파적 수장으로 여겨졌다. 인종 갈등과 이로 인한 혐오범죄와 소수인종에 대한 경찰의 과잉진압, 그리고 여기서 촉발된 블랙 라이브스 매터(Black Lives Matter) 운동 등이 주도하는 각종 시위와 이에 대항하는 백인 민족주의자들의 반대시위가 전개되면서, 다원주의적인 미국의 정치질서는 심각한 도전에 직면했다. 이러한 사회적 양극화와 극단적인 정파적 대립 속에서 수십 년 동안 누적된 미국 정치권의 동맥경화 현상은 제도권 정치의 한계를 드러내면서 기성 정치인들의 문제해결 능력에 의문을 제기하기에 충분했다. 이러한 의문을 증폭시킨 대표적 사례가 바로 이 책이 논의하고자 하는 티파티 운동과 위대한 미국 운동이라고 할 수 있다.

정리하면, 1990년대 이후 심화되어 온 미국 사회의 양극화 과정에서 극우적인 백인 민족주의와 인종주의의 거침없는 등장, 삭제문화(cancel culture)를 옹호하는 진보세력의 득세, 그리고 이들 간의 극단적 대치현상은 미국의 전통적인 제도권 정치의 틀만으로 적절하게 포착될 수 없었다. 이와 아울러 불특정 다수의 동원을 통한 시위와 집회의 보편화, 제도권 정치과 구별되는 장외 '운동정치(movement politics)'의 확산, 자유진영과 보수진영 간 대결정치의 일상화 등은 모두 미국 정치의 전형으로 인식된 다원주의적 정치 과정과 크게 차별화되는 현상으로서, 미국 정치를 이해하는 좀 더 넓은 시각과 갈등의 일상화 현상을 포착할 수 있는 새로운 이론적 관점을 요구했다.

이처럼 다원주의적 제도권 정치가 다양한 극단적 양극화 현상과 함께 심각한 도전에 직면하면서, 2000년대에 이르러 티파티 운동이나 위대한 미국 운동과 같은 저항운동이 미국 정치의 결정적 국면에서 빈번히 등장했다. 이런 관점에서 볼 때 작은 정부론 및 재정 건전성을 요구하면서 등장한 티파티 운동은 제도권 정치가 미국인들의 요구에 적절하게 반응하지 못한다는 점을 보여 주는 사례였다. 또한 미국 사회의 저변에 잠재되어 있었으나 일상의 다원주의 정치 이론으로는 쉽게 포착되지 않았던 백인 민족주의가 권위주의적 민중주의자인 트럼프의 등장과 함께 2016년 대통령 선거 과정을 온통 뒤흔들어 놓은 사례 역시 새로운 시각에서 미국 정치를 바라보게 한다. 따라서 양대 운동을 논의하는 이 책은 제도권 정치 밖에서 그리고 다원주의 모델 너머에서 전개되는 사회운동의 등장과 전개 등에 대한 이론적 검토와 비판적 성찰에 초점을 맞추어 미국 정치의 변화상을 추적하고자 한다.

이 책은 위에 제시된 미국 사회의 시대적 상황 변화와 이에 대한 논의를 배경으로, 그 분석의 초점을 제도권 정치 밖으로 옮겨 갈등적 저항운동으로서 미국 사회의 변화를 추동한 양대 사회운동에 주목하고자 하는데, 이와 관련하여 프레임 이론과 자원 동원 이론을 원용하여 논의를 전개하고자 한다. 특히 사회운동에 관한 프레임 이론은 티파티 운동이나 위대한 미국 운동처럼 '우리'와 '그들'을 구분하면서 '우리'의 정체성을 지키려는 사회운동의 등장과 전개를 설명하는 데 적합하다. 국가 정체성과 관련된 질문을 던지면서 사회운동이 태동하는 경우, 이러한 운동의 기원과 전개 과정에서 사회운동의 '방관자'를 '동조자'로, 다시 이들 '동조자'를 '참가자'로 유도하기 위해 전달되는 메시지의 전파와 공유를 강조하는 프레임 이론의 설명력이 매우 유용하다고 생각되기 때문이다. 티파티 운동이나 위대한 미국 운동의 등장과 전개에는 미국의 국가적 정체성을 위협하는 세력이나 이들의 주장에 대해 반론을 전개하면서 잠재적 참가자들에게 해석의 틀을 제시해 주는 프레임의 연결 및 증폭이 실제로 매우 중요했다고 판단된다.

2. 사회운동의 등장과 전개에 관한 기존 연구

전통적으로 사회운동에 관한 주요 이론으로는 크게 심리 중심 이론, 자원 동원 이론, 정치적 기회구조 이론 등이 등장하여 서로 경합을 벌였다. 그리고 이러한 주요 이론이 등장한 이후 프레임 이론이나 집합적 일체감 이론 등이 등장했는데, 이러한 후기 이론들은 이에 앞서 등장한 전통적 사회운동 이론과 무관한 것이라기보다 기존 이론의 문제점을 보완하면서 등장했다고 보는 것이 타당하다. 그리고 위에서 언급한 세 가지 전통적 이론도 반드시 상호 배타적이기보다 시대에 따라 다양한 문제를 쟁점 이슈로 하여 서로 다른 지역에서 서로 다른 방식으로 전개되는 사회운동의 등장과 전개를 설명하는 과정에서 기왕의 이론이 간과한 점을 지적하거나 보완하면서 등장한 것으로 보인다. 또한 전통적 이론에 이어서 등장한 이론들 역시 선행 이론들의 유용성을 전면적으로 부인하기보다 이들이 설명하지 못한 내용을 지적하거나 이론적 설명에서 빠진 요소를 강조한 경우가 대부분이다.

1) 심리 중심 이론

심리 중심 이론은 개인의 불만, 불안, 좌절, 분노 등 심리적 요소를 강조하는 이론으로, 사회운동의 등장에 관한 가장 전통적인 주장이라고 할 수 있다. '상대적 박탈감(relative depravation)'을 강조한 거(Ted R. Gurr)의 고전적인 연구(Gurr 1970)나 정부의 정책이 어떤 개인이나 집단에게 불이익을 집중시킨다는 '일반화된 믿음(generalized belief)'을 강조한 스멜서(Neil J. Smelser)의 연구(Smelser 1962) 등이 심리 중심 이론의 고전적 논의에 속한다. 이러한 개인 심리 차원의 다양한 요소를 사회운동의 동인(動因)으로 보는 사회운동 연구는 정부의 정책이 개인들에게 불만과 분노를 일으키거나 좌절감을 줄 때, 이러한 불만과 좌절감이 갈등적 저항을 촉진한다고 본다. 이러한 심리 중심 이론은 자원 동원 이론이나 정치적 기회구조 이론이 등장한 이후 사회운동의 주류 이론에서 밀려났지만, 이 책이 다루는 미국의 티파티 운동이나 위대한 미국 운동 등이 오바마 행정부 혹은 과거 민주당 행정부의 정책에 대한 불만과 좌절감 등 심리적 요인과 무관하지 않다는 점을 상기할 때 여전히 경청할 만한 부분이 있다.

사회운동에 대한 심리 중심 이론은 이후 후속 연구에 의해 비판에 직면했다. 먼저 갬슨(William Gamson)이나 매카시(John D. McCarthy)와 잘드(Mayer N. Zald) 등은 사회 내에 불만이 크다고 해서 저항적 집합행동이 저절로 등장하는 것은 아니라고 주장하면서 심리 중심 이론을 비판했다(Gamson 1968, 1975; McCarthy and Zald 1977). 미국 민권운동의 사례에서 보듯이 본격적 사회운동이 등장하기 위해서는 시위를 이끄는 운동가와 함께 사회운동을 지원할 수 있는 조직적 네크워크가 필요하다는 주장도 제기되었다(Morris 1984). 심리 중심 이론을 비판하는 학자들은 사회적으로 불만이 팽배했다고 해서 저절로 사회운동으로 비화되는 것이 아니며, 불만 등 심리적 요인 외에 이러한 불만을 운동으로 동원할 수 있는 다른 조건이 충족되어야 한다고 주장했다. 심리 중심 이론을 비판하는 이들은 이러한 조건과 관련하여 무엇보다 사회운동이 등장하기 위한 일차적 필요조건이란 다름 아닌 사회적 자원 동원이라고 주장하면서 훗날 자원 동원 이론을 제시했다.

2) 자원 동원 이론

1977년 『미국사회학회보(*American Sociological Review*)』에 게재된 매카시와 잘드의 논문 「자원 동원과 사회운동: 하나의 부분적 이론(Resource Mobilization and Social Movements: A Partial Theory)」에서 제기된 주장이 이후 일반적으로 자원 동원 이론으로 불리면서 사회운동의 등장과 유지를 설명하는 대표적 이론 가운데 하나로 자리 잡았다. 이 논문에서 매카시와 잘드는 심리 중심 이론의 문제점을 지적하면서 자원 동원이 사회운동의 등장과 유지에 핵심 요소라고 강조했다. 저자들은 혁명이나 폭력행사 등 집단적 저항운동은 단순히 개인의 불안이나 불만에서 기인하는 것이 아니라, 사회 내 중요한 정치 과정에서 비롯된다는 틸리의 주장(Tilly 1973)을 인용하면서 심리 중심 이론을 비판했다.

매카시와 잘드는 집합행동이 저절로 나타나지는 않는다는 올슨(Mancur Olson)의 주장(Olson 1965)을 먼저 소개하면서, 사회운동의 등장에는 자원의 결집이 매우 중요하며, 자원의 결집을 위해서는 최소한의 수준에서 조직이 구성되어야 함을 강조했다. 즉, 저자들은 사회운동을 위한 자원의 효과적 동원을 위해서는 조직 외부의 지원이나 개입이 매우 긴요하고, 조직에 대한 자원의 제공에도 수요와 공급의 원리가 적용된다는 점을 부각시켰다.

자신들의 이론을 개괄적으로 요약한 후 저자들은 사회운동, 사회운동 조직(SMO: social movement organization), 사회운동 분야(SMI: social movement industry), 사회운동 영역(SMS: social movement sector) 등 사회운동과 관련된 개념을 나름대로 정의하여 제시했다. 먼저 저자들은 사회운동을 '사회구조와 보상 배분의 변화를 지향하는 선호'로 정의했다. 즉, 이들에 따르면 사회운동은 사회적 변화를 추구하는 사람들의 생각이 모여서 나타난 현상이다. 이어서 저자들은 이러한 사회운동의 선호와 일치하는 목적을 추구하는 복합적 혹은 공식적 조직으로 '사회운동 조직'을 정의하고, 사회운동의 가장 폭넓은 선호, 즉 목적을 실현하려는 모든 사회운동 조직이 모여 '사회운동 분야'를 형성한다고 보았다. 마지막으로 모든 사회운동 분야의 총합을 '사회운동 영역'이라고 정의했다.[2]

이어서 매카시와 잘드는 사회운동 조직에 대한 자원 제공 여부, 사회운동 조직의 성공적인 목표달성으로 직접적인 혜택을 받는지 여부, 그리고 개별적 자원보유 수준에 따라 개인을 방관자(bystander), 동조자(adherent), 지지자(constituent), 양심적 동조자 혹은 양심적 지지자(conscience adherent or constituent)와 수혜적 동조자 혹은 수혜적 지지자(beneficiary adherent or constituent), 엘리트(elite)와 대중(mass) 등으로 구

2 예컨대 미국의 경우 환경보호를 목적으로 하는 사람들의 선호가 환경운동을 탄생시켰다면, 이러한 목적으로 탄생한 시에라 클럽(Sierra Club)은 이러한 사회운동의 목적을 실현하기 위한 환경 사회운동 조직이며, 이러한 환경단체들이 모여 있는 분야가 환경 사회운동 분야가 된다. 그리고 환경운동, 민권운동, 여성운동, 반핵운동 등 모든 사회운동 분야가 망라되면서 집합적으로 사회운동 영역이 구성된다.

분했다. 먼저 특정한 사회운동의 목표에 대해 공감하지 않는 사람이 방관자로 정의되는데, 방관자가 사회운동의 목표에 공감하면 그는 방관자에서 동조자로 변화한다. 이후 이러한 동조자가 특정한 사회운동 조직의 목적에 공감해서 그 조직에 인적 혹은 물적 자원을 제공하면 그는 동조자에서 한발 더 나아가 지지자가 된다.

계속해서 이러한 동조자와 지지자 역시 각각 두 종류로 양분된다. 먼저 사회운동 전반의 목적에 동조하는 사람들 가운데 사회운동의 목적 달성으로 직접적 혜택을 받지 않는 동조자는 양심적 동조자가 되며, 사회운동 조직의 지지자이지만 이 조직의 목적 달성으로 직접적 혜택을 받지 않는 지지자는 양심적 지지자가 된다. 반대로 사회운동의 목적 달성으로 혜택을 받는 동조자나 혹은 사회운동 조직의 목적 달성으로 혜택을 받는 지지자는 각각 수혜적 동조자 및 수혜적 지지자가 된다. 이어서 사회 내에서 상대적으로 많은 자원을 보유한 소수의 사람은 엘리트가 되고, 제한적 자원만 보유한 다수의 사람은 대중이 된다.

자원 동원 이론과 관련된 이러한 다양한 개념을 제시한 후 매카시와 잘드는 시론적 차원에서 검증 가능한 몇 가지 가설을 제시한다. 이러한 가설은 자원 동원, 사회운동 영역, 사회운동 분야의 성장과 관련된 것, 사회운동 조직의 구성 및 자원 동원과 관련된 것, 사회운동 조직의 연합적 구성 및 이와 대조적인 고립된 구조와 관련된 것 등이다. 저자들은 이러한 가설을 통해 사회운동 및 사회운동 조직이 어떠한 방식으로 자원을 동원하고 지지자 확보를 통해 어떻게 성장해 나가는지 보여 준다. 이러한 가설 가운데 집단적 저항운동의 기원 및 유지와 관련하여 중요하다고 판단되는 내용은 아래와 같다.

매카시와 잘드는 자원의 증감 여부와 사회운동의 등장에 관해 "엘리트와 대중이 처분할 수 있는 자원이 증가함에 따라 사회운동 영역에 가용한 절대적·상대적 자원이 증가한다."라는 가설을 제시한다. 이는 일견

상식적인 것으로 보이지만 심리 중심 이론과 근본적인 차이를 보이는 것으로서, 사회운동의 등장을 해당 운동에 동원될 수 있는 자원의 증감과 관련시키는 주장은 자원 동원 이론의 핵심 내용 가운데 하나다. 이와 아울러 두 저자는 통신, 교통, 정치적 자유, 사회통제 담당자의 억압 정도가 사회운동을 위한 개인과 집단의 자원배분 비용에 영향을 미친다고 보았다. 이어서 두 저자는 "사회운동 영역에 가용한 절대적인 자원의 양이 증가할수록 새로운 사회운동 분야와 사회운동 조직이 이러한 자원을 놓고 경쟁할 가능성이 크고", "수혜적 동조자에게 가용한 자원의 양과 관계없이 양심적 동조자에게 가용한 자원의 양이 많을수록 변화를 위한 선호에 대응하는 사회운동 조직과 사회운동 분야가 발전할 가능성이 크다."고 보았다. 자원 동원 이론에 따르면 자원이 많은 사회에서 다양한 사회운동 조직은 이러한 자원을 쟁취하기 위해 경쟁에 나서며, 사회운동은 그 운동의 목적 달성으로 직접 특별한 혜택을 보지 않으면서도 그 목적에 동조하는 사람들, 즉 양심적 동조자와 이들의 자원을 많이 획득할수록 더 활성화될 수 있다는 것이다.

요약하자면, 자원 동원 이론은 전통적 사회운동 이론인 심리 중심 이론이 주장한 불만, 불안, 좌절감 등의 요소만으로는 사회운동의 등장을 설명하기 어렵다고 반론을 제시한다. 사회의 불만과 불안은 정도의 차이는 있지만 늘 존재하는데, 자원 동원 이론은 어떤 종류의 불만과 불안은 정부에 대항하는 시위와 집회로 비화되고 다른 종류의 불만과 불안은 그렇지 않다는 데 주목하면서, 이러한 집합적 저항의 동원에는 조직적 구성과 이러한 조직이 사회 내 다양한 자원을 동원하는 능력이 매우 중요하다는 점을 지적한다.

3) 정치적 기회구조 이론

정치적 기회구조 이론에 따르면 사회운동의 등장에는 사회운동이 태동

할 당시의 '정치적 기회구조' 혹은 '정치적 기회의 창'이 중요하다(Eisinger 1973; Kitschelt 1986; McAdam 1982). 정치적 기회구조 이론은 정치적 기회구조가 폐쇄적인 경우 혹은 정치적 기회구조가 개방적인 경우 가운데 어느 상황에서 사회운동의 등장 가능성이 더 클 것인가라는 질문에서 출발한다. 우선 정치적 기회구조가 열려 있는 경우 이러한 기회구조를 이용하여 자신들에게 유리한 정책이 나올 수 있도록 정부에 영향력을 행사하기 위해 사회운동이 등장한다는 주장이 가능하다. 반대로 정치적 기회구조가 닫혀 있는 경우 이를 타파하기 위해 정부에 저항하는 사회운동이 등장한다는 주장도 가능하다. 어떤 경우든 정치적 기회구조 이론은 사회운동의 등장에 대한 정치적 제약요소의 존재 유무를 주요 변수로 채택함으로써 사회운동을 정치제도와 연관지어 분석하려 한다. 정치적 기회구조 이론을 학계에 널리 소개한 키첼트(Herbert P. Kitschelt)를 중심으로 이 이론의 주요 내용을 설명하면 다음과 같다.

1986년 『영국정치학회보(*British Journal of Political Science*)』에 실린 논문 「정치적 기회구조와 정치적 저항: 네 개 민주주의 국가에서의 반핵운동(Political Opportunity Structures and Political Protest: Anti-Nuclear Movements in Four Democracies)」을 통해 정치적 기회구조 이론을 개진한 키첼트는 '특정한 자원의 상황, 사회동원을 위한 제도적 배열과 역사적 선례'로 정치적 기회구조를 정의한 후, 이러한 정치적 기회구조가 어떤 상황에서는 사회운동을 촉진하는 반면, 다른 상황에서는 제한한다고 지적한다. 이를 위해 키첼트는 미국, 프랑스, 스웨덴, 독일 등 네 개의 민주주의 국가를 대상으로 정치적 기회구조의 차이가 어떠한 방식으로 정치적 동원전략의 선택에 영향을 미치는지 조사했다. 그의 주장에 따르면 정치적 기회구조가 폐쇄적인 경우에는 정부에 대한 정치적 동원은 가두시위 등 대결전략(confrontational strategy)을 채택하여 시위나 데모 등 저항운동으로 나아갈 수 있고, 정치적 기회구조가 개방적인 경우에는 정치적 동원은 반대로 로비나 청원 등 동화전략(assimilative strategy)을 활용할 수 있다. 이어서 과연 어떠한 정치적 기회구조가 개방적이고, 어떠한 기회구조가 폐쇄적인지 묻는 질문에 대해 키첼트는 정치적 투입(political input)의 측면에서 정치적 개방성(openness)을 결정하는 네 가지 요인과, 정부의 정책 결정이 전달되는 정치적 산출(political output)의 측면에서 정부의 능력(capacity)을 결정하는 세 가지 요소를 통해 답변을 제시한다.

키첼트는 먼저 정책의 투입 요인으로 정당이나 이익집단 등이 자신의 주장을 명확히 취합하여 정부에 전달할 수 있는 환경이 마련되어 있으면 정치적 기회구조가 개방적이라고 본다. 반면에 정당이 존재하지만 지나치게 분권화되어 정치적 요구를 적절히 취합하여 표출할 수 없으면 정치적 기회구조는 폐쇄적이라고 본다. 둘째, 정부에 대해 의회가 견제와 균형의 역할을 수행할 수 있고 독자적인 정책 결정 능력이 있으면 정치적 기회구조는 개방적이다. 한편 키첼트는 정치적 산출구조와 관련하여 정부의 정책이 강력하게 실현되는 경우와 그렇지 않은 경우를 나눈다. 정부의 권력구조가 중앙집권화되어 시장에 대한 정부의 통제가 엄격하면 정치적 산출구조는 강하며, 법원 등 사법부가 정부로부터 독립적이어서 정부의 정책 집행을 견제할 수 있으면 정치적 산출구조는 약하다.

이와 같이 정치적 투입구조의 개방성 및 폐쇄성과 정치적 산출구조의 강약 여부를 설명한 후, 키첼트는 스웨덴과 미국을 개방적인 정치적 투입구조를 지닌 나라로, 프랑스와 서독을 폐쇄적인 정치적 투입구조를 지닌 나라로 분류한다. 이어서 스웨덴과 프랑스를 강한 정치적 산출구조를 지닌 나라로, 미국과 서독을 약한 정치적 산출구조를 지닌 나라로 분류한다. 따라서 전체적으로 미국은 정치적 투입의 측면에서는 대체로 개방적이지만 정치적 산출의 측면에서는 약한 국가로 분류된다. 미국은 독립적인 의회가 존재하고 분권화된 각급 정당조직이 있으며 이익집단이 활성화되어 있고 지방정부와 중앙정부의 수준에서 다양한 선거가 빈번해 매우 개방된 정치적 투입구조가 존재한다. 반면에 권력분립의 원칙으로 인해서 연방정부의 중앙집권화 수준이 약하고 시장이 정부의 간섭 없이 자율적으로 운영되며 위헌심판권을 지닌 독립적인 연방대법원이 있어 정치적 산출구조는 매우 약한 것으로 분류된다.

키첼트는 정치적 기회구조와 관련하여 투입구조의 개방성 및 폐쇄성을 결정하는 요인을 설명한 다음, 정치적 기초구조가 개방적인 경우 사회운동은 동화전략을 취할 가능성이 커져 제도권 정치 과정을 통해 자신의 의견을 개진하려고 하지만, 반대로 정치적 기회구조가 폐쇄적인 경우 사회운동은 기존의 제도권 정책 통로 밖에서 보다 투쟁적인 대결전략을 취한다고 주장한다. 또한 정치적 기회구조에 따라 사회운동은 절차적, 실질적 혹은 구조적 영향력을 발휘하는데, 여기서 절차적 영향력은 사회운동을 통해 사회운동 참가자들이 정치참여에 대한 새로운 통로를 개척하는 경우를 지칭하며, 실질적 영향력이란 단순히 새로운 경로의 채택을 넘어 사회운동 참가자들이 실질적 정책의 변화를 이끌어 낼 수 있는 경우를 의미한다. 마지막으로, 구조적 영향력이란 사회운동의 결과 정치적 기회구조 자체가 사회운동의 압력에 의해 변환되는 것을 의미한다.

이처럼 정치적 기회구조 이론은 정치제도의 개방성 및 폐쇄성을 중심으로 사회운동의 등장 가능성을 설명하는 이론이다. 사회운동의 등장 가능성을 설명하면서 투입 요소와 산출 요소를 구분하고 정치제도의 개방성과 폐쇄성을 중심으로 설명하려는 정치적 기회구조 이론은 사회운동의 설명에 정치제도적 요소를 도입했다는 면에서 의의가 있다. 다만 정치적 기회구조 이론의 범위 내에서 논의를 진행하는 연구들은 개방성과 폐쇄성 가운데 어느 쪽이 사회운동의 등장에 더 영향을 미치는지 확답을 내놓지 못하는 취약성을 드러내고 있다.

4) 프레임 이론

사회운동에 관한 프레임 이론은 개인의 심리적 상태에 초점을 맞추는 이론이나, 정치제도 혹은 정치구조나 동원 가능한 자원을 강조하는 이론 등이 간과하는 집합행동 형성의 핵심적 내용, 즉 '개인'들이 어떠한 '과정'과 '경로'를 거쳐 집합적 행위자가 되는가에 주목한다. 프레임 이론은 자원 동원 이론에서 제기되었으나 명확하게 설명되지 않은 과정, 즉 사회운동의 단순한 방관자가 잠재적 동조자로 변화하고 이어서 잠재적 동조자가 사회운동 조직에 자원을 제공하는 지지자로 전환되는 과정 등 개인이 사회운동에 접목되어 동원되는 경로에 주목한다.

1986년 『미국사회학회보』에 록퍼드(E. Burke Rochford), 워든(Steven K. Worden), 벤퍼드(Robert D. Benford) 등과 함께 스노우(David A. Snow)가 공동으로 게재한 「프레임 연계 과정, 미시동원, 운동참여(Frame Alignment Processes, Micromobilization, and Movement Participation)」는 사회운동에 대한 프레임 이론의 정초(定礎)적 논문으로 평가된다. 해당 논문에서 '프레임'은 '개인이 자신의 삶이나 넓게 정의된 세상에서 발생하는 사건의 위상을 결정하고, 인지하고, 확인하며, 명명하는 해석의 개요(schemata of interpretation)'로 정의된다(Snow et al. 1986: 464). 즉, 프레임은 사건이나 상황에 대해 의미를 부여함으로써, 장차 잠재적 사회운동 참가자의 경험에 대해 행동의 맥락을 구성하고 행동을 지도하는 요소가 된다. 그리고 프레임은 다양한 인지적 요소(cognitive elements)를 지닌 개인의 '심리적 해석틀'로 작동하는데, 이러한 인지적 요소에는 (아래 '프레임 연계'의 종류에서 설명되듯이) 개념, 믿음, 가치, 규범, 태도, 목적, 불만, 정의(正義)의 기준, 인과관계의 속성에 대한 생각 등이 다양하게 포함되어 있다.

이렇게 프레임을 정의하고 프레임의 특징적 요소들을 개관한 이후 저자들은 개인의 사회운동 참여와 관련하여 '프레임 연계(frame alignment)'라는 개념을 제시하여, 개인의 분노에 집착한 심리 중심 이론과 동원의 미시적 과정에 대한 설명이 없는 자원 동원 이론을 개념적으로 연결시키려 한다. 즉, 자원 동원 이론에서 언급된 단순 방관자가 동조자로 전환되며, 이어서 동조자가 다시 지지자로 전환되어 사회운동에 참여하는 일련의 과정에 대한 미시적 분석의 핵심 요소가 바로 '프레임 연계'라는 개념이다.

스노우 등에 따르면, 프레임은 다양한 인지적 요소를 갖춘 개인의 심리적 해석틀로 작동하면서, 개인이 어떤 상황을 접할 때 이를 해석하기 위해 이런 다양한 요소가 작동하도록 도와준다. 예컨대 어떤 사건을 정의롭지 못하다고 해석하는 것은 정의롭지 못한 것을 규정하는 개인의 심리적 해석틀 속에서 어떤 특정한 인지적 요소가 작동했기 때문이다. 즉, 개인은 현실과 접촉하면서 끊임없이 자신의 해석틀 속에 있는 인지적 요소를 통해 현실을 파악하고 이에 따라 행동한다. 이와 같은 개인의 심리적 해석틀의 인지적 요소가 외부 사건 및 상황과 상호작용하는 과정에서 개인은 이에 대해 판단을 내리고 자신의 태도를 만들어 나간다.

따라서 사회운동 조직 운영자의 관점에서 볼 때 중요한 것은 사회운동의 등장과 확대 과정에서 조직의 목적, 명분, 가치에 대해 방관적 입장을 지닌 사람이나 잠재적 지지자를 사회운동의 적극적 지지자로 만들어 내는 전환작업이다. 이를 위해 사회운동 조직 운영자는 자신이 주도하는 운동의 목적과 관련된 호소력 있는 프레임을 잠재적 지지자들에게 제공할 필요가 있다. 이러한 과정이 '프레임 연계'에 해당한다. 즉, 프레임 연계는 사회운동 조직이 자신의 해석틀을 아직 동원되지 않은 개인들의 정돈되지 않은 생각에 연계시키는 과정이라고 일단 넓게 정의할 수 있다. 이에 따라 스노우 등 저자들은 프레임 연계를 '개인과 사회운동 조직 양자의 해석 경향을 연결시켜 주는 것'으로 보고, '개인의 이익, 가치, 믿음과 사회운동 조직의 행위, 목적, 이념 등이 합치되고 보완적으로 변환하는 과정'이라고 설명한다(Snow et al. 1986: 464).

한편 스노우 등은 프레임 연계가 구체적으로 나타나는 다양한 방식을 프레임 연결(frame bridging), 프레임 증폭(frame amplification), 프레임 확장(frame extension), 프레임 전환(frame transformation) 등 네 가지로 나누어 설명한다. 먼저 프레임 연결은 '특정한 이슈나 문제에 관해 이념적으로는 일치하지만 구조적으로는 연결되어 있지 않은 두 개 혹은 그 이상의 생각들을 사회운동 조직의 주동자가 제공하는 프레임을 통해 연결시키는 것'이다. 즉, 프레임 연결은 '동원되지 않은 정서의 풀(unmobilized sentiment pool)'이나 '여론 선호의 집결체들(public opinion preference clusters)'을 사회운동 조직과 단순히 연결시켜 주는 것이다. 저자들에 따르면 프레임 연결은 대체로 조직의 외연 확대 노력 혹은 특정 사건이나 상황에 대한 조직의 정보 확산 노력에 따라 추진되며, 대체로 개인 간 혹은 집단 간 네트워크나 대중매체, 전화나 우편 등을 통해 실행된다(Snow et al. 1986: 468). 대체로 프레임 연결은 사회운동 조직이, 자신의 취지에는 동조하지만 구체적인 동원 단계에는 이르지 않은 불특정 사람들이나 여론에 대해 자신들이 지닌 프레임을 전달해 주는 프레임 연계 방식이라고 볼 수 있다.

이어서 프레임 증폭은 단순히 불특정 여론이나 동원되지 않은 정서에 대해 프레임을 전달해 주는 데 그치지 않고, 특정한 이슈나 사건에 대한 해석의 틀을 보다 명확하게 규명(clarification)하고 활성화(invigoration)하는 것이다. 즉, 프레임 증폭은 특정한 사건이 해당 사회의 어떤 가치나 믿음과 어떠한 방식으로 관련되는지를 규명하면서, 이러한 가치나 믿음이 침해될 경우 묵과하거나 좌시해서는 안 된다는 메시지 등을 전달하는 적극적인 노력이다. 혹은 특정 사건이나 상황이 어떤 원인에 의해 발생한 것이며, 이를 문제 삼는 사회운동이 등장할 경우 운동의 효과는 어떨지 구체적인 정보를 제공하는 것이 바로 프레임 증폭이다. 저자들은 전자를 '가치 증폭(value amplification)', 후자를 '신념 증폭(belief amplification)'

이라고 부른다.[3]

스노우 등은 프레임 연결과 프레임 증폭에 이어 프레임 확장이나 프레임 전환에 대해서도 설명한다.[4] 프레임 확장은 사회운동 조직이 잠재적 지지세력을 더 많이 확보하기 위해 자신의 핵심적 목표가 아닌 가치, 이익, 이념에 대해서도 자신의 운동 목적과 연관하여 잠재적 지지자들에게 제시하는 것을 의미한다. 이를 통해 사회운동의 외연을 확대하는 것이다. 평화운동과 같은 사회운동이 소수인종의 인권 문제 등도 언급하면서 소수인종의 지지를 얻으려는 노력이 그 사례가 될 수 있다(Snow et al. 1986: 472). 프레임 전환은 사건이나 상황을 바라보는 기존 시각과 전혀 다른 시각을 제공함으로써 사회운동 조직이 현안 문제나 사건에 대한 잠재적 지지자를 동원하는 방식이다. 이러한 프레임 전환에는 두 가지 종류가 있다. 하나는 '특정 영역에 국한하여 해석틀을 전환(transformation of domain-specific interpretative frames)'하는 프레임 전환이고, 다른 하나는 영역에 상관없이 '망라적 차원에서 총체적인 해석틀을

---

3 이 두 종류의 프레임 증폭은 사회운동의 미시적 동원의 중요한 논거가 되므로 부연설명이 필요하다. 먼저 가치증폭은 사회운동 조직이 특정한 사건이나 상황과 관련하여 이러한 사건 및 상황이 잠재적인 동조자나 지지자들이 소중하게 여기면서 보호하고자 하는 가치와 구체적으로 어떻게 관련되어 있는지 명확하게 전달하는 과정이다. 즉, 가치증폭은 "미래의 지지자들에게는 근본적인 것으로 여겨지지만 아직 집합행동을 고취하지 않는, 하나 혹은 그 이상의 가치를 확인하고(identification), 이상화하며(idealization), 제고(elevation)해 주는 것"을 지칭한다. 한편 신념증폭은 특정한 두 사건의 관계에 대한 믿음을 전달하는 것을 의미하는데, 이러한 관계에 대한 신념의 제공을 통해 사회운동 조직은 동원되지 않은 대중에게 사건의 원인과 결과를 알려주고, 동원을 통해 얻을 수 있는 효과를 홍보함으로써 사회운동을 더욱 확산시키는 결과를 가져올 수 있다. 이러한 신념증폭에는 다양한 종류가 존재하는데, 이는 사회운동이 비판 대상으로 삼는 적대자에 대해 정형화된 믿음을 주입하는 것에서, 집합행동의 성공 가능성에 대한 설명, 더 나아가 저항이 필요한 이유와 그 정당성에 대한 신념까지 포함한다.

4 필자의 판단에 따르면 프레임 확장이나 프레임 전환 등의 개념은 실제 사회운동의 등장이나 유지 과정에서 프레임 연결이나 프레임 증폭만큼 현실 적용 범위가 넓지 않지만, 여전히 사회운동의 외연 확장에 매우 중요하다.

전환(transformation of global interpretative frames)'하는 프레임 전환이다. 전자는 사회운동 조직에 의해 특정 영역에서 발생한 사건이나 상황을 바라보는 귀속정향(attributional orientation: 본질적 원인이 어디에 귀속될 것인지에 대한 시각)이 변화하는 것을 의미한다. 예컨대 농약을 사용해서 재배하는 곡물에 대해, 이러한 곡물생산이 보건상 문제를 일으킨다고 비판하는 것을 넘어 이를 사실상 살인행위라고 홍보하는 것 등이 이에 해당한다. 총체적 해석틀의 전환은 여기서 더 나아가 모든 영역에서 발생하는 사건에 대한 귀속정향이 바뀔 것을 주문한다. 예컨대 2008년의 광우병 시위나 2014년의 세월호 사건 등을 해석할 때 이를 모두 생명에 대한 경시 혹은 물질문명의 결과 등으로 보는 포괄적인 윤리적 시각 제시 등이 이에 해당한다.

앞에서 설명한 대로, 프레임 이론은 프레임 연계의 다양한 방식을 통해 사회운동의 잠재적 지지자가 실제적 지지자로 전환되는 과정을 설명하려는 이론이다. 프레임 이론은 심리 중심 이론이나 자원 동원 이론 등이 개인들이 집합행동으로 연결되는 과정에 대한 미시적 경로를 제시하지 못한다는 점에 착안하여 등장한 이론이다.

5) 집합적 일체감 이론

앞에서 설명한 심리 중심 이론이나 자원 동원 이론, 그리고 정치적 기회구조 이론 등은 사회운동의 등장에 중요한 시사점을 제공하지만 동원 이전 상태에 있던 개인들이 하나의 '집합적 행위자(collective actor)'로 변화하는 과정에는 크게 주목하지 않는다. 이러한 문제의식에서 개인과 개인 간 상호작용, 상황과 사태에 대한 해석이나 판단 공유, 개인과 주변 정치환경 간 상호작용 등을 통해 동원 이전 상태의 개인이 공동 관심사, 이익, 가치를 지니는 집합적 행위자로 변화하는 이유를 설명하는 이론이 집합적 일체감 이론이다.

멜루치(Alberto Melucci)는 1988년 『국제사회운동연구(*International Social Movement Research*)』 제1권에 수록된 「참여하기: 사회운동에서 일체감과 동원(Getting Involved: Identity and Mobilization in Social Movements)」에서 개인 차원의 사회심리 이론, 정치적 기회구조의 개방성 혹은 폐쇄성을 강조하는 이론, 그리고 사회운동 조직이 제공하는 자원을 부각시키는 이론 등은 개인이 집합적 일체감을 형성하여 사회운동에 참하는 과정을 충실히 설명하지 못한다고 비판하면서 개인이 사회운동에 동조하는 '과정'에 대한 분석이 먼저 필요하다고 주장한다(Melucci 1988: 332).[5]

멜루치에 따르면 먼저 개인 차원의 사회심리 이론은 어떻게 개인이 서로 뭉쳐 '통합된 우리(integrated we)'의 한 구성원으로 변화해 가는지 충분히 설명하지 않은 채 분노나 상대적 박탈감 등 개인적 동기만으로 충분히 사회운동이 촉발된다고 보고 있어 문제를 드러낸다. 또한 사회운동에 대한 정치적 기회구조 이론이나 자원 동원 이론 등 정치구조와 사회조직을 강조하는 '구조적' 설명은 개인들이 공동으로 당면한 사건과 상황에 대해 '인지하고 평가하며 결정을 내리는 해석적 능력'을 이론적으로 설명하지 않는 오류를 범한다. 요컨대 개인이 서로 상호작용을 통해 유대감을 형성하면서 집합적 일체감을 지니게 되는 과정에 대한 설명이 개인적 심리 혹은 구조나 제도를 강조하는 이론에서 간과되어 있다는 것이 멜루치의 주장이다. 이러한 비판적 시각에서 멜루치는 집합행동의 가장 중요한 필요조건의 하나로 사회운동에 참여하는 행위자들 간에 '간주관적으로 집합적 일체감이 형성되는 과정'에 주목한다.

멜루치에 따르면 사회운동은 개인이 사회현상을 바라보면서 '간주관

5 본문에 적은 1988년 논문 외에 「집합적 정체성의 과정(The Process of Collective Identity)」이라는 글에서도 멜루치는 자신의 이론을 지속적으로 소개, 발전시키고 있다(Melucci 1995).

적 의미'를 생산하고 '상호 의사소통하고 협상'하면서 '집합적' 결정을 내리는 과정이다. 그에 따르면 일상의 개인들은 자기들 간에 혹은 자신과 다른 집단을 포함하는 환경과의 상호작용 속에서 상황에 대한 정의를 '구성(construct)'하면서 사회운동의 촉발에 필요한 '우리'라는 일체감을 만들어 나간다. 그리고 이러한 집합적 행위자의 형성은 세 가지 방향, 즉 집합행동의 목적, 수단, 그리고 집합행동과 환경의 관계에 대한 방향을 중심으로 이루어진다. 과연 '우리'는 무엇을 목적으로 집합행동에 들어갈 것인가, '우리'의 행동범위의 가능성과 한계는 무엇인가, 그리고 이러한 '우리'의 행동과 그것이 토대를 두고 있는 환경과의 상호작용은 과연 어떻게 귀결될 것인가 등의 방향을 두고 잠재적 집합행동 참가자 간의 지속적 상호작용 결과로 집합적 행위자가 비로소 등장한다. 따라서 사회운동은 운동의 목적이 이미 설정된 후 주변의 개인들이 동조하는 과정이 아니라, 집합행동에 참여하는 개인들이 이러한 세 가지 방향에 대한 해석을 서로 교환하면서 일체감을 형성해 가는 '사회적 구성물'이다(Melucci 1988: 333).

전체적으로 볼 때 사회운동에 관한 집합적 일체감 이론은 사회운동을 이에 참여하는 개인들이 서로 의사소통을 통해 운동의 목적과 결과, 운동이 처한 환경적 장애, 운동의 결과로 나타날 변화된 환경에 관한 자신들의 생각을 집합적으로 공유할 때만 생겨날 수 있는 연속적인 의사소통 과정의 산물로 본다. 이러한 의사소통을 통해 사회운동에 참여하는 개인들은 자신의 생각을 정제하면서 공통의 집단의식을 만들어 간다. 또한 이러한 과정을 거쳐 개별적인 잠재적 참가자들이 집합적 일체감을 스스로 구성하고 다시 집합적 행위자로 통합적으로 전환되어 사회운동에 참여한다. 집합적 일체감의 구성 없이 사회에 산재한 개인들의 분노 혹은 상대적 박탈감이나 사회운동 조직이 제공하는 자원만으로는 사회운동이 등장하지 않는다는 것이 멜루치의 집합적 일체감 이론의 골자다.

3. 티파티 운동과 위대한 미국 운동을 보는 이론적 틀

1) 개별 이론의 적실성에 대한 평가

이 책이 분석하고자 하는 티파티 운동과 위대한 미국 운동은 사회운동을 분석하는 이론가는 물론 정치현상을 관찰하는 미국 안팎의 관심 있는 사람들에게 몇 가지 중요한 연구 대상이 되어 왔다. 우선 무엇보다 "왜 이러한 운동이 일어났는가?"라는 질문이 학문적 연구 대상이 된다. 따라서 "어떻게 그리고 어떠한 경로로 광범위한 정치적 동원이 매우 빠른 시간 안에 가능했을까?"라는 질문에 대한 답변이 필요할 것이다. 그리고 "이러한 동원 과정을 주도한 중요한 변수는 무엇인가?"라는 질문도 함께 제기될 것이다.

과연 티파티 운동이나 위대한 미국 운동과 같은 집단적 저항을 유도한 주요 원인은 심리 중심 이론이 제시하는 대로 개인적 분노나 좌절감이었을까? 아니면 자원 동원 이론의 설명대로 사회운동 조직을 통한 자원 동원이 주효(奏效)했던 것일까? 혹은 정치적 기회구조 이론이 강조하는 것처럼, 운동에 동원된 시민들이 느꼈을 폐쇄적인 정치적 기회구조 탓이었을까?

이러한 질문을 염두에 둘 때 티파티 운동과 위대한 미국 운동의 등장에 대한 이론적 설명과 관련하여 이 책이 검토할 사항을 두 가지 정도로 집약할 수 있다. 첫 번째 사항은 티파티 운동 및 위대한 미국 운동을 모두 설명하는 데 심리 중심 이론, 정치적 기회구조 이론, 자원 동원 이론, 그리고 집합적 일체감 이론 등이 과연 최선의 이론인지 검토하는 것이다. 두 번째 사항은 티파티 운동 및 위대한 미국 운동에 관한 가장 적절한 이론을 선택하여 두 저항운동을 설명하는 것이다. 이 소절에서는 첫 번째 사항을 중심으로, 그리고 다음 소절에서는 두 번째 사항을 중심으로 논의를 펼쳐 보고자 한다.

우선 심리 중심 이론과 같이 개인의 심리적 상태에 주목하여 사회운동을 설명하는 방식은 저항운동의 동인으로서 개인의 분노와 좌절감을 지적한다는 점에서 여전히 그 유용성을 인정할 수 있다. 실제로 티파티 운동이나 위대한 미국 운동, 월가 점령운동(Occupy Wall Street Movement), 그리고 한국의 경우 이명박 정부 등장 직후의 시위나 박근혜 대통령의 국정농단 사건 이후 시위 등은 모두 정부의 정책이나 운영 양식에 대해 분노한 시민들이 참여한 저항운동이다. 따라서 이러한 집단적 저항의 근저에 참가자의 동원에 있어서 개인의 심리적 불만과 좌절감이 자리 잡고 있다는 점을 결코 무시할 수 없다.

그러나 저항 동원에 대한 보다 현실적 이론은 단순히 분노나 상대적 박탈감 등 심리적 요인만 강조하는 차원에서 한발 더 나아가, 어떻게 이와 같은 심리적 요인이 실제로 사회운동으로 변모되는지 분석적 메커니즘을 제공해야 한다. 그러나 심리 중심 이론은 어떻게 특정한 이슈가 시민들에 의해 독특한 방식으로 해석되어 집합적 일체감 형성을 유도하는지, 혹은 이러한 과정에서 문제가 된 이슈가 어떠한 방식으로 프레임 연계 과정을 거쳐 잠재적 분노를 저항적 동원으로 유도해 가는지 적절히 설명하지 않는다. 판 알스트(Peter van Aelst)와 월그레이브(Stefaan Walgrave)에 따르면, 일반적인 저항의 잠재력이란 존재하지 않으며 시민의 시위참여 결정은 실제로 문제가 되는 이슈가 무엇인가에 달려 있다(van Aelst and Walgrave 2001: 469). 예컨대 공동체 전체가 공유한 매우 근본적이고 중요한 가치가 도전받았을 때, 이와 관련된 이슈들만이 사회적 분노를 극대화하면서 집단적 저항을 촉발할 수 있다. 그런데 심리 중심 이론은 어떠한 종류의 분노가 저항을 유도하는 특성을 지니며, 만약 그러한 특성을 가진다면 분노하는 개인이 저항에 참여하는 과정은 무엇인지 구체적인 설명이 없다. 그런 의미에서 사회의 일반적 분노를 저항 동원과 바로 연결하는 심리 중심 이론은 이 책이 주목하는 양대 사회운동을 설명하기에는 미흡하다.

실제로 이 책이 분석하고자 하는 티파티 운동은 오바마 대통령이 추진한 경기부양 및 의료보험 개혁이 미국의 헌법적 정체성의 핵심적 가치를 위반한 것으로 해석되어 촉발되었다. 헌법 근본주의에 경도된 보수적 유권자들의 관점에서 볼 때 오바마의 재정 확대 정책은 이들이 미국의 헌법적 가치라고 믿어 온 제한 정부, 작은 정부, 재정 건전성 등을 침해한 것이었다. 따라서 티파티 운동은 이러한 해석을 토대로 발화된 것으로 볼 수 있다. 또한 트럼프가 주도한 위대한 미국 운동은 클린턴, 오바마 행정부를 걸쳐 시행된 자유무역 정책과 관용적 이민 정책에 대한 저소득·저학력 백인들의 불만과 좌절감이 종족적 정체성을 중심으로 한 백인 민족주의의 틀 속에서 저항운동으로 비화한 측면이 강하다. 이처럼 이슈의 성격과 위상, 그리고 이러한 이슈를 해석하는 프레임을 고려하지 않은 심리 중심 이론은 개인의 불만과 분노가 어떠한 이슈와 선택적 친화성을 지니며, 어떠한 경로를 거쳐 집단적 저항을 촉발하는지 보다 명쾌한 이론적 메커니즘을 제시하지 못해 문제가 된다.

정치적 기회구조 이론 역시 심리 중심 이론처럼 왜 개인이 사회운동에 참여하는지 적절한 설명을 제시하지 못한다는 점에서 문제점을 안고 있다. 정치적 기회구조 이론은 정부 형태, 권력의 집중 정도, 정치체계의 개방성과 폐쇄성 등 정치적·구조적 요소에 집중한 나머지, 집단적 저항을 설명하는 방식에서 미시적 차원의 분석이 결여되어 있다는 비판에 직면한다(Opp 2009b). 즉, 정치적 기회구조 이론이 다양한 정치적 제도나 구조와 사회운동의 등장 간에 선택적 친화성을 밝혀 준 측면은 인정하지만, '정치적 기회구조'라는 변수는 사회운동의 직접적 요인이라기보다 환경적 요인으로 보아야 할 것이다.

또한 정치적 기회구조가 저항의 동원에 미치는 영향이 인정된다고 해도, 개방적 혹은 폐쇄적인 정치적 기회구조 가운데 어떤 성격의 기회구조가 더 자주 사회운동을 불러올 것인지에 대해서는 일치된 견해가 없다. 이 책이 다루는 양대 사회운동에 적용해 보면, 두 운동의 등장 당시 정치적 기회구조가 개방적이었는지 혹은 폐쇄적이었는지 선명하게 구분하기 어렵다는 점을 문제로 지적할 수 있다. 양대 사회운동이 등장하던 당시 미국의 정치구조는 시민의 분노를 수용하지 못했다는 점에서 폐쇄적이었다고 볼 수도 있고, SNS 매체에 편승한 대안우파(Alt-Right: alternative right)가 인종주의적 담론을 전파할 정도로 표현의 자유가 보장되었다는 점에서 개방이었다고 볼 수도 있다. 정치적 기회구조의 성격을 특정하기가 쉽지 않은 상황에서 그것의 개방성 여부와 이들 양대 사회운동의 등장을 결부시키는 것은 다소 무리일 수도 있다. 이처럼 정치체계의 개방성 여부와 집단적 동원 간에 명확한 관계를 설정하기 어렵다는 것이 정치적 기회구조 이론에 대한 비판 가운데 하나이다.[6]

한편 자원 동원 이론 역시 양대 사회운동을 '모두' 설명하기에는 미흡하다. 우선 프레임 이론이나 집합적 일체감 이론이 지적하듯이 자원 동원 이론에는 저항 동원에 대한 미시적 분석이 보이지 않는다. 사회운동 조직에 의한 지속적인 자원 공급 노력과 '방관자-동조자-지지자'로 참가자들을 점차 동원하고 자원을 조달하는 과정에 대한 논의는 주목할 만하다. 그리고 자원 동원 이론의 이러한 논지는 티파티 운동의 경우 프리덤워크스나 폭스뉴스 등의 자원 동원 노력을 염두에 둘 때 상당히 설득력이 있다. 그러나 잠재적 참가자들이 '최초에' 운동 참여 결정을 왜 그리

6 미국 시정부에 관한 아이징거(Peter Eisinger)의 연구에 따르면, 어떤 경우에는 개방적이고 반응적인 정치체계가 사회운동을 더 유발하는 경향이 있지만, 또 다른 사례를 보면 권력이 집중되고 시민의 의사표출 대표성이 떨어지는 정부가 사회운동을 더 자주 불러일으키기도 한다(Eisinger 1973). 매캐덤(Doug McAdam)도 아이징거의 주장을 이어받아 오히려 우호적인 정치적 기회구조가 도래하면 사회운동이 더 활발해진다는 반론을 펼친다(McAdam 1982). 이러한 논의는 폐쇄적 정치체계 속에서 대항적 전략이 추진된다는 정치적 기회구조 이론의 창시자인 키첼트의 주장과는 다른 것이다.

고 어떻게 내리는지에 대한 메커니즘은 제시되지 않는다는 점에서 여전히 양대 사회운동의 특징적 국면을 모두 포괄하기에는 자원 동원 이론의 설명력에는 한계가 있다. 자원 동원을 통한 사회운동의 확대를 강조한 점에서 심리 중심 이론이 간과한 분노의 운동화에 대한 논의는 높이 평가될 수 있으나, 개인의 참여를 유도하는 미시적 동원 메커니즘에 대한 이론적 근거를 제공하지 못한다는 점은 한계로 지적된다.

마지막으로, 집합적 일체감 이론은 개인들이 사회운동에 참여하는 미시적 경로를 설명하여 다른 사회운동 이론의 결함을 채워 준다. 사회운동에 참여하는 과정에서 개인들이 간주관적 상호작용을 통해 상황을 해석하고 집합적 유대감을 형성하면서 사회운동이 시작한다고 보는 집합적 일체감 이론은 전통적 이론이 간과했던 동원의 미시적 근거에 대한 설명을 제시한다. 시위나 집회 참여를 통해 쟁점을 파악하고 상호 의사소통을 통해 집합적 '우리'의 관념을 형성하면서 사회운동이 등장하고 전개된다는 집합적 일체감 이론은 심리 중심 이론, 자원 동원 이론, 정치적 기회구조 이론 등이 간과한 운동 참가자들의 간주관적 상황해석과 공동의 유대감 형성을 강조하여 사회운동의 이론적 논의에 기여하고 있다.

그러나 집합적 일체감 이론은 사회운동이 촉발되는 메커니즘을 전체적으로 상향적(bottom-up) 방식으로 설명한다는 점에서 현실 적실성이 떨어질 수 있다. 실제로 많은 사회운동이 집합적 일체감 이론이 주장하듯이 간주관적 교감을 통해 참가자들이 집합적 정체성을 형성하여 촉발되거나 유지되는 것만은 아니다. 참가자 간의 교섭과 교류를 통해 상향식으로 집합적 유대감이 형성되는 사례도 있지만, 반대로 사회운동집단의 지도자나 현장에서 시위를 기획하고 주도하는 핵심 운동가가 하향식으로 전달하는 메시지나 운동 지침을 통해 사회운동이 촉발되고 유지되는 경우도 빈번하다. 예컨대 티파티 운동이나 위대한 미국 운동은 집합적 일체감 이론이 주장하는 것처럼 수평적 개인들 간의 '간주관적 상호작용'을 통해 집합적 '우리'를 형성하면서 진행된 것이 아니었다. 양대 운동 참가자들이 지닌 집합적 일체감은 티파티 운동의 경우 프리덤웍스나 폭스뉴스와 같은 전국적 조직과 언론매체가, 그리고 위대한 미국 운동의 경우 트럼프 자신이나 그 선거 팀이 주체가 되어 추진한 프레임 연계를 통해 형성된 일종의 '추종(追從)적인 집합적 일체감'이었다. 이렇게 볼 때 동등한 개인들 사이의 간주관적 일체감 형성을 강조하는 집합적 일체감 이론 역시 양대 운동의 등장을 설명하기에 불완전한 것으로 보인다.

2) 양대 사회운동에 대한 프레임 이론과 자원 동원 이론의 적실성

티파티 운동과 위대한 미국 운동의 등장 과정을 전체적으로 조망하는 이 책은 프레임 이론이 이 양대 사회운동의 동원 메커니즘에 매우 중요한 이론적 설명력을 지닌다고 보고 논의를 전개하고자 한다. 물론 이 책은 분노와 불만, 좌절감 등 심리적 요인이 사회운동의 촉발 기저(基底)가 된다는 점에는 깊이 공감한다. 특히 이러한 심리적 요소가 특정 정치 공동체가 소중하게 여기는 이념적 가치나 그 집단의 정체성 문제와 관련 있는 경우[7] 초기 단계의 시위나 집회는 빠르게 사회운동으로 발전할 가능성이 크다.[8] 그러나 이 책은 이러한 심리적 요인만으로 저항적 동원이 설

---

7 이러한 관점에서 사이즈(John Sides) 등은 분노라는 심리적 요소 자체만으로는 트럼프의 2016년 대통령 선거 승리를 설명할 수 없으며 오바마 대통령에 대한 반감을 포함한 '인종화된 분노(racialized anger)'에 주목할 필요가 있다고 강조한다(Sides et al. 2018: 31).

8 월쉬(Edward J. Walsh)에 따르면 분노와 좌절감 등 개인의 심리적 요인은 여전히 사회운동의 등장과 유지를 설명하는 중요한 요소이며, 이러한 심리적 요인은 상수가 아닌 변수로서 다루어져야 한다(Walsh 1981). 유사한 맥락에서 심리적 요인의 중요성을 간과한 자원 동원 이론을 비판하면서 클란더만스(Bant Klandermans)는 개인적 분노와 불만이 여전히 사회운동의 등장에 중요한 요소이며, 따라서 자원동원 이론은 그 이론적 기여에도 불구하고 사회운동의 심리적 차원을 방기했다는 점에서 오류를 범했다고 비판한다(Klandermans 1984: 583-584). 실제로 시작 단계에서 보면, 사회운동에 대한 자원 공급

명되지는 않는다고 보며, 미국의 국가 정체성에 대한 위협이 커짐에 따라 증폭된 분노와 불만 등 심리적 요소가 어떤 집단이나 개인 혹은 언론매체 등이 제공하는 프레임을 통해 잠재적 참가자들 사이에 연계되고 확산되어 집합적 유대감 형성에 성공할 때, 티파티 운동이나 위대한 미국운동과 같은 강력한 사회운동이 태동한다고 본다.

실제로 티파티 운동은 2009년 등장한 오바마 행정부가 위기에 빠진 미국 경제를 살리기 위해 대규모 경기부양책을 실시하고 부실주택 소유자와 이를 지원한 금융기관 등에 구제 정책을 실시하자 촉발되었다. 이러한 오바마 행정부의 정책에 반대한 티파티 운동은 원래 지역적 차원에서 산발적으로 전개되기 시작하여 점차 확대되었다(Bennett 2010; Robinson 2010; Zeleny 2009; Zernike 2010b). 2009년 4월 15일 세금의 날을 전후해 전국적으로 전개되기 시작한 티파티 운동은 오바마 행정부가 의료보험제도 개혁을 추구하면서 워싱턴 정가에서 이를 둘러싼 격렬한 찬반양론이 제기되는 가운데 2009년 의회의 여름 휴회 기간에 타운홀 미팅 등을 거치면서 더욱 강력하게 추진되었다.

오바마 대통령이 임기 초반부터 적극적으로 추진한 의료보험 개혁은 국민이 의료보험을 의무적으로 구매하는 내용을 포함하고 있어 처음부터 보수적 백인 유권자들의 반발을 불러오기에 충분했다. 오바마 대통령의 의료보험 개혁은 친공화당 성향의 보수적 유권자들에 의해 작은 정

은 극단적으로 강화된 분노가 실제적 저항 단계로 나간 이후 비로소 제공되는 경우가 많기 때문에 분노나 좌절감 등 개인의 심리적 요소가 간과될 수는 없다. 티파티 운동의 경우를 보더라도 프리덤워크스 등 지원조직의 자원 제공은 서브프라임 모기지 사태 이후 부시 행정부의 부실주택 소유자와 이를 지원한 금융기관에 대한 구제금융이나 오바마 행정부의 경기부양 조치에 대한 불특정 다수 시민의 불만이 누적된 이후 이것이 분출되는 초기 단계에 실현된 것이었지, 이러한 자원 제공 자체가 '기폭제'가 되어 티파티 운동이 시작되었다고 보기는 어렵다. 위대한 미국 운동 역시 민주당 행정부가 오랜 기간 추진한 세계화 정책이나 개방적 이민 정책 등에 대해 백인 노동계층 유권자들의 누적된 불만이 있었기에 가능했다.

부나 재정 건전성 등 미국이 전통적으로 소중하게 여겨 온 가치를 위협하는 근본적인 도전으로 인식되었는데(Continetti 2010; Ferrara 2009; Jones 2010; Newport 2010; Page and Jagoda 2010; Spalding 2010), 이러한 인식의 확대에는 프리덤워크스와 같은 전국 규모의 티파티 지원 조직과 이들의 활동을 보도한 폭스뉴스 등 보수적 언론매체의 프레임 연계 노력이 매우 중요한 작용을 했다. 특히 폭스뉴스와 같은 보수적 언론매체는 자신들의 뉴스와 토크쇼 등을 통해 오바마 행정부의 다양한 정책이 사실은 헌법이 중요시하는 권력의 견제와 균형을 파괴하고 연방정부의 권한을 과도하게 확장하는 등 건국의 근본적 원칙과 가치를 위반하고 보통 시민의 자유와 권리를 침해한다고 홍보하면서 프레임 연계를 시도했다. 티파티 운동의 잠재적 동조자들은 연방정부의 권한 확대로 인한 시민 권리 위축, 재정 건전성 악화, 헌법정신 훼손, 반이민주의 등 각종 조직, 개인, 언론매체 등이 제공하는 반오바마 메시지에 공명하고 이를 추종하면서 본격적인 저항운동으로 발전했다.

한편 트럼프의 위대한 미국 운동 역시 미국 사회에서 점점 더 주변화되고 소외되어 온 백인들의 불만과 불안, 그리고 경기침체 속에서 일자리 상실 등 누적된 좌절감을 토대로 촉발된 운동이었다(Campbell 2018; Dionne, Jr. 2010; Dionne, Jr. et al. 2017; Kazin 2016). 남미 이민자, 무슬림 등이 미국 내에서 그칠 줄 모르고 늘어나는 가운데 미국 사회의 주류임에도 불구하고 오히려 이에 합당한 대접을 받지 못하고 있다는 백인들의 불만이 특히 저소득·저학력 노동계층 유권자들 사이에서 매우 강하게 번져 나갔다. 이들은 클린턴이나 오바마 행정부 등 과거 민주당 행정부가 추진한 세계화 및 개방적 이민 정책이 리얼 아메리카의 '적자(嫡子)'인 백인들의 위상을 추락시켰다는 불만에 가득 차 있었다. 자격 없는 소수인종과 이민자들로 인해 자신들에게 마땅히 귀속되어야 할 각종 혜택이 박탈되고 있다는 인식, 남미 이주민 및 무슬림으로 인해 서구문명과 기독교에 기초한 미국 사회의 문화적 근간이 흔들리고 있다는 위기의식, 그리고 오바마라는 흑인 대통령 출현에 대한 불안 등이 복합적으로 작용하면서 백인 노동자들 사이에는 자신들의 위상이 점점 더 추락하고 있다는 공감대가 형성되었다.

2016년 공화당 예비선거에 후보로 출마한 트럼프는 미국을 더욱 위대하게 만들겠다는 선언과 함께 미국 사회의 저류에 오래 잠재해 있던 이러한 불만에 배출구를 제공하고 저항의 방향을 제시해 주었다. 백인 노동자들의 불만을 누구보다 잘 꿰뚫어 보고 있던 트럼프는 2015년 6월 16일 멕시코 불법 이민자들이 미국 사회를 좀먹고 있다고 격렬하게 비난하고, 이러한 문제를 방치한 오바마 행정부를 비판하면서 출마를 선언했다. 그는 미국 공화당의 주류 엘리트 정치인과 달리 매우 거친 수사를 구사하면서 백인 노동계층 유권자들의 불만 가운데 핵심적 요소인 이민 문제를 정면으로 공격했다. 이러한 트럼프의 공세는 순식간에 광범위한 보수적 백인세력을 결집하는 데 필요한 프레임을 제공하는 역할을 했다. 트럼프가 주창한 '미국을 다시 더욱 위대하게 만들자' 혹은 '미국 우선' 등의 선거 구호는 백인이 중심이 되는 미국의 정체성 회복을 강력하게 호소함으로써, 위대한 미국 운동에 대한 방관자 혹은 잠재적 지지자들이 이후 강력한 참가자로 변화하여 백인 중심 저항운동의 구성원이 되도록 만들어 주었다.

선거 연설과 트위터를 통한 트럼프의 메시지 발산은 바로 프레임 이론이 제시한 프레임 연계의 일환이었다. 실제로 트럼프는 선거운동 내내 지지자들과 끊임없이 프레임 연결 및 프레임 증폭을 시도하면서 민주당 행정부의 이민 정책과 자유무역 정책을 비난했으며, 민주당의 클린턴 후보를 미국 민중의 이익을 대변할 수 없는 부패한 특권층 정치인으로 몰아붙였다. 미국 백인 노동자들의 분노를 자극하면서 이민자나 소수인종을 비미국적인 외부집단(out-group)으로 규정하고, 클린턴 후보를 포함한 민주당 지도자 등 기득권 정치인을 애국심이 결여된 부패한 엘리트라고 공격했다. '우리'와 '그들'을 구분하는 트럼프 후보의 민중주의적 선거 전략은 공화당 예비선거 과정의 분열을 극복하면서 효과적으로 공화당 지지자들을 결집하는 데 성공했고, 마침내 이들을 투표장으로 동원하는 데 크게 기여했다.

티파티 운동 및 위대한 미국 운동의 등장과 관련된 이러한 관찰을 통해 알 수 있는 것은 무엇보다 정치적·사회적 논란의 핵심에 있는 이슈, 이러한 이슈를 미국적 가치와 정체성에 대한 도전과 관련된 것으로 해석하는 프레임, 그리고 이슈로 인한 분노와 좌절감이 프레임을 통해 집합적 일체감을 형성하는 과정이 집단적 저항을 특징으로 하는 사회운동의 시작에 있어서 매우 중요하다는 점이다. 당대의 첨예한 갈등적 이슈, 이러한 이슈를 해석하는 프레임의 등장, 이를 통한 집합적 일체감 형성 등 사회운동 동원의 핵심적 요인들은 자원 동원이나 정치적 기회구조라는 환경적 변수가 등장하기에 앞서 사회운동 국면에서 저항적 동원의 개시에 있어서 주효했다.

따라서 이 책의 연구대상인 양대 사회운동에 대한 설명은 개인의 분노와 좌절감이 티파티 운동과 위대한 미국 운동의 등장을 설명하는 데 매우 중요한 변수라는 점에 공감한다는 면에서 심리 중심 이론의 공헌을 인정한다. 그러나 분노나 불만 등의 심리적 요소는 집단적 동원의 필요조건일 뿐이며, 심리 중심 이론은 어떠한 메커니즘을 통해 이러한 분노나 불만이 사회운동단체나 그 지도자와 개인을 연결해 주어 집단적 동원을 유도하는지 설명하지 못한다. 이러한 문제의식에 착안하여 이 책은 어떤 규정되지 않은 분노, 불만, 좌절감 등 심리적 요소는 사회운동의 잠재적 참가자가 소중하게 여기는 가치 혹은 정체성 문제와 접목될 때 강력한 인화력을 발휘한다고 주장한다. 이 책은 이러한 가치와 정체성을 자극하는 막연한 분노가 영향력 있는 거대조직, 전국적 미디어, 혹은 유력한 정치 지도자가 제공하는 프레임을 만나 지지자들 사이에 집합적 일체감을 만들어 낼 때, 이러한 분노가 저항을 위한 본격적 사회운동으로 나아간다고 보고 논의를 진행할 것이다.

한편 트럼프와 트럼프 선거운동 조직이 위대한 미국 운동의 프레임 연계를 시도한 것과 달리, 티파티 운동에서 프레임 연계 역할을 적극적으로 수행한 프리덤웍스와 폭스뉴스 등 전국적 규모의 보수단체와 방송매체는 각지의 티파티 시위조직 지원단체이자 그 자체로서 티파티 운동을 주도한 사회운동 조직으로 평가될 수 있다. 이처럼 이중적 성격을 지닌 지원 조직에 의해 주도된 티파티 운동은 잠재적 참가자들에 대한 프레임 연계 노력뿐만 아니라, 이들의 적극적인 지원에 따라 추진된 측면이 강하다. 실제로 폭스뉴스는 방송매체로서 단순한 보도의 역할을 넘어 티파티 시위를 적극적으로 홍보하는 적극적 후원자 역할을 담당하기도 했다. 한편 재정 건전성, 감세, 탈규제 등을 주장해 온 프리덤웍스와 같은 전국 규모의 보수단체는 티파티 운동 초기 각지에서 집회를 개최하려는 지역 운동가들에게 시위를 조직하는 방법 등에 대한 가이드라인을 제공했을 뿐만 아니라, 지역 운동가들을 훈련하는 역할도 수행했다. 이러한 지원 조직과 언론매체가 제공한 지역 운동가 훈련이나 시위정보 제공 등은 티파티 운동이 전국에 풀뿌리 운동으로 퍼져 나가고 지역사회에서 자발적 조직으로 뿌리내릴 때까지 티파티 운동의 초기 활성화에 매우 중요한 역할을 했다.

따라서 티파티 운동에 적용해 볼 때 자원 동원 이론은 사회운동의 등장과 유지에 물직적 지원이나 인적 네트워크 등 다양한 형태의 자원이 필요하다고 강조한 점에서 공헌하는 바가 크다. 저항에 참여하는 시민들이 어떻게 조직적으로 저항운동을 개시하는지 이론적 메커니즘을 제공하지 않는다는 문제점을 여전히 지님에도 불구하고 자원 동원 이론은 티파티 운동의 초기 단계를 설명하는 데 적실성이 크다. 위대한 미국 운동의 경우 트럼프라는 개인의 메시지 전달 전략에 의한 백인의 동원이 매우 주효했지만, 티파티 운동의 경우는 프리덤웍스나 번영을 위한 미국인 등 전국적 규모의 티파티 지원 조직이나 전국에 산재한 지부들이 초기 동원에 매우 중요한 역할을 했기 때문이다. 따라서 양대 사회운동 가운데 티파티 운동에 대한 자원 동원 이론의 설명력은 일정 수준 인정되어야 할 것으로 보인다.

4. 양대 사회운동과 그 핵심 요소

지금까지 제시한 논의를 바탕으로, 이 책은 티파티 운동 및 위대한 미국 운동의 등장과 관련하여 아래와 같은 주장을 제기하고 이를 논증하고자 한다.

- 일련의 정부 정책에 대한 시민들의 누적된 불만과 분노가 티파티 운동이나 위대한 미국 운동을 포함한 사회운동의 주요한 배경이다. 따라서 심리적 요소에 기초하여 사회운동을 설명하는 기존의 논의가 지니는 가치는 적절히 평가되어야 한다.
- 그러나 단순히 불만과 분노의 존재만으로 티파티 운동이나 위대한 미국 운동과 같은 사회운동이 등장하지는 않는다. 여기서 중요한 점은 이러한 분노와 불만의 '성격'이다. 즉, 모든 이슈가 시민의 불만과 분노를 사회운동으로 변모시키는 것은 아니다. 어떤 특정한 이슈만이 불만과 분노를 사회운동으로 비화시킨다.
- 어떤 정치 공동체 혹은 이러한 공동체의 특정 집단이 매우 중요시하는 가치나 이념, 문화적 전통이나 혈연적 동질감 등 정체성과 관련된 이슈는 잠재된 분노와 불만을 강력한 사회운동으로 전환시킬 수 있는 이슈

에 속한다. 쟁점이 되는 이슈가 특정 공동체나 그 공동체의 특정 집단이 자신들의 정체성을 규정하는 근본적 가치나 전통 등을 위협하는 것으로 인지되고 해석될 때 상대적으로 집단적 저항운동으로 동원되기 쉽다.

- 전국에서 산발적으로 진행되던 티파티 운동이나 2015년 트럼프의 대통령 출마선언으로 촉발된 위대한 미국 운동을 볼 때, 양대 운동의 잠재적 참가자들에게 유대감을 형성하는 프레임을 제공한 주체는 티파티 운동의 경우 프리덤워크스 등 대규모 보수단체와 티파티 운동 집회나 시위를 보도한 폭스뉴스였으며, 위대한 미국 운동의 경우 트럼프 자신이었다.
- 티파티 운동의 경우 전국 규모 보수단체와 보수 성향 언론매체는 2009년 초반 오바마 행정부가 재정을 집중적으로 투자한 경기부양 및 부실주택 구입자 지원 정책과 2009년 초반부터 2010년에 걸쳐 추진한 의료보험 개혁을 미국의 헌법적 가치를 위반하는 정책으로 보고, 잠재적 지지자들과 이러한 취지의 메시지 전달을 통해 프레임 연계를 시도했다. 이러한 프레임 연계에 따라 오바마 행정부의 경기부양 정책과 의료보험 개혁은 보수적 백인들에게 무책임한 연방정부 재정적자 증대와 무제한적인 연방정부 팽창의 사례로 인지되었다.
- 위대한 미국 운동은 흑인 대통령의 등장, 소수인종의 증가와 남미로부터의 이민 증대, 장기간에 걸친 세계화 추진, 무슬림 테러사건 등에 대한 백인 유권자들의 불만이 누적되면서 저항 동원에 이르렀다. 트럼프는 2015년 6월 대통령 출마선언을 시작으로 선거연설과 활발한 트위터 활동 등을 통해 잠재적 동조자에 대해 프레임 연계를 시도하면서 위대한 미국 운동을 이끌어 갔다.
- 양대 사회운동은 미국의 국가 정체성을 중심으로 전개되었고, 운동 참가자들이 자신들이 소중하게 여긴 헌법적 가치나 문화적 전통에 대한 위협에 심리적 분노를 일으키면서 프레임 연계 과정을 통해 저항운동에 참여했다는 공통점을 지닌다.

• 티파티 운동 당시 이 운동을 주도한 시장자유주의 세력 외에도 이 운동에 공감한 우익 민중주의 세력 가운데에는 강한 반이민적 성향의 인종주의자나 백인 민족주의자, 버서 운동(birther movement)[9]을 신봉하는 음모론자 등이 포함되어 있었다. 이들은 이후 트럼프가 주도한 위대한 미국 운동의 주요 세력으로 부상한다. 이러한 측면에서 그 차별성에도 불구하고 양대 사회운동은 일종의 연속성을 보인다.

9 버서 운동은 2008년 오바마가 대통령 후보로 출마한 시절부터 그의 임기 내내 보수진영 내부에 광범위하게 유포된 가짜뉴스, 즉 오바마 대통령이 사실은 미국 영토인 하와이에서 출생하지 않았으며 이슬람을 신봉하는 사람이라는 허위 정보를 바탕으로 한 일종의 음모론(conspiracy)적 운동으로, 그가 궁극적으로 미국 대통령이 될 자격이 없다는 내용을 담고 있다. 2011년 오바마 대통령의 제1기 임기 말에 트럼프가 오바마 대통령의 출생지에 대해 다시 의문을 제기하여 그의 출생증명서가 위조된 것이라는 가짜뉴스가 번지면서 버서 운동이 다시 고개를 들기도 했다.

3장

티파티 운동

ECTION
TEA PARTY
MOVEMENT
MAKE
AMERICAN
GREAT AGAIN
MOVEMENT

1. 티파티 운동의 개관

티파티 운동은 2009년 2월 19일 CNBC 비즈니스 뉴스의 현장 리포터인 산텔리가 시카고 상품거래소 객장에서 그 전날 미국 재무부가 발표한 주택 소유자 적정성 및 안정 계획을 비난한 것을 계기로 촉발되었다. 산텔리는 이러한 조치가 성실한 시민이 납부한 세금을 무책임한 차입을 통해 주택을 구매한 사람들과 이를 방조한 금융기관을 구제하는 용도로 사용하는 것을 비판한 것이다. 실제로 산텔리는 "우리는 이제 7월에 시카고 티파티 개최를 생각하고 있습니다. 미시간 호수에 모습을 나타내고 싶은 모든 자본가여, 내가 조직화 작업(organizing)을 시작하지요."라고 외쳤다.[1] 이 '티파티' 구호는 순식간에 방송 등 다양한 매체를 통해 전국적으로 퍼져 나갔다.

산텔리에 따르면 부실주택 소유자를 보호하기 위한 연방정부의 재정 지출은 그 소유자가 스스로 떠맡아야 할 책임을 회피하도록 방임하고, 연방정부 역할의 과도한 확대를 가져오는 것이었다. 그는 부실주택 소유

1 "Rick Santelli and the 'Rant of the Year.'" https://www.youtube.com/watch?v=bEZB4taSEoA

자에 대한 이러한 무책임한 지원은 개인의 책임을 강조하여 연방정부의 개입을 우려했던 헌법 제정자들의 정신과도 어긋난다고 지적하면서, 이러한 조치는 '프랭클린(Benjamin Franklin)이나 제퍼슨(Thomas Jefferson) 같은 헌법 제정자들을 무덤 속에서 뒹굴게 만드는 것'이라고 오바마 행정부의 조치를 비난했다. 시카고 상품거래소 객장에서 격정적인 어조로 전달된 산텔리의 비판은 전국적으로 큰 반향을 불러일으켰고, 후일 티파티 운동의 도화선이 되었다고 평가받고 있다.

그러나 사실 산텔리의 객장 토로(吐露) 이전부터 연방정부의 방만한 재정 정책에 대한 비판은 오랜 시간 사회 저변에서 들려오고 있었다. 이미 서브프라임 모기지 사태로 촉발된 2008년도 경제위기를 타개하기 위해 부시 행정부가 추진한 부실 금융기관 구제 정책 이후, 연방정부의 재정 확대 기조에 대한 미국 시민들의 불만은 계속 고조되었다. 이렇게 보면 산텔리의 외침은 연방정부의 재정 정책에 대한 미국 시민들의 오래된 불만이 오바마 행정부의 조치를 계기로 마침내 터져 나온 것이라고 볼 수 있다. 세금을 국민의 동의 없이 연방정부가 부실대출 사후처리를 위해 쏟아부은 것과, 이 과정에서 연방정부의 재정 지출이 확대되면서 부채가 눈덩이처럼 불어난 것에 대한 우려와 불만이 표출되면서 산텔리의 티파티 발언이 등장한 것이라고 할 수 있다.

산텔리가 외친 새로운 티파티 운동의 요구는 1773년 보스턴 티파티(Boston Tea Party) 사건을 21세기 초반을 살아가는 미국 시민들의 불만과 분노 속으로 호명(呼名)하는 효과를 가져왔다. 보스턴 티파티 사건은 식민 모국인 영국이 일방적으로 식민지에 부과한 조세에 대해 미국 식민지인들이 저항한 사건이다. 오바마 행정부 초기 티파티 운동은 미국 시민이라면 모두가 기억하는 이러한 역사적 사건을 불러내면서 삽시간에 전국적 반향을 불러일으키기 시작했다. 즉, 영국이 식민지인들의 동의 없이 세금을 징수한 것에 불만을 품고 발생한 보스턴 티파티 사건을 21세기 초반 미국으로 불러내면서, 산텔리는 국민의 동의 없이 세금을 부실 주택 소유자에 대한 지원금으로 사용한 오바마 행정부의 책임을 추궁한 것이다.

이러한 산텔리의 티파티 운동 주창(主唱)은 오바마 행정부가 추진한 경기부양 정책과 부실주택 보유자 구제 정책 등에 불만을 품은 보수적 유권자들의 저항 동원에 매우 효과적으로 작용했다. 보수적인 유권자들은 자신들이 중요하다고 믿었던 미국적 가치들이 부시 행정부 말기부터 오바마 행정부에 이르기까지 꾸준히 위협받는다는 생각을 지니고 있었는데, 산텔리가 부르짖은 '티파티'는 이러한 분노와 불만이라는 정서의 풀에 불을 붙인 핵심적 동원구호가 되었다.

산텔리의 티파티 운동 호소는 오바마 행정부의 경기부양책 및 구제 정책에 대해 불만을 지닌 보수적 유권자들에게 분노의 성격을 알려 주는 좌표 기능을 수행했다. '티파티'라는 단어를 통해 보수적 유권자들은 자신들이 소중히 여기는 가치가 미국의 건국이념과 연결되어 있으며, 이러한 가치가 위협받고 있다는 점을 인식하고 상호 공감대를 구축할 수 있었다. 결국 오바마 행정부의 정책에 막연히 불만을 품은 유권자들이 문제를 인식하고 상호 공감대를 형성하는 과정에서, '티파티'로 표상되는 헌법적 가치가 티파티 운동의 잠재적 참가자들에게 저항의 동기를 제공했다. 초기에 각 지역에서 산발적으로 전개되던 보수적 풀뿌리 운동으로서 티파티 운동은 티파티의 메타포와 이를 통한 프레임 연계로 행동의 방향을 정하고 집합적 유대감을 서서히 구축하면서 정치적 저항운동으로서 초기 동원에 성공할 수 있었다.

티파티 운동의 전개 과정에서 주목할 사실은, 각 지역에서 산발적으로 전개되던 티파티 운동 집회가 초기 단계부터 프리덤워크스나 번영을 위한 미국인 등 보수단체, 그리고 폭스뉴스와 같은 보수 성향 방송매체의 지원을 받으면서 세력을 더욱 확대할 수 있었다는 점이다. 티파티 운동이 만약 산발적으로 진행되면서 지역적 차원에만 머물러 있었다면 중앙정치 무대에서 그 존재감을 드러내지 못했을 수도 있다. 그러나 전국적 네트워크를 갖춘 보수 성향 조직과 방송매체의 지원을 받으면서 티파티 운동은 본격적인 사회운동으로 전개되고 확산되었다. 티파티 운동의 급속한 등장 과정을 연구한 호(Clarence Y. H. Ho)가 적절히 지적하듯이, 맹아적 단계의 티파티 운동이 전국 각지에서 산발적으로 제기될 무렵부터 프리덤워크스 등의 보수단체는 티파티라는 핵심적 구호를 중심으로 보수주의 운동의 확산 가능성을 '시험(test market)'하기 시작했다(Ho 2012). 이 보수단체들은 티파티 운동이 등장하기 시작한 2009년 2월 전후해서 각종 티파티 운동 시위에서 조직화에 필요한 가이드라인과 홍보물 등을 제공하거나 시위 장소와 방식 등을 적극적으로 조언함으로써 티파티 운동의 본격적인 확산에 공헌했다. 폭스뉴스 역시 티파티에 대한 단순한 보도를 넘어 이후 계획된 티파티 운동 시위를 선제적으로 소개하고 참여 방법을 알려주면서 티파티 운동의 전국적 확산에 기여했다.

전체적으로 볼 때 티파티 운동의 지역적 조직화와 전국적 확산 과정에서 기존 보수단체나 폭스뉴스와 같은 방송매체 등은 티파티 운동의 메시지를 간명하게 핵심적으로 전달하는 프레임 연계의 주도적 역할을 수행했다. 제한 정부, 재정 건전성, 시장 자율성 등의 주제는 이들이 티파티 운동의 메시지를 정교하게 만들고 활성화하는 과정에서 다듬어진 것이라고 할 수 있다. 또한 흥미로운 점은 전국적 영향력을 지닌 보수단체들과 방송매체가 잠재적 티파티 참가자들의 분노, 좌절감, 위기의식 등 부정적 정서를 티파티라는 메타포를 통해 상호 연결시키는 '프레임 연결' 단계에만 머문 것이 아니라는 사실이다. 이들은 여기서 더 나아가 오바마 행정부의 정책이 미국 건국이념과 헌법적 가치를 위배한다는 '프레임 증폭'은 물론 티파티 운동을 반오바마 시위와 반사회주의 시위로 몰고 가는 '프레임 전환'까지 시도했다.

이와 함께 프리덤웍스나 번영을 위한 미국인, 티파티 패트리어츠나 티파티 익스프레스(Tea Party Express) 등 티파티 운동을 지원하거나 직접 티파티 운동의 구심적 역할을 한 전국적 규모의 조직들은 프레임 연계 역할과 함께, 초기 단계의 지역적 티파티 시위가 좀 더 조직화되고 많은 인원을 동원할 수 있도록 각종 인적 훈련과 시위 방식 등에 대한 정보를 제공하는 등 자원 동원 기능도 수행했다. 특히 프리덤웍스와 같은 단체는 전국적 네트워크와 지역 운동가에 대한 정규 훈련을 활용하여 산발적인 지역별 티파티 시위가 보다 조직화된 형태로 진행될 수 있도록 가이드라인을 제시하거나 시위 참가자 동원을 위한 이메일 리스트 등의 정보를 제공했다.

전국 규모 보수단체와 폭스뉴스와 같은 전국적 방송매체는 이러한 프레임 연계와 자원 동원 역할을 수행하면서 티파티 운동 참가자들 간 결속력과 연대의식을 조성하는 데도 기여했다. 이처럼 초기 단계에서 티파티 운동이 외부세력에 의해 폭넓은 지원을 받았다는 점을 상기할 때, 티파티 운동이 참가자들의 자발적이고 간주관적인 의사소통에 의해 풀뿌리 수준에서 형성된 후 전국적으로 확장되었다고 보는 설명은 맞지 않다. 오바마 행정부의 등장을 전후하여 티파티 운동의 잠재적 참가자들 사이에 분노의 정서가 광범위하게 만연하여 티파티 운동이 삽시간에 전국적으로 확산되는 필요조건이 마련된 것은 분명하다. 그러나 초기 등장과 전국적 확산 과정에서 티파티 운동 관련 시위와 집회는 외부 지원 조직의 프레임 연계 노력에 의해 추동된 바가 컸다. 이렇게 외생적 요인에 의해 형성된 유대감이 토대가 되어 각지에서 자생력을 확보한 후, 티파티 운동이 풀뿌리 운동으로 자리 잡기 시작했다.

정리하자면, 티파티 운동은 부시 행정부 말기부터 존재했던 연방정부의 과도한 재정 지출에 불만을 품고 있었던 보수적 유권자들의 좌절감이 오바마 행정부의 시작과 함께 발현된 집합적 저항운동이라고 할 수 있다. 2009년 2월 19일 산텔리의 티파티 운동 주창은 이러한 불만과 분노가 전국적으로 퍼져 나가는 핵심적 구호를 제공했다. 산텔리의 구호로 시작된 티파티 운동의 발원 과정을 보면, 집단적 저항운동의 필요조건으로서 조직화되지 않은 시민들의 분노와 좌절감이 매우 중요하다는 점을 알 수 있다. 미국 백인들이 소중하게 여기는 헌법적 가치인 제한 정부, 재정 건전성, 시장 자율성 등이 부시 행정부에 이어 등장한 오바마 행정부의 정책에 의해 위협받는다는 인식이 티파티 운동의 초기 지역적 동원에서 가장 중요한 요소였다.

이어서 전국 규모 보수단체들과 전국적 네트워크를 지닌 보수 성향 방송매체가 티파티 운동 초기부터 전국 각지에서 산발적으로 진행되던 티파티 운동 집회를 반오바마 운동으로 발전시킬 호재로 여기고 적극 지원하면서 티파티 운동은 추진력을 얻어 전국적으로 확산되기 시작했다. 이 과정에서 프리덤워크스와 같은 보수단체와 폭스뉴스가 적극적으로 지원활동에 나섬으로써 국지적으로 진행되던 티파티 운동 시위가 전국적으로 확산되고 중앙정치 무대에 영향력을 발휘하기 시작했다. 그리고 이들 보수단체와 방송매체가 지속적으로 티파티 운동의 의의, 목적, 방향 등에 대한 프레임을 제공하자, 잠재적 동조자들 사이에서 시위에 계속 참여해야 하는 이유와 이를 통해 달성하고자 하는 목표가 분명해지면서 더욱 가속화되고 전국적으로 확산되었다.

2. 티파티 운동의 등장과 전개

1) 산텔리의 티파티 구호 이전에 산발적으로 진행된 항의 시위

연방정부의 재정 확대에 대한 보수적 유권자들의 반발과 좌절감은 산텔리의 티파티 구호 이전에 전개된 간헐적 시위에서 이미 발견되었다. 즉,

재정확대 정책에 대한 불만은 2009년 2월 산텔리가 티파티를 주창하기 전에도 보수적 유권자들을 중심으로 진행된 소규모 시위 형태로 각지에서 드러내고 있었다. 이러한 시위는 부시 행정부 말기에 실시된 금융기관 구제 정책에 대한 불만에서 비롯되어, 오바마 행정부의 경기부양 조치가 등장하기 전부터 주로 온라인 지역 운동가들의 주도하에 추진되고 있었다. 과연 부시 행정부가 작은 정부를 구현하는 보수 정부인지 회의적이었던 다수의 블로거를 포함한 지역 운동가들은 진정한 보수주의의 구현을 위해 시민동원을 준비하고 있었는데, 이러한 산발적 활동이 오바마 행정부의 경기부양과 부실주택 구입자 구제조치를 기폭제로 하여 매우 빠르게 확산되었다고 볼 수 있다.

이런 산발적인 반오마바 시위의 대표적인 사례로는 카렌더(Keli Carender) 등에 의해 전개된 '안티포르쿨루스 저항시위(Antiporkulus Protest)'를 들 수 있다(Hamsher 2009; Zernike 2010b). 카렌더는 워싱턴주 시애틀에 소재한 학교의 교사이자 젊은 공화당원으로 2009년 1월 25일 '지식 재분배(Redistributing Knowledge)'라는 이름의 블로그를 개설했다. 그녀는 이러한 활동을 시작하면서 정부에 대항하는 개인적 자유 구현자라는 의미에서 '리버티 벨(Liberty Belle)'이라는 닉네임으로 활동했다. 그녀는 2009년 2월 10일 시애틀에서 '포르쿨루스 저항'이라는 시위를 전개하자고 주창했고, 이러한 소식이 알려진 직후 미국청년재단(Young Americans Foundation)[2]의 이사 윌버(Kirby Wilber)가 진행하는 지역 폭스뉴스의 라디오 프로그램에 출연하기도 했다.

---

2 미국청년재단은 1969년 밴더빌트 대학교에서 보수적인 학생들이 자신들의 견해를 자유롭게 표현하기 위한 목적으로 창설한 대학정보국(University Information Services)이라는 조직을 토대로 출발하여, 1970년대 초반에 지금의 이름으로 바꾼 전국적 규모의 보수적 청년조직이다. 이 재단은 매년 개최되는 전국적 모임인 보수정치행동회의(CPAC: Conservative Political Action Conference)의 공동 창립자이다.

연방정부의 과도한 예산지출에 대한 반대 의견을 표출하면서 나타난 카렌더의 안티포르쿨루스 운동은 연방의회 의원들이 지역구 혜택사업을 연방예산 작성 과정에 무분별하게 추가하여 예산의 방만한 지출과 이로 인한 재정적자를 가속화한다는 문제의식에서 출발했다(Zernike 2010a: 19).[3] 이 운동은 2008년 서브프라임 모기지 사태의 책임을 도덕적 해이에 빠진 채무자와 부실 금융기관이 떠안아야 하며, 연방정부는 이들을 구제하기보다 재정 건전성을 확보해야 한다는 보수주의자들의 분노에 그 뿌리를 두고 있었다. 저항 사례의 하나에 불과하지만 카렌더의 블로그를 통해 촉발된 시위는 시작부터 폭스뉴스 라디오나 미국청년재단과 같은 보수단체의 지원하에 동조자들을 규합해 나갈 수 있었다.[4]

한편 카렌더의 시위 촉구는 보수적 논평자이자 폭스뉴스 정기 기고자인 말킨(Michelle Malkin)의 블로그를 통해서도 적극적으로 홍보되었다. 말킨은 '리버티 벨'의 시위를 자신의 블로그에서 소개하는가 하면, 2월 16일에는 콜로라도주의 덴버에서도 유사한 시위가 개최될 것이며 자신도 거기에 참여하여 연설할 것이라고 홍보하고, 내슈빌과 뉴욕 등에서도 비슷한 시위가 있을 것이라 선전했다(Hamsher 2009).[5] 실제로 2월 17일 오바마 대통령이 경기부양 법안에 서명하던 날 덴버의 콜로라도주 의사당 앞에서 번영을 위한 미국인이 주도한 시위가 열리기도 했다. 한편 이러한 산발적 시위는 오바마 대통령이 2월 18일에 방문한 애리조나주의 메사(Mesa)에서도 개최되었으며, 유사한 시위가 전국 각지에서 산발적으로 이어졌다. 말킨과 같은 보수적 블로거들은 이러한 시위를 집중적으

---

3 '안티 포르쿨루스'라는 이름이 말해 주듯 카렌더가 주도한 시위는 지역구 혜택사업(pork-barreling)이 연방예산의 불필요한 확대를 가져온다는 비판의식에서 출발했다.

4 그리고 실제로 카렌더가 주창한 시위는 2월 16일 소규모로 시애틀시에서 개최되었다.

5 보수적 블로거인 말킨은 자신의 블로그를 통해 지역사회에서 벌어지는 다양한 저항시위를 지속적으로 소개했다(Malkin 2009a, 2009b).

로 소개했고, 상당수 시위에 이미 프리덤워크스나 번영을 위한 미국인과 같은 전국적 규모의 보수단체가 후원세력으로 개입하고 있었다.

한편 이전에 시위 참여나 조직 구성 등의 경험이 전혀 없던 사람들도 연방정부의 재정 건전성을 촉구하는 시위를 모색하고 있었다. 그러한 사례 가운데 하나가 플로리다주의 포트마이어스(Fort Meyers)에서 라코비치(Mary Rakovich)가 조직한 시위였다. 전직 자동차 기계공 출신의 실업자(失業者)인 그녀는 시위 등에 참여한 경력이 전혀 없었으나 이메일, 트위터, 페이스북 등을 통해 2월 10일에 시위를 개최할 것임을 공지했고 지역의 보수적 라디오 매체 등에도 연락을 취했다. 라코비치와 그녀의 남편은 2월 10일 '필요한 것은 진정한 일자리이지 지역구 사업이 아니다(Real Jobs Not Pork)', '우리 아이들의 미래를 도둑질하지 마라(Stop Stealing Our Children's Future)' 등의 구호를 적은 피켓을 들고 오바마 대통령이 타운홀 미팅을 개최하는 포트마이어스의 컨벤션센터에서 7,870억 달러 규모 경기부양책과 이에 따른 연방정부의 과도한 재정 지출에 반대하는 시위를 펼쳤다. 그리고 이러한 시위 직후 그녀는 폭스뉴스에서 커부토(Neil Cavuto)가 진행하는 토크쇼에 출연하지 않겠느냐는 제안도 받았다(Montgomery et al. 2010).

한편 2009년 2월 19일 산텔리의 티파티 구호 다음 날 구성된 전국 티파티 연합(Nationwide Tea Party Coalition)의 창시자 가운데 한 사람인 레이히(Michael Patrick Leahy)는 이미 2008년 11월 오바마가 대통령으로 당선된 직후부터 온라인상에서 오바마 행정부의 정책에 대항하는 보수적 유권자들을 규합해 왔다. 그의 이러한 노력은 '트위터의 최고 보수주의자(Top Conservatives on Twitter)'라는 트위터 계정 개설로 시작되었다. 그는 이 계정을 통해 관심 있는 사람들이 '#tcot'라는 해시태그로 동참해 줄 것을 촉구했고, 그 결과 대략 3,000명의 사람이 동참했다. 이렇게 형성된 트위터의 최고 보수주의자는 프리덤워크스나 DontGO[6]와 함께 산텔리의 티파티 구호 이후 2월 27일 최초로 전국적 수준의 티파티 운동을 추진한다(Zernike 2010a: 21-23).

이상의 내용에서 알 수 있듯이 산텔리의 티파티 구호가 울려 퍼지기 전에도 이미 전국 각지에서 연방정부의 재정 확대 정책에 대해 불만을 표시하는 각종 소규모 시위나 집회가 산발적으로 진행되고 있었다. 이러한 모임을 주도한 사람들은 보수 성향의 온라인 지역 운동가들이었다. 그들은 서브프라임 모기지 사태 이후 연방정부의 조치가 미국의 헌법적 가치인 작은 정부와 재정 건전성을 침해하는 것으로 보고 이에 저항하기 위해 시위를 주도했다. 그런데 2월 19일 산텔리의 티파티 구호는 그간 재정 건전성, 작은 정부, 시장자유주의, 규제 철폐 등을 요구하면서 산발적으로 진행되던 시위와 집회가 오바마 행정부의 재정확대 정책에 본격적으로 반대하는 운동으로 세력을 키워 나가는 기폭제가 되었다.

2) 산텔리에 의한 티파티 구호의 등장과 전국적 시위로의 확산

부시 행정부에 이어 재정 지출을 확대해 온 오바마 행정부에 분노하고 실망감을 갖고 있던 보수적 유권자들은 티파티 운동의 지원 조직들이 제공하는 해석의 틀을 통해 자신들의 분노가 구체적으로 어떤 성격의 것인지 인식하기 시작했다. 그 결과 산발적이던 시위가 티파티 지원 조직의 각종 정보 제공에 따라 프레임 연계 과정을 거치면서 전국적으로 확산되기에 이르렀다. 프레임의 연결과 증폭, 혹은 전환에 기여한 보수단체와 방송매체 등 초기 티파티 운동 지원 세력은 미국의 헌법적 가치인 제한

6 DontGO는 시장자유주의자이자 탈규제론자인 루피니(Patrick Ruffini)와 오덤(Eric Odom)이 2008년에 창설한 비영리집단이다. DontGO는 트위터의 최고 보수주의자, 스마트 걸스 폴리틱스(Smart Girls Politics)와 함께 2009년 2월 27일 전국 시카고 티파티를 개최하기로 결정하고, 이후 4월 15일 프리덤워크스 및 번영을 위한 미국인 등과 함께 세금의 날 시위를 조직하는 데 기여했다.

정부, 재정 건전성, 시장자유주의 등을 강조하는 메시지를 전달하면서 티파티 운동의 확산에 기여했다.

산텔리의 티파티 호소 이후 정부의 정책에 대한 보수적 시민들의 분노와 좌절이라는 정서의 풀에 운동의 명확한 방향을 제공하기 위한 노력이 빠른 속도로 진행되었다. 그런데 초기 이러한 노력을 주도한 온라인 운동가들은 많은 경우 프리덤워크스나 번영을 위한 미국인, 폭스뉴스 등에 소속되거나 이들 조직과 다양한 형태로 관련되어 있었다.

한편 산텔리의 티파티 구호가 등장한 이후 2월 27일 시위, 4월 15일 시위, 오바마 의료보험 개혁을 둘러싼 2009년 여름의 하원 지역구 타운홀 미팅, 그리고 전국 최대 규모의 티파티 운동 시위인 9월 12일 워싱턴 행진으로 이어지는 과정을 보면 대체로 하나의 경향이 드러난다. 아주 초기 단계에는 온라인 테크 운동가들이 중심이 되어 티파티 시위가 주도되다가, 그 후에는 프리덤워크스나 티파티 패트리어츠 혹은 폭스뉴스와 같은 전국 규모의 보수단체나 언론매체가 티파티 운동의 시위와 집회를 적극적으로 후원하는 모습을 띠게 된다는 점이다(Ho 2012; Skocpol and Williamson 2012: 105-106).[7]

(1) 2월 27일 전국적 규모의 최초 시위

먼저 산텔리의 티파티 구호가 울려 퍼진 2월 19일 시카고에서 활동해 온 시장중심주의자이자 성장을 위한 클럽(Club for Growth) 이사인 오키프(Eric O'Keeffe)가 위원장으로 있던 샘애덤스 동맹(Sam Adams Alliance)[8]

7 그 후에는 다시 티파티 운동이 각 지역에서 상당한 자율성을 확보하면서 2010년 중간선거를 위한 공화당 예비선거에 적극적으로 개입했으며, 이 과정에서 지역 티파티 운동 조직은 프리덤워크스와 같은 전국적 조직과 일정 수준 거리를 유지하려는 모습을 보인다.

8 2006년에 설립된 샘애덤스 동맹은 시민의 자유와 정부 투명성을 목표로 활동하면서 보수적 시장자유주의 운동가를 교육할 목적으로 운영된 비영리단체였다. 이 단체는 2012년에 해체되었다.

소속 온라인 운동가 오덤(Eric Odom)은 '오피셜 시카고 티파티 닷컴(officialchicagoteaparty.com)'이라는 웹사이트를 등록하면서 활동을 시작했다. 그리고 2월 20일에는 번영을 위한 미국인에 소속된 커펜(Phil Kerpen)의 '릭 산텔리는 옳다, 우리는 납세자 시카고 티파티가 필요하다(Rick Santelli is right, we need Taxpayer (Chicago) Tea Party)'라는 제목의 페이스북 그룹이 등장했는데, 이 그룹의 실제 관리자 역시 오덤이었다. 그리고 페이스북의 또 다른 관리자 스타인하우저(Brendan Steinhauser)는 산텔리의 구호를 기점으로 전국적 규모의 티파티 시위를 본격적으로 조직해 나가기 시작했는데, 이는 그가 당시 프리덤웍크스의 선거운동 총괄 관리자로 활동하고 있었다는 점과 무관하지 않았다.[9]

이 온라인 운동가들은 다양한 SNS 매체와 기존의 네트워크 등을 활용하여 티파티 구호를 전국적으로 확산시켜 오바마 행정부의 과도한 재정 지출을 비판하면서 풀뿌리 보수주의 세력을 확대하는 방안을 고민하기 시작했다. 이러한 초기 노력은 향후 전국 각지에서 진행될 티파티 시위를 주도하기 위한 최초의 전국적 티파티 운동 조직인 전국 티파티 연합이 2월 20일 급조됨으로써 결실을 맺었다.

전국 티파티 연합은 산텔리의 티파티 호소가 있었던 그 이튿날 티파티 운동을 전국적 수준에서 기획하고 조정하기 위해 50명 내외의 온라인 지역 운동가들의 전화회의(conference call)를 통해 조직되었다(Ho 2012; Zernike 2010a). 트위터의 최고 보수주의자의 대표 레이히, 미국자유동맹(American Liberty Alliance)으로도 알려져 있는 DontGO의 대표 오덤,

---

9 본문의 앞 항 '산텔리의 티파티 구호 이전에 산발적으로 진행된 항의 시위'에서 소개된 플로리다의 라코비치에게 포트마이어스를 중심으로 시위를 조직하라고 요청한 사람도 바로 스타인하우저였다. 선거운동 관련 프리덤웍크스의 지역활동을 총괄적으로 주관하던 그는 오바마 행정부의 등장과 함께 각 지역에서 번져 가던 불만을 면밀하게 주목하다가, 산텔리의 티파티 구호 이후 시작된 각종 시위와 집회를 반오바마 운동으로 비화시킬 절호의 기회로 보게 되었다.

스마트 걸스 폴리틱스의 대표인 모트(Stacy Mott)[10] 등이 주동이 되어 결성된 전국 티파티 연합은 2월 27일 '전국 시카고 티파티(Nationwide Chicago Tea Party)'라는, 전국적 규모로 진행되는 최초의 티파티 시위를 전개하기로 결정했다. 그런데 이 조직에는 이후 티파티 운동을 본격적으로 지원하는 프리덤워크스의 CEO 키브(Matt Kibbe)도 연결되어 있어, 프리덤워크스가 초기 단계부터 티파티 운동의 전국적 확산을 기획했음을 알 수 있다.[11]

전국 티파티 연합 지도부는 2월 20일 조직된 이후 매일 개최하던 전화회의를 2월 27일 집회 이후인 2월 28일부터 4월 15일 조세의 날 시위까지 매주 두 번씩 개최했다. 그리고 이후 전국 티파티 연합보다 프리덤워크스의 전국 선거운동 책임자인 스타인하우저 등이 티파티 운동의 세력 확대를 위해 더 적극적으로 개입한다. 그러나 전국 티파티 연합에 참여했던 인물과 이후 티파티 운동을 실질적으로 지도한 인물들은 많은 경우 중복된다.

이와 동시에 시카고의 라디오 토크쇼 프로듀서인 크리스턴슨(Jack Christenson)이 개설한 '시카고 티파티 닷컴(ChicagoTeaParty.com)'이 순식간에 다시 활성화되었고, 이어서 '리티파티 닷컴(reTeaParty.com)'이 개설되어 독립기념일인 7월 4일로 예정된 티파티 시위를 전체적으로 조정하기 시작했다. 이와 아울러 '자유를 위한 청년 미국인(Young Americans for

---

10 스마트 걸스 폴리틱스는 2008년 모트가 블로그로 만든 비영리 조직으로 보수적 여성을 위한 온라인 단체였다. 이 조직은 보수주의 원칙에 헌신하는 후보를 지원하고 지역, 주, 연방 수준에서 보수주의 공동체 형성을 위한 활동에 주력했다.

11 이후 3월 17일에 미국의 해법(American Solutions: 위원장 깅그리치)이 전국 티파티 연합에 참여하여 정책위원회의 네 번째 구성원이 되었다. 이들 4개 단체 대표 중심의 전국 티파티 연합 체제는 4월 15일 세금의 날 시위까지 지속되다가 전국의 지역 티파티를 대표하는 30명의 위원으로 재구성되었다. 이는 티파티 운동 세력이 점차 전국적으로 확산되었음을 입증한다고 볼 수 있다.

Liberty)'[12]의 뉴욕주 위원장인 리치(Trevor Leach)가 산텔리의 티파티 호소에 부응하여 '자본주의자 시카고 티파티 – 릭의 혁명(The Capitalist Chicago Tea Party – Rick's Revolution)'이라는 페이스북 페이지를 개설하는 등 전국적으로 티파티 운동을 전개하려는 노력이 이어졌다.

이상의 논의에서 알 수 있듯이, 부시 행정부 말기 이후 지속된 연방정부의 재정 확대 정책으로 인해 유권자들의 누적된 불만 속에 이미 티파티 운동의 맹아가 싹트고 있었다. 잠재적인 티파티 운동 세력들은 오바마 행정부의 정책에 대한 시위와 대항논리를 기획하면서 보수적 유권자들의 이메일 리스트를 수집하고 트위터나 페이스북 등 SNS 매체를 통해 자신들의 입장을 홍보하면서 미래의 티파티 운동을 준비하고 있었다. 그런데 마침 산텔리가 티파티 구호를 주창하자, 소규모 티파티 운동이 전국 각지에서 산발적인 시위 형태로 나타났다고 볼 수 있다. 이 가운데 트위터의 최고 보수주의자의 레이히, DontGO의 오덤, 스마트 걸스 폴리틱스의 모트 등이 주동이 되고, 프리덤웍스나 번영을 위한 미국인 등이 후원한 2월 27일 티파티 시위가 전국 각지에서 개최되었다. 이러한 시위는 오바마 행정부 출범을 전후하여 시작된 인적, 네트워크상의 준비를 바탕으로 가능한 것이었으며, 전국에 걸쳐 25곳의 시위에 약 3만 5,000명의 참가자를 동원할 수 있었다(Zernike 2010a: 21-23).

(2) 4월 15일 세금의 날 시위

2009년 2월 27일에 전국적 규모의 티파티 운동이 선보이기는 했으나, 이 집회는 시카고에서 불과 300명이 참여하고 전국 18개 도시에서 4만 명이 안 되는 인원이 동원된 소규모 시위였다. 그러나 4월 15일 세금의

12 자유를 위한 청년 미국인은 텍사스주 오스틴에 본부를 두고 대학생을 대상으로 시장자유주의 이념을 전파하기 위해 구성된 조직으로, 2008년 론 폴(Ron Paul)의 대통령 출마를 계기로 결성되었다.

날 개최된 티파티 운동 집회는 전국 규모의 보수단체가 주도하여 50개 주 300개 이상의 장소에서 30만 명이 시위에 참여한 대규모 행사였다(Reynolds 2009). 2월 27일 티파티 운동 시위는 전국 티파티 연합과 같은 보수적 온라인 운동가 중심의 지도부가 핵심 역할을 했지만, 시간이 흐르면서 전국적 보수단체인 프리덤웍스나 번영을 위한 미국인 등이 동원과 지원의 중심 역할을 수행하기 시작했다.

이와 함께 이미 2월 27일 선을 보인 오덤의 DontGO와 레이히의 트위터의 최고 보수주의자 등도 4월 세금의 날 시위에 참여했다. 여기에 폭스뉴스가 티파티 운동 시위를 광범위하게 보도하면서 이 행사를 적극적으로 홍보했다. 특히 4월 15일 당일 폭스뉴스에서 프로그램 진행자 가운데 한 사람인 커부토와 폭스뉴스 정규 기고자인 말킨 등은 새크라멘토에서의 시위를 집중적으로 보도했고, 역시 폭스뉴스의 해니티(Sean Hannity)는 애틀랜타에서의 시위를 집중적으로 보도했다(Robbins 2009).

한편 전국 각지에서 벌어진 세금의 날 티파티 운동 시위 역시 연방정부의 재정 지출에 반대하고 연방정부가 개인의 권리를 침해하지 말라는 내용이 핵심을 이루었다. 미네소타주의 여성의원 바크먼(Michele Bachmann)이 직접 참석한 가운데 백악관 동편 프리덤 플라자(Freedom Plaza)에서 진행된 시위에서는 '나를 밟지 마라(Don't Tread on Me)', '헌법을 따르라(Follow the Constitution)' 등 연방정부의 과도한 개입에 불만을 표시하거나 헌법정신을 외치는 피켓이 등장하여 오바마 행정부에 대한 공세를 이어 나갔다. 실제로 프리덤 플라자 연설에서 바크먼은 "우리는 이 깡패정부(gangster government)에 대항하는 것이며 (…) 이 자그마한 돼지(little piggies)들이 집으로 가야 할 시간입니다."라는 등의 매우 거친 언사를 구사하며 오바마 행정부를 신랄하게 비판했다. 한편 같은 날 보스턴의 티파티 시위에 참석한 페일린(Sarah Palin)은 "미국인들은 지금 자신을 위한 일을 시작하기도 전에 한 해 중 100일을 정부를 위해 일하는 데 소비하고 있습니다. (…) 정부가 우리를 위해 일해야지 우리가 정부를 위해 일해서는 안 된다고 선출직 관리들에게 알려 주어야 할 때입니다. 그리고 이것이 점점 더 많은 애국자가 저항하며 외치는 이유입니다."라고 목소리를 높였다(NPR Staff 2010).

이처럼 재정 건전성과 작은 정부 등을 주장한 4월 15일 세금의 날 시위는 티파티 운동의 구심점이 보수적 온라인 활동가들과 이들의 연합적 조직인 전국 티파티 연합에서 프리덤웍스나 번영을 위한 미국인 쪽으로 점점 이동하는 모습을 보여 주었다(Good 2009). 이와 함께 구호도 반오바마적인 것으로 변모했고, 동원 규모 역시 2월 27일 시위와 비교할 수 없을 정도로 커졌다. 또한 이런 강력한 보수단체의 지원 노력이 본격적화되면서 전국 각 지역의 티파티 운동은 서서히 풀뿌리 운동으로서의 자율성을 갖추어 나가기 시작했다(Ho 2012: 101-102). 전국 각지에서 자율성과 자생력을 갖추기 시작한 풀뿌리 티파티 운동조직은 프리덤웍스의 활동과 별도로 스스로 구성한 조직을 통해 활동했다. 티파티 패트리어츠,[13] 티파티 익스프레스,[14] 티파티 네이션(Tea Party Nation)[15] 등이 그

13 티파티 패트리어츠는 프리덤웍스와 함께 초기 티파티 운동을 이끈 전국적 조직이며 풀뿌리 운동 조직과 연계된 지역조직을 지니고 있었다. 티파티 패트리어츠는 마틴(Jenny Beth Martin), 메클러(Mark Meckler), 크레머(Amy Kremer) 등 세 사람이 산텔리의 티파티 구호 이후 2009년 3월에 만든 조직으로 재정 건전성, 제한 정부, 시장경제라는 세 가지 목표를 중심으로 활동했다. 사회적 이슈는 배제한 채 프리덤웍스와 마찬가지로 연방정부의 재정 정책을 감시하는 전국적 규모의 티파티 운동 조직이라고 할 수 있다. 티파티 패트리어츠는 지역 조직의 연합체(confederation of local organizations)적 성격이 강해 프리덤웍스보다 중앙집중적 성격이 약했다. 티파티 패트리어츠는 2009년 제111대 의회의 여름 휴회 기간 중 오바마 대통령이 추진하던 의료보험 개혁에 반발하는 타운홀 미팅을 적극적으로 개최한 것으로 유명하다. 이러한 타운홀 미팅 개최를 주도한 것에서 볼 수 있듯이, 티파티 패트리어츠는 다른 전국 규모 티파티 운동 조직과 비교할 때 지역의 티파티 운동 풀뿌리 조직과 연계성이 높은 조직이라고 할 수 있다.

14 티파티 익스프레스는 프리덤웍스처럼 지역 티파티 운동 활동가들을 훈련하거나 이들에 대한 지침을 지시하는 전국적 조직도 아니며, 티파티 패트리어츠처럼 지역 티파티 운동조직의 연합체적 성격을 띤 조직도 아니었다. 티파티 익스프레스는 원래 캘리포니아 새

대표적 사례라고 할 수 있다.[16]

(3) 9월 12일 워싱턴 행진

2월 19일 산텔리의 티파티 구호, 2월 27일 최초의 전국 규모 티파티 시위, 4월 15일 세금의 날에 진행된 전국 규모의 제2차 티파티 시위가 보수적 유권자의 동원에 성공하자, 티파티 운동 지도자들은 이러한 운동이 장기간 지속될 것이라고 확신을 가졌다. 이들은 이제 본격적으로 정치 중심지인 워싱턴 일대에서 작은 정부, 감세, 규제철폐, 오바마 의료개혁 반대 등을 외칠 필요성을 느꼈다. 그리고 본격적인 시위의 핵심에는 티파티

크라멘토에 근거지를 두고 보수 성향 후보를 지원해 온 정치컨설팅 회사 '루소 마시 앤 로저스(Russo Marsh and Rogers)'가 2009년 여름에 자신들의 정치행동위원회인 '자격 있는 우리 나라(Our Country Deserves Better)'를 통해 창설한 보수단체였다. 나중에 '자격 있는 정치행동위원회'에서 '자격 있는 우리 나라 정치행동위원회 티파티 익스프레스(Our Country Deserves Better Political Action Committee-Tea Party Express)'로 이름을 바꾼 티파티 익스프레스는 수 차례 전국 버스 투어를 통해 티파티 운동 지지자들의 시위를 유도한 것으로 유명하다. 티파티 익스프레스는 2009년 8월부터 9월까지와 2009년 10월 말부터 11월 초까지 두 차례 전국 버스 투어를 통해 오바마 행정부의 재정 지출과 조세 정책, 그리고 무엇보다 의료보험 개혁 등을 강하게 비판하면서 티파티 운동의 주장을 홍보했다.

15 티파티 네이션은 2009년 테네시주 셸비 카운티의 전직 지방검사인 필립스(Judson Phillips)가 만든 전국적 규모의 티파티 운동 조직이다. 티파티 네이션은 기독교적 근본주의와 백인 우월주의 등으로 인해 다른 티파티 운동 조직과 갈등을 일으킨 단체로 알려져 있다. 프리덤워크스, 티파티 패트리어츠, 티파티 익스프레스 등이 대체로 연방정부의 재정 확대에 대한 반대와 시장자유주의의 이슈에 집중한 반면, 티파티 네이션은 기독교적 가치를 중심으로 문화적·사회적 이슈에도 관여하여 티파티 운동이 태동한 취지와 다른 방향으로 운영되는 경향을 보였다. 티파티 네이션은 오바마 대통령의 출생지에 대해 의문을 제기하는 버서 운동적 성향을 보이기도 하고, 백인 및 개신교 중심의 민족주의적 경향을 보이기도 하는 등 배타적 성격을 띠어 다른 전국적 티파티 운동 조직과 차별화된 모습을 보였다. 그 결과 다른 티파티 운동 조직들이 티파티 네이션과의 연대를 꺼리기도 했다(Burghart 2012: 77-80). 티파티 네이션의 존재는 비록 비주류이기는 했지만 티파티 운동 내부에 백인 민족주의나 인종주의의 신봉자들이 포함되어 있음을 시사한다.

16 티파티 운동을 지원하거나 추진한 6개의 전국적 조직, 즉 프리덤워크스, 1776 티파티, 티파티 네이션, 티파티 패트리어츠, 패트리어츠 액션 네트워크(Patriot Action Network: 이전의 리지스트넷), 티파티 익스프레스에 대한 자세한 분석은 Burghart(2012)를 참조하기 바란다.

운동 초기부터 지역 티파티 시위의 조직화에 노력한 프리덤웍스와 그 단체의 전국 선거운동 담당자 스타인하우저가 있었다.

티파티 운동이 지역적으로 뿌리를 내리고 지속되기를 희망한 스타인하우저는 2월 27일 최초의 티파티 시위가 성공리에 마무리되자 3월부터 워싱턴에서 개최될 티파티 집회를 기획하면서, 9·11 테러 기념일 이튿날인 9월 12일을 집회 날짜로 정해 워싱턴의 펜실베이니아 애비뉴에 있는 프리덤 플라자를 시위 장소로 예약했다. 그리고 봄과 여름에 걸쳐 9·12 티파티 운동 집회를 웹사이트, 이메일, 전화, 라디오 토크쇼, 온라인 메시지 보드 등을 통해 적극적으로 홍보했다. 아울러 워싱턴에서의 숙박, 교통편, 주차 등에 관한 정보도 공지했다(Steinhauser 2014).

프리덤웍스가 주동한 이러한 납세자 워싱턴 행진은 티파티 익스프레스, 리지스트넷(ResistNet),[17] 티파티 네이션, 티파티 패트리어츠, 성장을 위한 클럽, 번영을 위한 미국인 등이 공동주최자로 참여했다. 실제로 시위 참여 인원은 (공식적인 집계는 없지만) 대략 워싱턴에서만 30만 명에서 50만 명으로 추산되며, 티파티 운동이 시작한 이후 가장 많은 인원이 참여한 행사로 자리매김했다.[18]

9월 12일 워싱턴에서 진행된 티파티 운동 집회는 오전 10시 반경 시위대가 프리덤 플라자에서 의사당까지 약 3시간 반에 걸쳐 행진한 뒤 1시 11분경 티파티 패트리어츠의 공동 창설자인 마틴의 환영 연설로 시작되었다. 이어 의사당 서편 잔디 동산에서 진행된 행사에서 전달된 메시지는 정부지출과 정부의 확장을 줄이며 이를 통해 개인의 자유를 보장하라는 것이었다. 그리고 이 집회의 조직 책임자인 스타인하우저를 포함하

---

17 리지스트넷은 오바마 행정부의 정책을 사회주의적인 것으로 보고 이에 저항하면서 보수적 입장을 표명한 웹사이트이다.

18 워싱턴시의 소방당국은 펜실베이니아 거리 일대에 대략 6만 명에서 7만 명의 시위 인파가 몰렸다고 보았다(Goldman 2009).

여 프리덤워크스의 대표인 공화당 다수당 원내대표 아미(Dick Armey), 하원의원이자 공화당 하원의원총회 의장인 펜스(Mike Pence), 조지아주 하원의원 프라이스(Tom Price), 사우스캐롤라이나주 상원의원 드민트(Jim DeMint), 테네시 하원의원 블랙번(Marsha Blackburn) 등이 연사로 참여했다. 이 자리에서 아미는 연설을 통해 "그(오바마 – 인용자)는 미합중국의 헌법에 충성을 맹세했었다."라고 이야기하면서, 오바마 대통령이 이러한 맹세를 저버리고 미국 헌법을 제정한 건국의 아버지들이 의도한 연방정부의 규모와 범위를 침해하고 있음을 암시했다(Zeleny 2009). 이러한 노력을 통해 프리덤워크스는 오바마 행정부가 추진하고 있는 재정 확대 정책을 강력하게 비판하고 시장자유주의에 기반한 보수주의 운동이 지역 단위에서 확실히 뿌리 내리도록 노력했다.

3. 티파티 운동을 위한 프레임 연계와 자원 동원: 프리덤워크스와 폭스뉴스

1) 티파티 운동과 프레임 연계 및 자원 동원

티파티 운동의 등장은 미국 건국 과정의 역사적 사건인 보스턴 티파티를 현대 미국인의 기억 속으로 소환한 산텔리의 티파티 구호로 시작되었다. 산텔리가 외친 티파티는 미국 독립혁명 직전 미주 식민지에 대한 영국의 정책이 '대표 없이는 과세 없다'는 식민지인들의 전통을 무시한 결과, 이들의 불만을 자아내 마침내 미국혁명을 촉발했음을 상기시키는 메타포였다. 이렇게 볼 때 산텔리의 티파티 구호는 이미 티파티 운동의 잠재적 참가자에 대해 앞으로 취해야 할 행동은 무엇이며, 연방정부에 대해 무엇을 요구해야 하는지 시사하는 가이드라인이 되었다. 부시 행정부의 구제금융 정책에 이어 오바마 행정부가 추진한 경기부양 정책과 부실주택 소유자 구제 정책에 대해 '이건 뭔가 잘못되고 있다'는 불만이 티파티라는 역사적 메타포를 촉매제로 하여 분출하기 시작했는데, 이때 역사적 티파티 사건의 현재적 소환은 보수적 유권자들의 막연한 불안, 불만, 좌절을 집합적 동원으로 이끌어 내는 기폭제가 되었다.

그러나 산텔리가 외친 구호만으로 티파티 운동의 급속한 발흥과 전국적 확산이 설명되지는 않는다. 산텔리의 티파티 구호가 보스턴 티파티의 호명을 통해 잠재적 티파티 참가자들에게 그들의 불만이 오바마 행정부의 방만한 재정운영과 관련되어 있다고 일깨워 준 것은 사실이다. 그러나 티파티 운동이 추동력을 지니고 지속적으로 정부에 반대하는 시위로 이어지기 위해서는 정보 능력을 지닌 다양한 지역 단체나 문제의식을 지닌 지역 활동가들의 지원이 필요했다. 그리고 티파티 운동의 초기 조직화 과정에서 프레임 연계와 정보 지원 등 중요한 역할을 한 사람들은 카렌더, 오덤, 마틴, 스타인하우저 등 온라인을 중심으로 활동해 온 보수적 운동가들이었다.

이들은 이미 개설했거나 새로 개설한 블로그 혹은 페이스북 등을 토대로 티파티 운동의 주요한 메시지를 게시, 공유, 전달하면서 오프라인 시위 참여를 촉구했다. 이 과정에서 시장자유주의를 신봉하는 이들 보수적 온라인 운동가들은 집회나 시위 등 오프라인 활동과 관련한 주요 메시지를 집중적으로 발산하면서 시위 참가자나 시위를 주도할 지역 활동가들을 모집했고, 정부에 대한 집단적 저항이 왜 필요하며 집단적 저항을 통해 무엇을 주장할 것인지 논의하기 시작했다. 따라서 산텔리의 티파티 구호를 전후하여 매우 초기 단계에서 티파티 운동의 프레임 연계와 시위 및 집회를 위한 정보 지원에 주력한 사람들은 2009년 2월 27일 최초의 전국적 시위를 주동한 보수적 블로거, 웹사이트 운영자, 온라인 테크 전문가, 그리고 이들의 협력적 연합체였다고 볼 수 있다.

그런데 티파티 운동이 초기 단계를 지나 매우 빠르게 확산하는 과정에서 프레임 연계나 자원 동원 역할을 맡은 가장 중요한 조직은 프리덤워크스, 번영을 위한 미국인, 폭스뉴스와 같은 전국 규모의 네트워크를 지닌 보수 성향의 단체나 방송매체였다. 2004년 창설된 프리덤워크스는 전국적으로 풀뿌리 조직을 구축하면서 작은 정부, 감세, 재정 건전성 등을 위해 노력했으며, 특히 지역 활동가들의 훈련 및 정보 지원을 통해 보수적 이념을 전국에 확산하기 위해 분투했다. 티파티 운동의 초기 단계와 이후 전국적 확산 과정에서 다른 어떤 조직보다 프리덤워크스 등 전국 규모 보수단체가 크게 기여한 것으로 평가된다.[19]

한편 폭스뉴스는 다양한 뉴스 및 토크쇼 프로그램을 통해 티파티 운동의 현황과 내용을 적극적으로 소개하면서, 티파티 운동의 주장을 긍정적인 관점에서 시청자들에게 전달하는 프레임 연계와 티파티 운동 참가자들 사이의 유대감 조성을 위해 노력했다. 폭스뉴스는 단순한 보도를 넘어 개최 예정인 티파티 운동 집회의 일정과 장소 등에 대해 정보를 제공하여 티파티 운동을 적극 후원했다(Hananoki 2009a; Skocpol and Williamson 2011). 또한 폭스뉴스는 티파티 운동의 주요한 주장과 요구사항, 그리고 티파티 운동에 참여하는 사람들이 원하는 정책 변화나 정부에 대한 불만을 소개하면서 티파티 운동에 대한 잠재적 동조자들에게 동원의 메시지를 제공했다. 이와 함께 티파티 운동 집회 지도자나 참가자들과의 인터뷰를 통해 이들이 현장에서 느낀 소감을 전국의 시청자에게 소개하기도 하고, 시위 참가자들의 집회 참여를 통해 형성하는 상호 유대감 등을 대서특필하여 이들 사이에 집합적 일체감이 조성되도록 지원했다.

이러한 내용을 바탕으로, 이 절에서는 티파티 운동 참가자들 사이에 나타나는 동원의 미시적 메커니즘에 주목하여, 이와 관련된 프리덤워크

19 이들 조직의 기여에 대해서는 Burghart(2012: 71), Good(2009), Gray(2012), Skocpol and Williamson(2012: 105-106), Zernike(2010a: chap. 2) 등을 참조하기 바란다.

스와 폭스뉴스의 프레임 연계 노력을 살펴보고자 한다. 프리덤웍크스와 폭스뉴스에 초점을 맞추는 이유는 이들이 초기 티파티 운동의 등장과 확산 과정에서 가장 중요한 기능을 수행했다고 판단하기 때문이다. 이제 이들 조직의 노력과 함께 정보, 조직, 지도자 훈련 등의 분야에서 티파티 운동에 동원된 다양한 형태의 자원에 대해서도 설명하고자 한다.

2) 프리덤웍크스와 프레임 연계 및 자원 동원

폭스뉴스와 함께 프리덤웍크스는 티파티 운동의 잠재적 동조자를 전국 각 지역에서 벌어진 시위 현장으로 동원하기 위해 프레임 연결 및 증폭과 함께 티파티 시위에 관한 각종 정보, 재정 및 교육상 지원 등을 아끼지 않았다. 오바마 행정부에 대한 불특정 다수 시민의 분노와 좌절감이 존재할 뿐 아직 본격적인 조직화에 나서지 못하던 시기에, 프리덤웍크스는 잠재적 티파티 운동 지지자에게 각종 이슈와 관련된 프레임을 본격적으로 제공한 전국 규모의 단체 가운데 핵심 조직이었다(Burghart 2012; Ho 2012; Zernike 2010a, 2010c). 이러한 프리덤웍크스의 노력은 의장 키브, 위원장 아미, 그리고 전국 선거운동 관리자 스타인하우저 등을 통해 전개되었다. 프리덤웍크스는 2월 27일 최초의 티파티 시위부터 트위터의 최고 보수주의자, DontGO, 스마트 걸스 폴리틱스 등 보수적 우파 온라인 운동가들과 연합하여 활동함으로써 시위의 초기 단계부터 티파티 운동에 깊이 개입해 있었다.

설립의 역사를 보아도 프리덤웍크스는 티파티 운동이 등장하기 훨씬 전부터 후일 이 운동의 핵심 이념이 되는 원칙들을 내걸고 활동한 조직이었다. 프리덤웍크스는 석탄 재벌로서 강경 감세론자이자 기후변화 정책에 반대했던 코크 형제(Charles Koch and David Koch)의 재정지원으로 1984년에 설립된 보수적 시민단체인 '건전경제를 위한 시민(CSE: Citizens for a Sound Economy)'으로 처음 출범했다. 2004년 이들 일부가 포텐하워

(Nancy Pfotenhauer) 의장이 이끄는 '번영을 위한 미국인'이라는 새로운 단체를 만들어 분리해 나가자, 나머지 구성원들이 '미국 강화(Empower America)'라는 다른 보수적 단체와 연합하여 키브를 의장으로, 아미를 위원장으로 하여 프리덤웍스로 새롭게 출범했다.[20]

프리덤웍스의 조직적 이념은 작은 정부, 감세, 시장의 자율성, 개인의 자유, 법의 지배 구현이었는데,[21] 이러한 이념은 재정 건전성, 작은 정부 등을 주장한 후일 티파티 운동의 주장과 사실상 같은 것이었다. 프리덤웍스의 이념이 바로 티파티 운동의 행동강령이었고, 프리덤웍스의 풀뿌리 지역조직이 바로 티파티 운동의 지역 운동 조직으로 전환될 정도로, 프리덤웍스와 티파티 운동은 이념 및 활동 면에서 매우 밀접한 협력 관계 속에서 움직였다(Zernike 2010c). 또한 프리덤웍스는 자신이 관리하는 전국 각지의 풀뿌리 조직을 통해 티파티 운동의 시위와 집회를 조직할 수 있는 지역 운동가들을 교육하고 이들에게 시위의 가이드라인을 제공하기도 했다. 그뿐만 아니라 홈페이지를 통해 시위의 이념, 필요성, 방법, 언론 대처 전술 등에 대한 정보는 물론이고 인적·정보적 자원을 적극적으로 공급해 티파티 운동 시위를 지지하는 보수적 블로거들이 활용하도록 지원했다.

프리덤웍스는 오바마 행정부 출범 직후부터 연방예산 적자 및 연방부채 증가에 반대했고, 오바마 행정부가 추진한 경기부양책이나 의료보험 개혁 등에 대해 강력히 반대했다. 그러나 산텔리의 티파티 구호

20 이러한 경로를 통해 창립된 프리덤웍스는 워싱턴에 본부를 두고 감세, 정부 규제 반대, 기후변화 정책 반대, 사회보장제도(Social Security)의 사유화(Privitization) 등을 주장해 왔다. 그러나 낙태 혹은 다문화주의 등 사회적 이슈에 대해서는 특기할 만한 입장을 내지 않았다. 이러한 창립 동기와 경위로 인해 프리덤웍스는 발족 당시부터 각급 선거에서 제한 정부와 시장경제를 신봉하는 공직 후보를 지원했고, 선거운동 자원봉사자 훈련에 집중하는 시장자유주의 단체로 성장했다.

21 "Government Fails, Freedom Works." https://www.freedomworks.org/about/

가 등장하기 전에는 풀뿌리 지역사회 운동을 통한 시장자유주의 확산이라는 프리덤웍크스의 노력이 별로 큰 성과를 내지 못했다. 사실 2007년에 이미 프리덤웍크스는 영국에 저항했던 보스턴 티파티 사건을 모티브로 하여 연방정부의 팽창 반대와 감세운동을 전개했으나 그다지 성공적이지 못했다(Zernike 2010a: 33). 그러다가 2009년 산텔리의 티파티 구호가 전국적으로 생중계되면서 매우 빠르게 호응을 얻자, 프리덤웍크스는 티파티 운동을 자신이 오랜 기간 견지해 온 정책적 입장을 전국적으로 확산할 기회로 보고 적극적으로 지원했다. 부실금융권에 대한 구제금융이나 자동차 산업에 대한 지원 등에 매우 강한 불만을 품은 보수적 유권자들의 정서를 간파하고 티파티 구호가 이들의 분노를 반오바마 정책에 동원할 적절한 기회의 창을 제공한다고 판단해, 이러한 "분노를 행동으로 이전(to channel outrage into action)"하기 위해 노력했던 것이다(Zernike 2010a: 35).

이와 함께 프리덤웍크스는 다른 전국적 규모의 단체들과 함께 보수적 유권자에 대한 적극적인 프레임 연결과 프레임 증폭을 통해 이들의 시위 참여와 지역적 조직화 작업을 적극적으로 지원했다. 이러한 목적에 따라 2009년 3월 9일 전국 25개 시를 대상으로 티파티 투어(Tea Party Tour)를 개최한다고 발표하여 티파티 운동의 정치적 세력화와 전국적 확산에 더욱 노력했다. 이후 운동 초기 소수의 지도자만이 집회를 주도한 전국 티파티 연합의 동원 능력을 넘어서, 티파티 네이션, 티파티 패트리어츠 등과 함께 티파티 운동이 풀뿌리 운동으로 각지에 뿌리를 내리기 시작할 때까지 가장 강력한 전국적 지원 단체가 되었다.

티파티 운동 확산을 위한 프리덤웍크스의 노력은 무엇보다 티파티 운동의 초기 단계부터 적극적으로 개입한 전략가 스타인하우저의 주도로 이루어졌다. 프리덤웍크스의 선거운동 총괄 책임자이기도 한 스타인하우저는 프리덤웍크스가 티파티 운동에 적극적으로 개입하여 이 운동을 확산시키는 사업과 각지의 풀뿌리 운동가들을 지원하고, 이들에 대해 행동지침을 제공하는 작업에 매우 적극적이었다. 이러한 작업을 통해 스타인하우저는 향후 티파티 운동이 추구해 나갈 방향에 관한 메시지를 공유하고, 각 지역의 풀뿌리 티파티 조직 구성에 적극 개입하여 지역 단위 시위를 통한 집합적 일체감 조성을 위해 노력했다.[22] 실제로 산텔리의 티파티 구호가 등장한 날 스타인하우저는 '아이 앰 위드 릭 닷컴(IAmWithRick.com)'이라는 웹사이트를 개설했는데, 이 웹사이트에는 티파티 시위 방법에 관한 다양한 노하우가 제시되어 있었다.[23]

특히 스타인하우저는 "이(티파티 운동 – 인용자)는 사람들이 정말 믿고 있는 일련의 생각(ideas)에 관한 것이다. 이 모든 것은 헌법과 헌법 제정자들 속에 숙성되어 있다. 그것은 영원히 지속될 매우 강력한 운동이며 생각이다."(Zernike 2010a: 47)라고 말하면서 티파티 운동의 주도적 이념은 헌법에 구현되어 있는 '생각'이며, 자신의 작업은 이러한 생각이 확산될 수 있도록 티파티 운동을 지역적으로 조직하고 활성화하여 그 모멘텀을 유지하는 것이라고 보았다. 따라서 프리덤웍크스는 전국 각지에서 티파티 운동 시위를 주도하는 운동가 '고객(customer)'에 대해 조직

22 스타인하우저는 산텔리의 2월 19일 티파티 구호가 등장하기 전에 이미 플로리다주의 라코비치에게 포트마이어스에서 반오마바 시위를 개최할 것을 요청했다. 또 산텔리의 티파티 구호 이후인 2월 20일에는 폭스뉴스 기고자이자 보수적 블로거인 말킨에게 티파티 시위를 조직하기 위한 열 가지 조치를 알려 준 바 있다. 티파티 운동이 산텔리 구호 이후 2009년 2월 27일 최초의 전국적 집회를 개최했을 때, 그가 주도한 프리덤워크스의 워싱턴 집회는 번영을 위한 미국인과 샘애덤스 동맹 등 다른 전국적 규모의 보수적 단체가 함께 참여해 성황리에 진행되었다(Burghart 2012: 70–71).

23 티파티 시위 조직을 위해 이 웹사이트에 제시된 방법에는 다음과 같은 내용이 포함되어 있다(Zernike 2010a: 40–41). 페이스북에서 집단을 만들어 사람들이 당신을 찾고 집단적으로 의사소통할 수 있게 할 것, 피켓(signs)을 대문자로 적을 것, 블로거·토크쇼 진행자·신문기자에게 전화할 것, 이메일 주소를 확보할 것, 시위에 참여한 사람들에게 다음 시위에 적어도 참가자 한 명을 데려오도록 격려할 것, 피켓에 무엇을 적을지 질문할 수 있도록 스타인하우저의 이메일을 알려 줄 것 등이 그것이다.

과 이념의 '생산자(producer)'이자 '고객센터', 그리고 '판매자이자 생산라인(salesman and production line)'의 기능을 충실히 수행했다고 볼 수 있다(Gray 2012).[24]

티파티 운동의 전국적 확대와 관련하여 주목해야 할 사실은 2009년 9월 12일 9·11 테러 8주년을 기념하여 개최된 워싱턴 행진이 프리덤워크스가 주관하여 기타 티파티 익스프레스, 리지스트넷, 티파티 네이션, 티파티 패트리어츠, 성장을 위한 클럽, 번영을 위한 미국인 등이 참여한 대규모 집회였다는 점이다. 이 집회는 프리덤워크스의 스타인하우저가 기획한 것이다. 사실 그는 티파티 운동 초기인 3월에 이미 이러한 대규모 집회를 구상하고 이를 다른 티파티 운동 관련 조직과 함께 실천에 옮긴 것이다(Steinhauser 2014). 워싱턴에서 열린 이 집회에는 그때까지 개최된 티파티 집회 가운데 가장 많은 인원이 참가해 오바마 행정부의 의료보험 정책과 재정 정책을 성토했다.

이러한 프리덤워크스의 노력, 특히 전국 선거운동 책임자인 스타인하우저의 활약은 지역운동가에 대한 훈련, 티파티 시위와 관련된 정보 제공 등을 망라했다. 티파티 운동을 촉진하고 이를 지역 단위에서 활성화하고자 했던 프리덤워크스의 노력은 각지의 프리덤워크스 관리자들에 의해 '전국 각지의 호텔 회의실이나 지하의 술집'에서 열린, 티파티의 초기 분노를 시장지상주의의 이념과 좌파의 조직적 전술로 구체화하려는 훈련 세션 등을 통해 이루어졌다(Zernike 2010c). 이를 통해 프리덤워크스는 티파티 운동의 초기 조직화와 확산 단계에 필요한 자원을 제공하고 티파티와 잠재적 동조자 간의 프레임 연계 기능을 담당했으며, 지역

24 실제로 이러한 프레임 연계 노력은 스타인하우저 자신이 이야기하듯이 "내 꿈은 우리가 이 운동의 지적인 토대를, 이를테면 '그래 미국은 바로 이거야'라는 직감적 반응(gut reaction)을 보이는 모든 새로운 사람에게 계속 연계시켜 주고 이들을 밖에서 벌어지고 있는 것들(티파티 운동 시위 – 인용자)에 연결시키는 것이다"(Zernike 2010a: 47–48).

운동가에 대한 훈련 제공과 현장 참여를 통해 집합적 일체감을 조성하는 데 기여했다.

3) 폭스뉴스와 프레임 연계 및 자원 동원

케이블 뉴스매체인 CNN이나 ABC, NBC, CBS 등 주류 방송사와 경쟁할 수 있는 전국 규모의 네트워크를 보유한 보수 성향 방송매체인 폭스뉴스는 티파티 운동의 초기부터 각종 티파티 집회와 시위에 대한 보도를 통해 적극적으로 이 운동을 홍보해 왔다. 폭스뉴스는 티파티 운동이 전달하고자 하는 메시지를 정리하여 시청자에게 제공함으로써 티파티 운동 동조자들에 대한 프레임 연계를 시도했다. 폭스뉴스는 현장감 있는 보도는 물론 티파티 집회나 시위 일정 및 참가 인원에 관한 정보제공을 통해 시청자들에게 이 운동에 적극적으로 참여할 것을 촉구하기도 했다. 단순한 보도를 넘어 티파티 운동 시위의 일정과 개최 장소 등의 정보를 제공하여 자원 동원 역할도 충실히 수행한 셈이다.[25]

미디어 매터스에 따르면, 티파티 운동의 최초 전국적 집회로 기록된 2월 27일 시위가 끝난 후, 2009년 4월 15일로 예정된 조세의 날 티파티 운동 시위를 앞둔 4월 6일부터 4월 13일 사이에 폭스뉴스는 자사(自社) 프로그램을 총동원하여 4월 15일 티파티 시위를 보도하고 홍보하여 티파티 운동이 신속하게 전국적으로 세력을 확대하는 데 기여했다(Media Matters Staff 2009). 미디어 매터스의 조사에 따르면, 〈유어월드 위드 닐 커부토(Your World with Neil Cavuto)〉는 4월 15일 예정된 티파티 운동 시위

25 프레임 연계와 관련하여 폭스뉴스에 대한 이러한 시각은 "폭스뉴스의 역할을 이해하는 가장 좋은 방법은 사회학자 민코프(Debra Minkoff)가 예전에 연구한 방식에 따르자면 '사회적 저항의 정체성을 적극적으로 조성하는 전국적 현안 옹호조직(national advocacy organization actively fostering a social protest identity)'으로 보는 것이다"라는 윌리엄슨, 스카치폴, 코긴의 입장과도 사실상 일치한다(Williamson et al. 2011: 27).

에 대해 적어도 7회 보도하여 가장 많은 빈도를 보였고, 〈폭스 앤드 프렌즈(Fox and Friends)〉와 〈아메리카스 뉴스룸(America's Newsroom)〉은 각각 주말 보도를 포함하여 4회씩 보도했다. 또한 20회의 보도 내용 가운데 9회가, 그리고 73회의 홍보 내용 가운데 40회가 4월 15일 시위 직전인 4월 11일에서 13일까지 집중되었다. 이러한 보도량은 CNN을 포함한 다른 방송사보다 월등히 많은 것으로서, 폭스뉴스는 이처럼 티파티 운동 등장의 초기 단계에 이들 집회와 시위를 반오바마 운동을 전개할 수 있는 호재로 보고 집중적으로 보도하고 홍보함으로써 보수적 유권자들의 잠재적 불만에 대해 구체적인 해석의 틀을 마련해 주고, 티파티 시위에 일정한 방향성을 제시하는 프레임 연계 노력을 적극적으로 전개했다.[26]

그렇다면 폭스뉴스가 주로 전달하고자 했던 메시지, 즉 프레임 연계 내용은 어떤 것이었을까? 그 내용은 연방정부의 방만한 재정 운영과 이에 따른 연방정부의 권한 확대에 대한 비판과 우려 등 대체로 티파티 운동의 초기 단계부터 티파티 운동가들이나 프리덤워크스와 같은 운동 지원 조직이 전달한 내용과 크게 다르지 않다. 폭스뉴스는 오바마 행정부의 정책을 사회주의적 성격의 정책으로 치부하거나, 티파티 운동을 오바마 행정부의 특정 정책에 대한 반대운동이 아니라 전면적이고 총체적인 반오바마 운동으로 보도하기도 했다. 이를 통해 단순한 프레임 연결이나 프레임 증폭이라는 프레임 연계 전략을 넘어 프레임 전환을 시도하는 모습까지 보였다.[27] 그 몇 가지 사례를 보면 다음과 같다.

---

26 CBS와 『뉴욕타임스』가 공동으로 실시한 여론조사에 따르면 조사에 응한 전체 응답자 가운데 23%만이 폭스뉴스를 시청한다고 답한 반면, 티파티 운동 지지자는 무려 63%가 폭스뉴스를 시청한다고 답했다. 동일한 조사에서 티파티 운동 지지자 가운데 ABC, CBS, NBC를 시청하는 비율은 11%에 불과했다. 이러한 여론조사 결과를 볼 때, 티파티 지지자에 대한 폭스뉴스의 영향력은 매우 크다고 할 수 있다(CBS News/New York Times Poll 2010).

27 티파티 운동을 오바마 행정부의 재정 확대 정책과 의료보험 개혁에 대한 시민의 저항으로 보도하는 것은 단순히 프레임 연결에 속한다. 그리고 오마마 행정부의 정책이 미국의 헌

처음으로 전국적 규모의 티파티 시위가 전개되던 2009년 2월 27일 폭스뉴스의 프로그램 〈온 더 레코드 위드 그레타 반 서스터렌(On the Record With Greta Van Susteren)〉에서 사회자 서스터렌(Greta Van Susteren)은 "티파티 저항이 전국에서 일어나고 있습니다. 분노한 납세자들이 (…) 보스턴 티파티의 정신을 상기하며 길거리로 뛰쳐나오고 있습니다. 사람들은 오바마 대통령의 7,870억 달러에 이르는 엄청난 경기부양 법안과 3조 5,500억 달러 규모의 예산, 그리고 그가 취임한 이후 날마다 증대하는 연방정부에 저항하고 있습니다."라고 논평했다. 그리고 〈디 오라일리 팩터(The O'Reilly Factor)〉의 진행자 오라일리(Bill O'Reilly)는 3월 16일 방송에서 "거대한 정부지출에 대항하는 시위가 전국적으로 벌어지고 있습니다. 신시내티에서의 최근 시위에 5,000명이 참여했는데 이들은 오바마 행정부의 재정전략(money strategy)에 불쾌감을 드러내고 있습니다. 이들 집회는 티파티로 불리고 있습니다."라고 말하여 티파티 운동을 연방정부의 대규모 경기부양 정책과 이를 추진하는 연방정부의 팽창, 그리고 오바마 행정부의 재정 정책에 대한 비판으로 프레이밍했다. 한편 4월 15일 세금의 날 전개될 전국적 규모의 시위를 앞두고 방송된 〈아메리카스 뉴스룸〉에서 폭스뉴스닷컴(FoxNews.com)의 기고자 탠터로스(Andrea Tantaros)는 티파티 운동 시위에 대해 "사람들은 우리를 유럽처럼 바꾸려는 버락 오바마 대통령의 급진적 변화에 저항하고 있습니다."라고 언명하여 티파티 운동을 미국의 시장경제에서 벗어나 유럽적인 체제로 변화시키려는 오바마 대통령의 시도에 저항하는 것으로 평가하는 등 일종의 프레임 전환을 시도했다(Hananoki 2009a).

법적 가치를 침해하고 시장자유주의를 위반하는 것이므로 티파티 시위를 이에 대한 저항으로 보도하는 것은 프레임 증폭 가운데 가치 증폭에 해당한다. 마지막으로, 이러한 운동을 반오바마 운동이나 사회주의에 대한 저항 등으로 표현하는 것은 프레임 연결과 증폭을 넘어 프레임 전환에 해당한다.

계속해서 오바마 행정부와 민주당 의회가 추진한 의료보험 개혁 논의가 타운홀 미팅을 통해 논란을 일으킨 2009년 8월 의회 휴회 기간에 '자격 있는 우리 나라(Our Country Deserves Better)'라는 정치행동위원회가 조직한 티파티 익스프레스의 전국 버스 투어가 시작되자, 폭스뉴스는 캘리포니아주 새크라멘토 킥오프 등의 행사를 대서특필하는 등 이 전국 버스 투어를 홍보하면서 티파티 운동의 메시지를 전달했다. 당시 버스 투어는 본격적으로 시작된 의료보험 개혁에 대한 반대운동이 하원의 각 지역구 타운홀 미팅 등에서 지역구 유권자들의 강력한 반발에 직면하던 시기에 시작되었는데, 폭스뉴스는 버스 투어에 대한 보도에서 정부의 과도한 지출뿐만 아니라 의료보험 개혁에 대한 반대 메시지도 적극적으로 전달하기 시작했다. 예컨대 8월 28일 전국 버스 투어가 시작되기 하루 전날 폭스뉴스의 토크쇼 〈해니티(Hannity)〉에서 호스트인 해니티(Sean Hannity)는 "이번 주부터 티파티 익스프레스 투어가 시작됩니다. 미국 각지에서 온 미국인들이 정부의 지출은 물론 정부의 보편적 의료보험에 대한 불만을 말하기 위해 길거리로 나설 것입니다."라고 말했다(Hananoki 2009b). 또한 버스 투어가 시작된 28일 〈아메리카스 뉴스룸〉은 새크라멘토 현장 투어의 기획자 중 한 사람인 윌리엄스(Mark Williams)를 인터뷰하는 과정에서 "우리는 우리의 정부를 되찾으려 하는 것입니다. 우리는 무책임한 지출, 분노할 만한 정부의 간섭, 통제를 벗어난 정부를 목격하고 있어요. 우리는 이를 제어하려 합니다. (…) 우리가 반대하는 것은 우리 돈을 재정적으로 책임 있게 사용하지 않는 정부입니다."라는 그의 주장을 시청자들에게 전달했다(Hananoki 2009b).

한편 폭스뉴스 진행자 가운데 한 사람인 벡(Glenn Beck)은 2009년 3월에 자신이 진행하는 〈글렌 벡〉이라는 프로그램에서 9·12 프로젝트라고 불리는 헌법 근본주의 풀뿌리 운동을 시작했다. 이 운동은 같은 해 3월부터 시작하여 9·11 테러 기념일 다음 날인 9월 12일 워싱턴에서 개최되는 납세자 행진(Taxpayer March on Washington: 일명 워싱턴 행진) 때까지 진행될 예정이었다. 그런데 9·12 프로젝트가 추진할 워싱턴 납세자 행진의 후원자로 티파티 운동이 참여하고, 9·12 프로젝트에 동참하는 사람들이 적지 않게 티파티 운동에 참여하고 있어, 벡이 추진한 9·12 프로젝트 역시 넓은 의미에서는 티파티 운동과 관련 있다고 볼 수 있다.

무엇보다 벡은 폭스뉴스를 통해 '우리의 나라를 되찾자'라는 노력의 필요성을 갈파했는데, 그는 이러한 운동을 통해 미국이 헌법 제정자들이 주창한 근본적인 원칙과 가치로 돌아가야 한다고 주장했다. 그리고 9·12 프로젝트가 주창한 원칙은 정부가 아닌 가족의 신성함, 개인의 주권과 개인에 대한 정부의 강요 거부, 개인을 위한 정부 등 전반적으로 정부에 대한 개인의 우위와 독립성을 강조했다. 이러한 9·12 프로젝트의 시작과 함께 벡은 폭스뉴스닷컴(FoxNews.com)에 'TAKE ACTION: GET INVOLVED'라는 사이트를 만들어 9월 12일 워싱턴 행진을 준비해 나갔다.

한편 벡은 이러한 노력의 성패에는 잠재적 동조자들 사이의 유대감 조성이 중요하다는 점을 강조하면서, "우리는 혼자가 아닙니다, 우리는 뭉쳐야 합니다. 사람들에게 말을 건넵시다. 우리는 혼자가 아님을 알아야 합니다. 9·12 프로젝트를 통해 (…) 수백만 명의 사람들이 관여하고 있습니다. (…) 우리는 서로 연결될 필요가 있습니다."라고 미국의 헌법적 가치를 중심으로 미국인들이 단합할 것을 설파했다. 또한 벡은 "이 프로젝트(9·12 프로젝트 – 인용자)는 서로 연결하고자 하는 목소리의 출구를 우리에게 제공하고 있습니다. 왜냐하면 우리는 공동체를 조직해야 하기 때문입니다."라고 설파하면서 9·12 프로젝트 참여를 통해 미국의 헌법적 가치를 중심으로 미국인들이 하나의 정체성을 지닌 집단으로 결속하는 계기가 마련될 수 있음을 거듭 강조했다(Hananoki 2009c).

요약하면 폭스뉴스의 프레임 연계 노력은 결국 전국 각지에서 벌어지는 티파티 운동의 집회와 시위에 대한 보도를 통해 시청자들에게 티파티 운동이 추구하는 내용을 명확히 전달하고, 이를 통해 이 운동에 대한 방관자를 잠재적 동조자나 적극적 지지자로 변화시키며 이 과정에서 이들에게 집합적 일체감을 부여하기 위한 것이었다. 연방정부의 무책임하고 방만한 재정 지출과 시장 개입, 그리고 특히 의료보험 개혁이 정부 재정을 더욱 악화시킬 것이라는 보수세력의 불만을 간파한 폭스뉴스는 프레임 연결과 프레임 증폭의 방향으로 티파티 운동을 보도하고 홍보했다. 폭스뉴스는 운동 참가자들이 느끼는 분노의 내용이 구체적으로 무엇인지 선명하게 전달하는 한편, 오바마 행정부의 정책이 시청자들이 소중하게 여기는 가치를 어떻게 침해하는지 단순화하여 보도했다. 또한 티파티 운동과 관련된 시위, 집회, 버스 투어 등을 현장에서 집중 보도하여 티파티 운동이 세력을 확대해 가는 모습을 생동감 있게 전달하고자 노력했다. 더 나아가 폭스뉴스는 티파티 운동을 단순히 오바마 행정부의 특정 정책에 대한 반대로만 보도하지 않고, 이를 전면적인 반오바마 운동으로 묘사하거나 더 나아가 유럽식 사회주의 정책으로 묘사하는 등 프레임 전환의 양상을 보이기도 했다.[28] 이러한 보도 태도는 폭스뉴스 자체가 티파티 운동이라는 '공동체의 조직자(organizer of this community)'이자 사실상 티파티 운동의 '전국적 사회운동 조직(national social movement organization)'임을 웅변적으로 입증하는 것이었다(Williamson et al. 2011: 29-30).

28 2009년 폭스뉴스가 티파티 운동 보도를 포함해 그 밖의 보도 내용에서 보여 준 정치적 편향성의 총체적 모습에 관해서는 Hananoki and Millican(2009)을 참조하기 바란다.

4. 티파티 운동과 위대한 미국 운동의 연결

지금까지 설명한 티파티 운동은 무엇보다 부시 행정부 말기 서브프라임 모기지 사태 당시 구제금융에서 시작하여 오바마 행정부 초기 경기부양책과 의료보험 개혁에 이르기까지 연방정부의 과도한 재정 지출에 대한 보수적 유권자의 불만과 분노를 바탕으로 지역 온라인 운동가들과 이들을 후원한 전국적 규모의 보수단체 및 방송매체가 서로 연합하여 만들어낸 저항운동으로 평가할 수 있다. 이들은 누적된 불만과 좌절이라는 보수적 유권자들의 정서적 풀을 토대로 산텔리의 티파티 구호를 통해 기왕에 자신들이 주장하고자 했던 원칙이나 신념을 확산할 기회의 창을 발견했다. 그리고 티파티 운동과 관련된 집회와 시위의 조직화를 위해 다양한 지역 활동가들을 지원해 온 프리덤워크스나 폭스뉴스와 같은 보수단체 및 방송매체는 재정 건전성, 작은 정부, 시장의 자율성 등을 주장하는 티파티 운동의 주장이 전국적인 풀뿌리 운동으로 정착하도록 노력했다.

이 과정에서 프리덤워크스나 폭스뉴스 등은 티파티 운동이 지향해야 할 원칙과 방향을 제공했으며, 잠재적 티파티 동조자들을 시위 현장으로 불러내 이들이 집합적 유대감을 형성하도록 지원했다. 특히 프리덤워크스 등 시장자유주의를 고수해 온 보수단체는 프레임 연계를 적극적으로 시도하여 티파티 운동의 메시지를 다양한 형태와 목적으로 전달했다. 또한 전국에 걸친 지역조직을 통해 티파티 운동 활동가들에게 시위 방법과 홍보전략 등 다양한 정보를 제공했다. 한편 폭스뉴스는 자신의 역할을 티파티 시위에 대한 중립적 보도에 한정하지 않고 더 나아가 티파티 시위 일정을 미리 공지, 홍보하거나 사전에 기획된 맞춤형 현장보도를 송출함으로써 사실상 티파티 운동의 핵심 조직으로 변모했다.

무엇보다 티파티 운동의 핵심 메시지는 작은 정부와 재정 건전성, 제한 정부, 시장자유주의로 요약될 수 있다. 헌법 근본주의 정신을 표방한 티파티 운동은 정부의 기능과 영역이 지나치게 확대되어 시민의 자유를 침해한다고 보고 이에 강력하게 저항했다. 티파티 운동 참가자들은 헌법적 가치인 작은 정부와 이를 통해 보장되어 온 시민의 자유가 오바마 행정부에 이르러 연방정부의 확대와 과도한 재정 지출 및 부채 증가로 인해 침해되는 것은 미국의 헌법적 정체성이 무너지는 것이라며 불만을 제기했다.

이러한 가치를 지향한 티파티 운동은 부시 및 오바마 행정부의 과도한 재정 지출을 비판하면서 정부의 팽창에 대항하여 개인의 자유를 주창했다는 점에서 미국 헌법의 근본 원리를 강조하는 현실비판적이고 합리적인 측면이 있다(Continetti 2010; Etzioni 2010). 그러나 이러한 티파티 운동은 결코 정부의 재정적 팽창을 비판하고 견제하는 시장자유주의에만 국한된 운동은 아니었다. 티파티 운동에는 미국의 헌법적 정체성을 수호한다는 측면 외에도, 과거 지향적이고 백인 민족주의이며, 더 나아가 인종주의적 측면도 있었다. 티파티 운동의 이러한 측면은 이 운동의 주요 핵심 목표와는 별개로 실제로 티파티 운동 지지자들의 성격과 성향에서도 간파된다.

이와 관련하여 워싱턴 대학교 종족·인종·성 연구소(The University of Washington Institute for the Study of Ethnicity, Race and Sexuality)의 파커(Christopher Parker)와 타울러(Christopher C. Towler) 두 연구자가 발표한 글을 보면 흥미로운 점이 발견된다(Parker and Towler 2010). '2010년 인종 및 정치에 관한 내용분석 다주(多州) 조사(2010 Multi-state Survey on Race and Politics Content Analysis)'를 토대로 「예비적 티파티 내용분석(Tea Party Preliminary Content Analysis)」이라는 두 저자의 연구에 따르면 티파티 운동과 관련된 웹사이트에는 '큰 정부/주의 권리'에 관한 내용(14%)이나 '애국주의/나라를 되찾자'는 내용(10%), 그리고 '음모/사회주의/정부는 나라에 나쁘다(Government Bad for Country)'와 관련된 내용(23%)과 함께,

오바마 대통령 개인에 관한 공격(8%), 이민(6%), 인종/동성애(4%) 등의 내용도 포함되어 있다. 각 내용을 담은 항목 간의 경계가 다소 불분명하고 각 항목 내에도 여러 개의 소항목이 있어서 정확히 가려내기는 어렵지만, 이러한 다양한 티파티 운동 조직의 웹사이트를 볼 때 인상적으로 포착되는 것은 티파티 운동이 내세운 시장자유주의 외에도 오바마에 대한 공격, 음모론, 이민, 인종 등의 요소가 티파티 운동 조직 내에서 상당히 언급되고 있다는 점이다. 이러한 내용은 사실 티파티 운동이 외친 핵심 구호라기보다는 4장에서 설명할 위대한 미국 운동과 더 관련되어 있다. 전체적으로 반이민주의, 음모론 등 백인 중심의 우익 민중주의적 내용 역시 티파티 운동 내부에서 지속적으로 논의되었음을 알 수 있다. 이러한 백인 중심의 우익 민중주의적 요소가 바로 티파티 운동과 이후 트럼프가 주도한 위대한 미국 운동을 연결시켜 준다고 할 수 있다.

티파티 운동이 작은 정부와 재정 건전성, 시장자유주의를 핵심으로 전개된 것은 부정할 수 없지만, 그 이면에는 반이민주의와 일부 인종주의적 경향이 잠재되어 있다는 점은 실제로 CBS와 『뉴욕타임스』의 공동 여론조사나 기타 학자들의 논술에서도 적지 않게 발견된다. 2010년 4월 5일에서 12일까지 실시된 CBS와 『뉴욕타임스』의 공동 여론조사에 따르면 전체 응답자의 60%가 불법 이민이 중요한 문제라고 지적했지만, 티파티 운동 지지자들은 이보다 20%나 더 많은 80%가 불법 이민이 중요한 문제라고 본다. 이러한 결과는 윌리엄슨 등 3인의 연구자가 보스턴시 일대의 티파티 시위 참가자를 조사한 후 발표한 내용, 즉 티파티 참가자들의 87%는 재정적자와 지출을 가장 중요한 문제로 보고, 그 다음으로 78%는 이민과 국경안정을 매우 중요하다고 본다는 결과(Williamson et al. 2011)와 일맥상통한다. 즉, 티파티 운동 지지자들이 가장 중요시하는 문제는 정부의 과도한 재정 지출과 이로 인한 급격한 부채 증가이지만, 다른 한편으로 이들은 이민 문제 등에 대해서도 상당히 우려하고 있었다.[29]

이처럼 티파티 운동의 감추어진 또 다른 성격이 티파티 운동 참가자들에 대한 조사에서 드러나고 있다.

이처럼 티파티 운동의 저류에 흐르던 반이민 정서와 함께 이러한 정서와 결부되었으나 본격적으로 드러나지 않은 채 잠재되어 있던 인종주의적 요소가 2016년 트럼프의 대통령 선거운동 전후로 등장한 위대한 미국 운동과 티파티 운동의 연결고리라고 할 수 있다. 티파티 운동은 오바마 행정부 당시 불거진 연방정부의 과도한 팽창에 대한 저항을 통해 미국 헌법이 구현하려는 미국적 정체성을 수호하기 위한 운동이었다. 그런데 그 이면에 도사리고 있던 반이민주의 정서와 인종주의적인 요소가 2016년에 트럼프라는 정치적 아웃사이더를 만나면서 본격적으로 그 위력을 발휘하기에 이른다.

---

29 티파티 운동이 이러한 백인 민족주의나 인종주의적 요소를 지닌다는 점은 프리덤워크스, 티파티 패트리어츠, 티파티 익스프레스와 달리 기독교적 가치를 중심으로 문화적·사회적 이슈에서 매우 보수적 성향을 드러내며 오바마 대통령의 출생지를 확인하려는 버서 운동을 전개하기도 하고 반이민적 태도를 보인 티파티 네이션의 모습에서도 발견할 수 있다.

4장

위대한 미국 운동

1. 위대한 미국 운동의 개관

티파티 운동은 산텔리의 티파티 구호와 함께 시작된 반면, 트럼프의 위대한 미국 운동은 2015년 6월 16일 멕시코 불법 이민자를 마약 거래자, 범죄자, 강간범 등으로 몰아붙인 트럼프의 출마선언에서 시작되었다. 뉴욕시 트럼프 타워에서 진행된 트럼프의 출마선언은 그 후 전개될 그의 선거운동이 반이민적 백인 민족주의 등 미국이 과거에 경험하지 못했던 극단적 메시지를 중심으로 전개될 것임을 예상하게 했다. 반이민적 성향을 노골적으로 드러낸 트럼프의 출마선언은 주류 언론과 기존 정치권의 맹렬한 비난의 대상이 되기도 했다. 그러나 주류 미국 사회의 수면 아래에서 자신의 목소리를 대변해 줄 인물을 찾지 못하고 있던 백인 민족주의자, 극단적 우익 민중주의자, 음모론자, 인종주의자 등은 트럼프의 거친 반이민적 발언에 갈채를 보내는 한편, 그에게서 '백인의 나라'인 미국을 '외래인(alien)'으로부터 지켜 줄 수호자의 면모를 발견했다.

티파티 운동은 "진정한 미국인은 누구인가?"라는 질문에 대해 제한정부, 재정 건전정, 작은 정부론 등 헌법적 원칙을 중심으로 미국의 국가적 정체성을 모색하려는 저항운동이었으나, 그 저류에는 부분적으로 반이민적이며 인종주의적인 정서가 흐르고 있었다. 그런데 트럼프의 출마선언과 함께 거세게 등장한 위대한 미국 운동은 티파티 운동의 저류에 흐르던 하나의 물줄기를 백인 민족주의 및 미국 우선주의와 결합시키는 촉매제 역할을 하여 엄청난 위력을 발휘하기에 이르렀다. '미국을 다시 위대하게 만들자' 혹은 '미국 우선' 등을 주요 구호로 삼아 등장한 트럼프의 위대한 미국 운동은 2015년 그의 대통령 선거 출마선언에서 시작되어 2016년 11월 8일 대통령 당선이라는 엄청난 결과를 만들어 내면서 지금까지도 미국 정치에 상당한 영향력을 행사하고 있다.[1]

트럼프의 대통령 출마선언으로 촉발된 위대한 미국 운동을 이해하기 위해서는 출마선언 이후 선거운동 내내 그의 입장을 압축적으로 대변해준 '미국을 다시 위대하게 만들자'라는 구호의 의미를 살펴보고, 미국의 백인 노동자들이 왜 이 구호에 열광했는지 분석해 볼 필요가 있다. 미국을 '다시' 위대하게 만들겠다는 구호는 '현재'의 미국이 처한 절망과 좌절감에서 벗어나 미국이 세계 강대국으로서 안정적 번영을 누리던 '과거'로 되돌아가자는 강력한 희망과 의지, 그리고 백인이 미국 사회의 압도적 주류로서 행복을 누리던 시절에 대한 향수를 드러내는 표현이었다. 중국의 도전에 직면하여 상대적으로 국력 쇠퇴를 겪고 있는 미국, 민주당 행정부가 추진한 자유무역 정책으로 국내 제조업 일자리가 급격히 감소하는 미국, 개방적 이민 정책과 이에 따른 남미 이민자 및 무슬림 인구의 유입에 따라 미국 건국의 토대가 된 기독교 문화가 잠식되고 있다는 위기

1 2022년 11월 중간선거 이전, 출마를 고려하던 공화당 후보들은 앞다투어 트럼프의 지지를 얻어 내려 노력했으며, 이미 그때 트럼프는 2024년 대통령 선거를 준비하고 있다는 보도가 등장했다(Shivaram 2022). 당시 여전히 위세를 떨치던 트럼프의 영향력은, 2020년 대통령 선거에서 당시 대통령이었던 트럼프가 패배한 것은 '잘못된 제도(rigged system)'에 의해 '도둑맞은 선거(stolen election)'라는 그의 주장을 공화당 지지자의 상당수가 믿고 있다는 사실(Ramjug 2020)과 무관하지 않아 보인다. 그리고 중간선거가 끝난 2022년 11월 15일에 트럼프는 2024년 대통령 선거에 다시 도전하겠다고 선언했다(Orr, Holmes and Stracqualursi 2022).

감을 호소하는 미국, 불법 이민자에 대한 미온적 대처로 인해 미국 시민의 안전이 심각한 도전에 직면하고 있다는 불안감에 휩싸인 미국, 아시아와 유럽 동맹국들의 안보 무임승차로 인해 과도한 국방비를 홀로 부담한다고 억울함을 호소하는 미국, 월가의 로비스트에 포획되어 백인 노동자들의 이익을 돌보지 않는 부패하고 무능한 정치인들이 버젓이 행세하는 미국 등 비정상적인 '현재' 미국의 모습에서 벗어나자는 트럼프의 위대한 미국 운동은 과거 1950년대나 1960년대처럼 미국이 다시 한번 국내적 번영과 안정, 그리고 대외적 위엄과 권위를 회복해야 한다는 외침이었다. 트럼프는 출마선언과 함께 위대한 미국의 '회복'을 주창하면서 자신만이 기득권 정치인과 달리 특별이익에 포획되지 않았고 오랜 기업활동 경험으로 인해 자유롭고 능동적으로 민중의 이익을 보장할 수 있다고 주장했다. 또한 대외적으로 자신만이 중국 등 경쟁국이나 유럽 동맹국과의 거래에서 실익을 추구하는 강한 협상에 임할 수 있다고 호소했다.

'국경이 없는 나라는 나라일 수 없다'는 트럼프의 강력한 페이스북 메시지(2016. 8. 15)가 상징하듯이,[2] 그는 국경수호를 강화하여 미국을 불법 이민자들에게서 지켜 내고 이를 통해 국내 치안을 확보하겠다고 공언했다. 그리고 클린턴 민주당 행정부 시절부터 추진되어 온 자유무역의 병폐를 개혁하여 국내 일자리가 사라지는 일이 없도록 하겠다고 천명했다. 이와 함께 동맹국이 더 많은 방위비를 분담하게 하고, 그렇게 되지 않으면 미군을 철수시키는 조치를 취하겠다고 공약하는 등 고립주의 노선을 감추려 하지 않았다. 남미나 중동으로부터 유입된 이민자를 미국 내 범

---

2 "A NATION WITHOUT BORDERS IS NOT A NATION AT ALL. WE MUST HAVE A WALL. THE RULE OF LAW MATTERS! — DJT." https://www.facebook.com/DonaldTrump/posts/a-nation-without-borders-is-not-a-nation-at-all-we-must-have-a-wall-the-rule-of-/10157502556780725/

죄 증가 현상과 연계시키려는 트럼프의 태도는 '우리'와 '그들'을 구별하는 배타적 백인 민족주의 성향의 발로였다. 그런데 이러한 격렬한 메시지가 오히려 오랜 기간 개방적 이민 정책에 불만을 품고 있던 보수적 백인 유권자들을 결집시키면서 트럼프를 일약 공화당 예비선거의 주요 선두주자로 부상시키는 동력이 되었다. 한편 자유무역에 대한 비판과 오바마 대통령이 성사시킨 환태평양 경제동반자협정(TPP: Trans-Pacific Partnership) 탈퇴 의사 표명이나 동맹국에 대한 방위비 추가 분담 압박과 동맹 파기 위협 등은, 금전적 손익계산에 따라 미국의 국익에 위반되는 정책은 모두 변경 혹은 폐기되어야 한다는 그의 미국 우선주의를 여과 없이 보여 주었다.

한편 트럼프가 대통령 선거에 출마한 2015년을 전후하여 세계적으로 민중주의 현상이 속출했는데, 트럼프의 백인 민족주의와 미국 우선주의는 워싱턴 정가와 월가, 그리고 주류 언론이 도외시해 온 미국 민중의 피해를 강조하는 이분법적 민중주의 프레임으로 전달되었다. 트럼프의 대통령 출마선언 시기에는 전 세계적으로 주류 정치권의 문제해결 능력에 대한 회의감과 거부감이 확산되어, 기존의 무능한 제도권 정치인을 비판하고, 이들이 도외시한 민중의 분노에 직접 호소하는 현상이 빈발했다. '스트롱맨(strongman)'으로 불리는 권위주의 성향의 민중주의 정치인들이 등장하여 민족주의적 정서가 유권자들 사이에서 빠르게 확산되기 시작했는데, 이러한 현상은 전통적 민주주의 국가인 영국, 프랑스, 독일뿐만 아니라 동유럽의 신흥 민주주의 국가인 헝가리와 폴란드 등에서도 관찰되었다. 이들 민중주의 정치인들은 기존의 정치적 절차나 제도권의 확립된 관행을 경시하고 유권자의 불만에 직접 호소하면서, 선동적 선거운동을 통해 집권에 성공하거나 기성 정치권 내에서 세력을 확대할 수 있었다. 민중과 엘리트의 이분법을 토대로 기성 정치권을 부패한 세력으로 공격하고, 민중에게는 외래세력에 의한 체제전복 가능성 등 막연한 불안감을 주입하여 지지층을 확대하는 방식이 이들의 주요 선거전략 가운데 하나였다.[3] 특히 민중주의 정치인들은 유럽과 미국이 심각하게 골치를 앓던 이민 문제를 과감하게 공략함으로써 백인 민족주의를 자극하여 세계화주의자들을 궁지로 몰아넣기도 했다(Haidt 2016a).

2015년 백인의 분노에 편승해 등장한 트럼프의 위대한 미국 운동 역시 방식과 내용에서 민중주의적 경향을 강하게 드러냈다. 공화당과 민주당의 극단적 대립과 정치권의 문제해결 능력 실종에 대한 유권자의 불만이 정점에 달한 상황에서 등장한 트럼프는 직설적이고 정제되지 않은 언어로 워싱턴 정가와 월가를 공격함으로써 저소득·저학력 백인 유권자들의 열렬한 호응을 얻어 냈다. 특히 공화당 기성 정치인들이 언급하기를 꺼려한 이민 문제를 직접 언급하면서, 이러한 중요한 국가안보상의 문제를 기득권 정치인들이 적극적으로 대처하지 않아 다수의 민중이 고통받고 있다며 공세를 취했다. 이처럼 트럼프는 기득권 엘리트와 소외된 민중 간의 대립 구도라는 선명한 흑백논리에 따라 백인 노동자가 열광적으로 공감할 수 있는 선명한 반이민적 입장을 제시하면서 이들을 위대한 미국 운동에 효과적으로 동원할 수 있었다. 그 결과 트럼프는 2016년 2월부터 시작된 공화당 예비선거에서 당내 주류 엘리트나 당론 주도층의 비판과 비난에도 불구하고 기존 워싱턴 정치의 무능함에 분노한 보수적 백인 유권자의 지지를 확보하면서 상승세를 이어 나가 대통령 후보로 선출되었고 마침내 그해 11월 대통령으로 당선될 수 있었다.

전체적으로 볼 때, 백인 민족주의의 발흥, 질서와 안정을 선호하는

---

3 이러한 유럽과 미국 민중주의의 특징과 현황에 대해서는 Abromeit et al. eds.(2016), Howell and Moe(2020), Mudde(2016a) 등을 참조하기 바란다. 개인의 체험을 바탕으로 폴란드, 영국, 미국 등의 민중주의를 권위주의와 연결하여 설명한 책으로는 Applebaum (2020)을 참조하기 바란다. 한편 민중주의의 정의와 등장 조건에 관해서는 Panizza ed. (2005, "Introduction")을 참조하기 바란다.

권위주의 성향 유권자의 증대에 편승하여 등장한 트럼프와 그로 대변되는 배제와 혐오의 정치는 통상 미국 정치를 설명해 왔던 '이익'이라는 개념으로 설명할 수 없는 '종족적 정체성'의 문제를 미국 정치의 전면으로 내세워 주었다.[4] 트럼프의 대통령 출마선언을 계기로 "과연 누가 진정한 미국인인가?"라는 문제가 본격적으로 제기되자, 남미 이민자의 급증, 중동 테러 문제의 확산 및 국내 무슬림 테러의 발생, 자유무역의 확대로 상징되는 세계화 등의 영향으로 '우리' 백인을 '위협'하는 자격 없는 '그들' 외래인에 대한 저소득·저학력 백인 유권자들의 위기감이 증폭되면서 위대한 미국 운동의 모멘텀이 마련되었다. 이처럼 미국 정치에 대한 기존 교과서로는 설명할 수 없는 이러한 새로운 현상은 트럼프가 주도한 위대한 미국 운동을 낳은 다양한 배경을 곰곰이 천착하게 만든다.

2. 위대한 미국 운동의 등장 배경

1) 미국의 경제적 침체와 세계화의 부정적 여파

미국은 제2차 세계대전 이후 1950년대와 1960년대를 거쳐 소위 '황금기(the Golden Age)'라고 불리는 시절을 구가하면서 서방 자유민주주의 사회의 패권국으로 군림했다.[5] 세계무역기구(WTO: World Trade Organization)

---

4 권위주의(authoritarianism) 개념의 정의 및 측정 방식, 미국 내 권위주의자적 성향의 사람들(authritarian)이 증가한 현상 등에 관해서는 Hetherington and Suhay(2011), Hetherington and Weiler(2009), Stenner(2005) 등을 참조하기 바란다. 권위주의자들은 자신의 이익이나 정체성에 위기가 다가올 때 민주적 가치나 절차를 준수하기보다 비록 이러한 가치와 절차가 무시되더라도 자신의 안전을 보장해 주는 지도자를 원하는 경향이 있다. 2016년 대통령 선거 당시 백인 민족주의자들이나 음모론자들에게 트럼프는 바로 이들이 원하는 안전과 질서를 제공해 줄 수 있는 인물로 여겨졌다.

5 『미국의 불만(*American Discontent*)』의 저자인 캠벨(John L. Campbell)은 트럼프의 등장을 미국 중산층과 노동자들이 지닌 불만과 연결하면서 이들이 그리워하며 되찾고 싶어 하

의 전신인 관세 및 무역에 관한 일반협정(GATT: General Agreement on Tariffs and Trade)을 통해 자유무역 체제를 확립하고, 국제통화기금(IMF: International Monetary Fund)을 바탕으로 달러를 기축통화로 하는 국제금융 질서를 확립한 미국은 포디즘(Fordism)적 대량생산 체제를 갖추고 고용을 창출하면서 노동자의 중산층화를 실현하여 현대 복지국가의 모습을 구축해 나갔다. 제조업의 성장과 더불어 노조의 협상 능력이 강화되어 노조 가입을 통해 충분한 임금이 보장된 양질의 일자리를 얻을 수 있었던 노동자들에게 1950년대와 1960년대는 전형적인 성장과 번영의 시기였다. 1960년대 중반부터 베트남전쟁에 반대하는 반전운동과 소수인종의 권리보호를 위한 민권운동 등으로 인해 사회적 갈등이 드러난 시기도 있었다. 그러나 이런 갈등 속에서도 미국은 오늘날 워싱턴 정가에서 자주 목격되는 극단적인 정파적 대립 및 이에 따른 교착상태로 인해 연방정부 셧다운(shutdown)과 같은 예외적 상황으로 좌초하지는 않았다. 민권운동의 결과로 1964년 민권법과 1965년 투표권법 등을 통과시키는 한편, 이민자들을 계속 받아들이면서 다원주의적 민주정치를 지켜 나갈 수 있었던 것은 전후 미국의 경제적 성장과 번영이 가져다준 풍요의 결과였다.

그러나 미국의 세계적 패권과 국내적 안정을 지탱해 주던 경제적 번영은 1960년대와 1970년대 유럽과 일본의 경제부흥, 아시아 신흥 발전국가의 도전, 1970년대 초반 중동전쟁과 이로 인한 오일쇼크 등으로 인해 서서히 정체기로 접어들었다. 독일과 프랑스 등 서유럽 국가와 아시아의 일본은 전후 폐허를 극복하고 산업재건에 성공했고, 미국이 제공하

는 시절을 '황금기(the Golden Age)'라고 부른다. 이 시기는 미국이 '국내적으로 전례 없던 번영을 누리고 대외적으로 힘을 발휘하던' 1950년대와 1960년대를 지칭한다(Campbell 2018: 21).

는 안보 우산 속에서 미국과 경쟁하는 경제적 강국으로 성장했다. 서유럽과 일본은 세계 제조업 시장에서 미국의 경쟁자로 부상하여 미국의 세계 시장 지배를 위협하기 시작했다. 경쟁력을 갖춘 이들 국가의 제조업 수출품은 제조업의 본고장인 미국에까지 진출하여 미국 본토에서 미국 상품과 경쟁하는 수준에 이르렀다.

한편 1973년 제4차 중동전쟁이 발발하고 석유수출국기구(OPEC: Organization of Petroleum Exporting Countries)가 미국 등 서방국가를 대상으로 석유 금수조치를 실시하면서 미국 제조업은 큰 위기에 직면했다. 이러한 상황에서 일본의 소형 자동차가 미국 시장에 진출하자 석유를 대량 소비하는 미국산 자동차의 가격 경쟁력이 현저히 떨어져, 미국 자동차 산업이 사양길로 접어들기 시작했다. 미국의 제조업은 외국산 제조업 수입품의 도전에 직면하여 생산 라인 개선, 부품 공급망의 효율성 제고, 자동화 등을 추진하는 등 국내 상품의 경쟁력을 높이려고 노력해야 하는 상황에 봉착했다. 이러한 위기에 직면하자 미국의 제조업체들은 제조공정의 슬림화, 효율화, 기계화, 그리고 부실기업의 매각 및 다른 기업과의 합병, 수익의 금융시장 투자 등을 통해 생존의 길을 모색할 수밖에 없었다(Campbell 2018: chapter 3).

해외상품의 미국 시장 점유율 증대와 이에 따른 미국 제조업의 경쟁력 약화는 미국 노동자들이 과거 황금기에 누렸던 혜택과 풍요를 유지해 나갈 수 없게 만들었다. 미국 제조업계는 임금 동결, 감원 등의 조치를 취하는 한편, 강성 노조에 대한 방어력을 확보하기 위해 노력해야 했고, 더 나아가 임금이 상대적으로 저렴한 해외로 생산기지를 이전하기도 했다. 그리고 1990년대 이후 자유무역협정이 체결되면서 미국은 미숙련 노동력 중심의 제조업 중심에서 벗어나 하이테크 지식 산업 분야로 산업 동력의 중심을 이전하기 시작했다. 정보화 사회의 등장과 더불어 경쟁력이 없는 공장은 문을 닫거나 생존을 위해 적극적인 감원 및 해고 등 자구

책을 마련해야 했으며, 로봇 활용 공정과 컴퓨터를 통한 자동화 등의 조치를 과감하게 도입할 수밖에 없었다. 그 결과 세계화, 정보화, 지식산업화가 매우 빠르게 진행된 1990년대 이후, 미국 제조업계의 경쟁력이 쇠퇴하면서 그 피해는 고졸 수준의 학력을 지닌 생산직 노동자에게 돌아가게 되었다. 많은 수의 노동자는 미국 공장의 해외 이전, 생산 라인의 슬림화에 따른 자동화와 로봇화로 인해 일자리를 잃거나 상당한 임금 삭감을 감수해야 했다.

이러한 세계화의 파도와 이에 대한 미국 제조업계의 적응 및 생존 과정에서 소외되어 일자리 상실 등 불이익을 경험한 노동자들은, 자신들의 생존을 위협받게 하는 원인으로, 민주당 행정부가 추진한 자유무역의 폐해와 남미 이민자의 미국 유입 증대 등에 주목했다. 노동자들의 누적된 불만은 이후 트럼프가 이들의 일자리를 되찾아 주겠다고 약속하거나 북미자유무역협정(NAFTA: North American Free Trade Agreement) 개정이나 환태평양 경제동반자협정 탈퇴 등 획기적 공약을 제시하면서 대통령 선거에 나섰을 때 그를 적극적으로 후원하고 지지하는 배경이 되었다.

2) 미국 정치의 양극화, 워싱턴 정치의 교착상태, 특별이익의 득세

1990년대 이후 극단적으로 진행된 미국 정치의 양극화 현상은 워싱턴 정치의 반복적 교착상태와 여기에서 벗어나지 못하는 기성 정치권에 대한 미국 유권자들의 불만을 증폭시켜 트럼프의 위대한 미국 운동이 출현하는 또 다른 배경이 되었다. 또한 대량의 선거자금을 살포하는 각종 이익집단에 포획된 워싱턴의 기성 정치인들이 민중의 이익을 대변하기보다 사회 상층부의 이익만 대변한다는 인식이 확산되면서, 기존 정치 엘리트에 대한 유권자들의 불신은 날로 커져 갔다. 이처럼 극단적인 정파적 갈등과 특별이익의 압력에 함몰되어 민중의 이익을 돌보지 않는 워싱턴 정가에 대한 불만과 회의감이 누적되자, 워싱턴 정가의 비리와 부패를 강하게 질타하면서 대통령 출마를 선언한 트럼프의 민중주의적 호소에 대한 호응은 처음부터 높을 수밖에 없었다.

사실 미국 정치의 양극화 현상은 작은 정부론을 주창하면서 보수적 정책을 펼쳐 온 레이건 대통령 임기 말부터 그 단초를 보이기 시작했다. 그러나 양극화 현상이 극단적으로 정파적 양상을 띤 것은 공화당과 민주당 간의 정책 갈등이 존재할 때 이를 중재하던 세력, 즉 남부의 보수적 민주당 의원들이 정계에서 대거 퇴출된 1994년 의회 중간선거에서 비롯되었다고 볼 수 있다. 클린턴 대통령의 첫 임기 중간에 실시된 제104대 의회선거에서 깅그리치(Newt Gingrich) 의원을 중심으로 전략적으로 선거운동을 펼친 공화당은 민주당의 텃밭으로 생각되었던 남부에서 민주당 현직 의원과 후보를 대거 패퇴시키면서 40년 만에 하원에서 다수당으로 재등극했다. 베이비붐 세대 최초의 대통령으로 국정에 임했던 클린턴 대통령은 당시 시기상조였던 의료보험제도의 도입 실패, 소말리아 내전에 개입한 미군의 부실한 현지 작전운영, 군대 내 동성애자 커밍아웃 허용 좌초 등으로 인해 지지도가 상당히 하락한 상태였다. 이러한 일련의 정책 실패를 목격하면서 클린턴을 배출한 남부 유권자들은 자신들의 정서와 괴리된 정책에 몰두하는 클린턴 대통령을 탐탁잖게 여기기 시작했다. 이는 그가 시도한 정책이나 조치들이 미국 남부가 중요시하는 주정부의 자율성이나 사회적 보수주의 등의 가치에 반하는 것이었기 때문이다.

클린턴 행정부에 실망한 보수적 백인 유권자들의 분위기 변화를 감지한 깅그리치는 유능한 공화당 후보를 집중적으로 발굴하여 선거운동을 지원하고 클린턴 대통령의 실정(失政)을 전국적으로 홍보하면서 1994년 의회 중간선거에서 압승을 거두었다. 공화당이 승리한 원인 가운데 주목해야 할 점은 남부 유권자들이 대통령 선거에서는 자신들의 보수적 이념을 좇아 공화당 후보를 지지했으나 의회선거에서는 정당 일체감에 따라 민주당 후보를 지지하던 패턴을 버리고, 의회선거에서도 자신들의 이념에 따라 공화당 후보를 선택했다는 점이다. 남부의 보수적 백인 유권자들이 민주당원으로서의 정당 일체감을 포기하고 자신들의 이념에 조응하는 공화당 후보를 선택한 결과, 보수적 유권자가 다수를 차지했던 미국 남부지역이 더 이상 민주당의 아성으로 불릴 수 없게 된 것이다.[6]

1994년 제104대 의회선거 결과 보수 성향의 민주당 의원들이 의회에서 대거 퇴출되었는데, 이는 공화당과 민주당 주류세력 사이에 갈등이 발생할 때 중재 역할을 하던 민주당 세력이 의회에서 사라졌음을 의미했다. 1930년대 중반 이래 공화당과 함께 보수연맹(Conservative Coalition)을 구축하여 의회가 극단적 방향으로 치우치지 않도록 균형추 역할을 했던 남부의 민주당 의원들이 공화당 후보로 대체되자, 민주당과 공화당은 의회 내에서 극단적인 정파적 대결에 직면하기에 이르렀다.

보수 성향의 민주당 의원이 의회 내에서 대거 사라져 완충 세력이 없어진 상황에서 공화당과 민주당 간의 의사운영은 매우 갈등적인 양상으로 치달았다. 상임위원회를 중심으로 한 분권화된 협력적 의사운영은 정당의 지도부와 의원총회의 결정에 따라 운영되는 '조건적 정당정부(conditional party government)'의 모습을 보이기 시작했다.[7] 제105대 의회

---

6 남부의 공화당화로 인해 미국 사회의 전반적인 양극화 현상이 가속화된 현상의 배후에는 과거와 달리 자유주의 성향의 유권자는 점점 더 민주당을 지지하는 반면, 보수주의 성향의 지지자는 점점 더 공화당을 지지하는 '정파적 정렬(partisan sorting)' 현상이 존재한다. 이러한 정파적 정렬은 소수인종과 대졸 이상 고학력자 등 자유주의 성향 유권자는 점점 더 민주당을, 백인과 고졸 이하 저학력자 등 보수주의 성향의 유권자는 점점 더 공화당을 지지하는 성향이 강하게 나타나는 현상과도 연결되어 있다. 이로 인해 인종과 교육수준이 특정 지역의 정당 지지 성향을 가늠하는 척도가 되는 상황에까지 이르렀다. 예컨대 특정 지역에 거주하는 사람 가운데 소수인종이 많을수록, 그리고 그 지역에 거주하는 사람 가운데 대졸 이상의 학력을 지닌 사람이 많을수록, 그 지역은 민주당을 지지할 가능성 높고, 그 반대의 경우는 공화당을 지지할 가능성이 높아지는 현상이 두드러진다. 정파적 정렬에 대한 보다 자세한 논의를 위해서는 Levendusky(2009)를 참조하기 바란다.

7 다수당을 구성하는 의원의 선호가 동질화되고 다수당과 소수당 간 이념적 격차가 벌어질

당시 르윈스키(Monica Lewinsky) 추문이 터지면서 클린턴 대통령에 대한 특검이 진행된 것도 이러한 경직된 상황 속에서 가능했다. 그리고 부시 대통령 취임과 2001년 9·11 테러 이후 의회의 정파적 대립은 더욱 극단적인 모습을 보였다.

사실 부시 대통령은 2000년 대선 당시 플로리다주 선거인단 개표 과정 시비를 둘러싸고 연방대법원에까지 이르는 소송전이 전개될 정도로 격렬한 선거전을 치른 끝에 소수 득표 대통령(minority president)[8]으로 당선될 수 있었다. 그러나 소수 득표 대통령이라는 정통성 문제에도 불구하고 부시 대통령은 취임 이후 민주당 지도부와 거의 협의하지 않은 채 일방적으로 정책을 추진하는 등 매우 정파적인 모습을 보였다. 당시 하원에서는 소수당인 민주당을 배제하고 다수당인 공화당만으로 의사진행이 이루어지는 기형적 모습을 연출했는데(Mann and Ornstein 2006), 이러한 의사진행이 계속되면서 양당 간 심의 과정은 사라지고, 부시 대통령과 공화당 지도부만의 협의를 통해 입법이 일방적으로 진행되는 양상이 나타났다(Mason 2018). 이어서 9·11 사태가 발생하면서 전시 대통령으로 스스로 위상을 규정한 부시 대통령은 아프간전쟁과 이라크전쟁의 개시 및 수행 과정에서 네오콘(Neo-conservative)에 경도된 일방주의적 외교 정책을 강행하여 우방국으로부터 비난을 받았을 뿐만 아니라, 국내적으로도 끝이 보이지 않는 장기간 전쟁으로 인해 두 번째 임기 동안에는 지지율도 크게 하락했다.

수록 다수당 의원들이 정당 지도부에 더욱 권한을 위임하는 등 정당이 강화되는 현상이 나타난다는 조건적 정당정부 이론에 대해서는 Aldrich and Rohde(2001)를 참조하기 바란다.

8 '소수 득표 대통령'은 전체 유권자로부터 얻은 득표수는 상대 후보보다 적지만 미국 선거인단 제도의 특성으로 인해 더 많은 선거인(presidential electors)을 확보하여 최종적으로 대통령에 당선된 사람을 말한다.

부시 행정부의 이러한 일방주의적 성향으로 민심이 이반(離反)된 상황에서 2007년부터 시작된 서브 프라임 모기지 사태로 인해 경제 상황이 악화되자, 2008년 대선에서는 민주당의 오바마 후보가 공화당의 매케인(John McCain) 후보를 누르고 미국 최초의 흑인 대통령으로 당선되었다. 서브프라임 모기지 사태로 촉발된 경제불황과 함께 중동에서의 두 전쟁이 지속되자, 이러한 문제점을 집중적으로 공략하면서 당선된 오바마는 선거운동 과정과 당선 후 취임사 등을 통해 분열된 미국을 통합하는 대통령이 되겠다는 의지를 피력했다. 그러나 그의 임기 8년 동안 미국 사회의 양극화와 미국 정가의 정쟁과열은 더욱 심화되는 경향을 보였다.

오바마 대통령은 서브프라임 모기지 사태의 여파로 인한 경기침체에도 불구하고 자신의 핵심 입법 어젠다인 의료보험 개혁과 기후변화 대처 방안의 의회 통과를 위해 2009년 취임 직후부터 전력을 다했다. 그러나 경제적 불황의 극복을 위해 최선을 다해 주기를 희망했던 보통의 유권자들은 정책 우선순위를 망각한 오바마 대통령과 의회 민주당에 상당히 실망하고 분노를 느끼기 시작했다. 또한 미국 최초의 흑인 대통령이라는 전대미문의 결과에 맞닥뜨린 보수적 공화당 유권자들은 오바마 대통령이 추진한 경기부양책과 이로 인한 엄청난 연방 재정 지출 확대 및 급격한 부채 증가에 불만을 터뜨렸다. 이러한 불만 속에서 작은 정부, 재정 건전성, 시장의 자율성을 강조하며 재정 지출을 줄이자고 호소하며 의료보험 개혁에 반대하는 티파티 운동이 전개되었다. 그리고 티파티 운동의 여세로 2010년 오바마 대통령의 첫 임기 중간에 실시된 의회선거에서 민주당이 공화당에 참패하면서 분점정부가 등장하자, 이후 미국 의회의 의사진행 과정은 극단적으로 정파적 양상을 띠기에 이르렀다.

이처럼 1994년 중간선거 이후 워싱턴 정치가 보여 준 비생산적인 양상은 미국 유권자들로 하여금 기성 정치인들을 불신하고 혐오하게 만들었다. 거의 일상화된 정치적 교착상태, 문제해결 능력을 상실한 의회, 기득권을 지키려는 특별이익과 로비세력의 금권정치, 이들의 선거자금으로 선수(選數)를 쌓아 가는 정치인들에 대한 분노가 누적되면서 워싱턴 정치의 무능함에 대한 일반 국민의 불만과 분노가 쌓일 수밖에 없었다.

3) 개방적 이민 정책과 점증하는 백인의 위기의식

트럼프의 위대한 미국 운동은 출마연설을 통해 그가 멕시코 이민자를 마약 거래자, 범죄자, 강간범이라고 부른 것에서 출발했다. 이처럼 위대한 미국 운동의 근저에는 세계화에 따른 미국 노동자들의 일자리 상실 문제와 함께, 대규모 남미 이민자들의 유입에 대한 우려와 이에 따른 미국의 국가적 정체성 훼손에 대한 위기감이 도사리고 있었다. 기독교와 서유럽 문명에 기초를 둔 미국 문화가 비백인 이민자들의 침투로 인해 손상되고 파괴될 수 있다는 우려는 이민자들에 의한 범죄 증가 등 치안불안과 함께 위대한 미국 운동의 핵심 세력인 백인 노동자들을 분노하고 불안하게 만든 주요 요인 중 하나였다.[9]

납세의 의무를 성실하게 수행해 온 자신들의 정당한 일자리와 복지 혜택을 앗아 가는 존재로 인식된 남미 불법 이민자에 대한 백인 노동자들의 불만은 불법 이민자들이 '자격 없는' 수혜자라는 인식과 맞닿아 있었다. 내국인과 이민자의 자격을 공정하게 구분하지 않는 클린턴과 오바마 행정부의 개방적 이민 정책은 스스로 미국의 주인이라고 생각하는 백인 노동자들의 반감을 자아내기에 충분했고, 백인 민족주의로 집약되는 배타적 반이민 정서를 확산시키는 계기가 되었다(Painter 2019).

널리 알려져 있듯이 미국은 오랜 기간 적극적으로 이민을 받아들여 이민자들의 재능과 잠재력을 산업, 문화, 학술 등의 분야에서 활용하여

---

9 2016년 트럼프의 대통령 당선 원인에 대해서는 Dionne Jr. et al.(2017), chapter 6 "Race, Immigration, Culture, or Economics?"가 이를 경제 · 무역 · 산업구조와 인종 · 이민 · 문화로 양분하여 적절히 요약, 설명하고 있다.

성장하고 번영해 온 국가였다. 그런데 이러한 이민 수용적 국가인 미국에서 이민 거부의 정서가 확산된 이유에는 유럽계 백인 이민의 비중이 감소하고 어느 때부터인가 비유럽계 이민자가 증가하기 시작했다는 사실이 자리 잡고 있었다. 특히 1980년대 이후 남미 지역 이민자 수가 급격히 증가하자 유럽계 백인 중심의 미국적 정체성에 대한 위기감이 커지면서 반이민 정서가 빠르게 확산되었다.

이와 관련하여 이민 문제를 다루는 싱크탱크인 이주정책연구소(MPI: Migration Policy Institute)가 제시한 자료에 따르면, 1970년대에 접어들면서 미국으로 유입되는 이민자 수가 급등하기 시작했고 1980년대와 1990년대를 거치면서 이러한 증가세가 더욱 가파르게 진행되었음을 알 수 있다. 그런데 2010년대에 이르면 멕시코 이민자가 1,200만 명에 육박해, 전체 이민자 가운데 이들의 비중이 거의 30%로 정점을 찍는 현상도 나타났다.[10]

이민자의 가파른 증가는 멕시코 이민자들의 폭증에 기인한 바가 큰데, 문제는 남미 등 비유럽 지역 이민자들이 계속 증가하면서 유럽에 뿌리를 둔 미국의 전통적 문화와 가치가 약화될 수 있다는 우려와 불안이 증가했다는 점이다(Swain 2002: chapter 4). 비유럽계 비백인 이민자의 지속적인 증가는 부정할 수 없는 엄연한 현실이었으며, 이러한 우려로 인해 '우리'와 '그들'을 구별하는 백인 민족주의의 배타적 정서가 트럼프의 위대한 미국 운동에 적극적으로 호응하게 되었다.

또한 이주정책연구소가 제시한 각종 자료는 미국으로 오는 이민자들

---

10 Migration Policy Institute, "U.S. Immigration Trends" 상의 여러 링크를 참조하기 바란다(https://www.migrationpolicy.org/programs/data-hub/us-immigration-trends). 참고로 이주정책연구소가 사용하는 용례에 따르면 '이민자(immigrant)'는 출생 시 미국인이 아니었던 사람으로, 조사 당시 미국 내에서 거주하는 사람을 가리킨다. 이들은 귀화자, 합법적 영주권자, (학생이나 근로자 비자를 지닌 사람 등) 합법적 비이민자, 난민, 불법 거주자 등을 포함한다.

의 모국이 속한 지역(대륙)을 표시하는데, 이를 살펴보면 흥미로운 몇 가지 사실이 발견된다. 우선 1970년대에서 1980년대로 넘어오면서 아시아와 미주로부터의 이민자 숫자가 전체 이민자의 절반을 넘어서게 된다. 실제로 북미주에 속한 캐나다 이민자 숫자가 미미한 수준임을 고려해 볼 때,[11] 1980년대에 이르면 사실상 아시아와 남미 이민자의 숫자가 전체 이민자의 거의 절반을 차지한다고 추정할 수 있다. 그리고 1990년대에 이르면 남미 이민자들이 주류인 미주 출신 이민자가 거의 절반을 차지하는 현상이 나타난다.

이상의 내용을 정리하자면, 1970년을 기점으로 이민자의 숫자가 대폭 증가하기 시작했고 전체 이민자 가운데 남미 이민자의 비율과 숫자가 가파르게 증가했음이 드러난다. 그리고 남미 이민자 가운데 특히 미국과 국경을 맞대고 있는 멕시코 이민자가 절대적으로 증가했음을 알 수 있다. 따라서 2015년 6월 16일 출마선언에서 트럼프가 멕시코 이민자에 대한 혐오성 발언을 통해 불법 이민자들에게 직격탄을 날린 것은 이러한 사실을 배경으로 한 것이었다. 이 이민자들의 절대다수가 멕시코를 포함한 남미와 아시아 국가 출신의 비백인들로 구성되어 유럽 기독교 문명에 바탕을 둔 미국의 국가 정체성이 외래적 문화와 혼재되는 과정에서 크게 훼손될 수 있다는 불안감이 백인들 사이에서 점점 더 확산되었다.

비유럽계 이민의 증대, 이에 따른 미국 백인의 비(非)주류화 전략 가능성으로 인해 추진력을 얻은 백인 민족주의 정서는 백인이 미국을 대표하는 '국민집단'으로서의 권리를 강하게 주장하고 미국의 주인으로서 정당한 대접을 요구해야 한다는 자각에 기초해 있었다. 그리고 이러한 자

11 실제로 2011년부터 2020년까지 캐나다 출신 미국 이민자의 누적 총수는 11만 8,261명으로 같은 기간 멕시코 출신 미국 이민자 누적 총수인 148만 901명의 1/10에도 훨씬 못 미친다. World Population Review(2023), "US Immigration by Country." https://worldpopulationreview.com/country-rankings/us-immigration-by-country

각은 1960년대 자유주의 절정기 이후 흑인을 비롯한 소수인종과 다양한 종족집단이 획득한 각종 권리는 이들이 개별적으로 추구한 것이 아니라 '집단'적 정체성을 주장하면서 정치적으로 획득한 것이며, 상대적으로 조직적 노력이 없었던 백인들의 권리는 오히려 정치적 논의에서 크게 고려되지 않았다는 생각과 관련되어 있었다.

이러한 자각과 불만 속에서 소수인종이나 종족집단이 정치적 세력화를 추구하고 사회적 소수자를 위한 정치적 올바름을 요구하여 집단적 권리를 인정받은 데 비해, 국민집단인 백인들은 이러한 정체성 정치의 뒷전으로 밀려나 오히려 정당한 대우를 받지 못한다는 인식이 백인들 사이에 널리 퍼졌다. 역설적이지만 소수자 권리 담론의 지속적인 확대 과정에서 소외된 백인이 이러한 '디스토피아' 상황을 벗어나는 탈출 방안은 '미국인'에 대한 통념상의 규정을 변화시키는 것이었다. 미국인의 정체성을 판가름하는 전통적 기준이었던 '민주적 신조(Democratic Creed)'의 단순한 수용에서 벗어나, 백인 중심의 미국적 문화와 가치를 회복할 수 있는 어떤 새로운 기준이 발견되어야 했다. 비록 노골적으로 종교, 인종 혹은 출생 국가를 그 기준으로 언급할 수는 없으나, 미국인으로서의 정체성 판별 기준은 이제 유럽 기독교 문명에 뿌리내린 미국의 전통적 가치를 확인하는 것에서 재출발하는 것이었다.[12] '리얼 아메리카'를 유럽적

12 미국 인문, 사회과학계의 주류였던 백인 학자들이나 주요 논객들에 의해서 1990년대 이후 이러한 주장을 반복적으로 제기되었다. 예컨대 슐레진저(Arthur M. Schlesinger, Jr.)는 "공통의 목적으로 그들을 묶지 않는다면 종족적 적대감이 그들을 분열시켜 놓을 것이다. 종족적 그리고 인종적 갈등이 우리 시대의 폭발적 이슈로서 이념의 갈등을 대치할 것은 명백해 보인다."(Schlesinger Jr. 1998: 10)라고 말한 바 있으며, 헌팅턴(Samuel P. Huntington)은 "'우리 미국인들'은 이러한 미국의 헌법을 정하고 수립하기 전에 공통의 민속성, 인종, 문화, 언어, 종교를 가지고 존재해야 한다. (미국적 – 인용자) 신조(the Creed)는, 이러한 신조가 뿌리를 두고 있는 앵글로-프로테스탄트적 문화를 미국인들이 포기한다면 그 특징을 유지할 수 없다. 다문화적인 미국은 시간이 지나면 자신의 독특한 문화 속에 뿌리내린 독특한 정치적 가치와 원칙을 배양하는 상이한 문화를 지낸 집단으로 구성된 다신조(多信條)적 미국이 될 것이다."(Huntington 2004: 340)라고 적었다. 슐레진

전통과 기독교 신앙, 그리고 영어라는 언어의 사용을 통해 확인할 수 있다는 배타적인 백인 민족주의 정신이 바야흐로 고양되기 시작한 것이다.

4) 대안우파의 등장

1990년대 남미 이민자들이 급증하면서 미국 내에서 백인 중심의 종족적 정체성의 훼손을 우려하는 백인 민족주의 세력이 커지고 있었다는 점은 앞에서 언급한 바와 같다. 미국이 유럽 중심의 기독교적 전통을 이어 가야 한다는 생각은 남미 이민자의 급증으로 인한 인종적·문화적 다양성 심화 현상이 백인 중심으로 정의되어 온 미국의 국가적 정체성을 침해할 수 있다는 불안감에 따른 것이었다. 이러한 불안감은 지성계와 정치권 등에서 꾸준히 제기되었고, 다수의 불법 이민자가 유입되는 지역에서는 이민자에게 제공되는 정부의 각종 혜택을 삭감하자는 논의로 이어지기도 했다.[13]

그러나 1990년대 이전에는 백인의 주변화나 백인이 누리던 지위의 상대적 하락에 대한 우려 등이 크게 언급되지 않았고 사회적 문제로 부상하지도 않았다. 문화적·사회적 다양성을 중요한 가치로 인정하고 소수인종과 사회적 소수자의 권리를 보호해 온 다원주의 사회 미국에서 백인들이 주변화되고 있다는 불평은 아직 정치적 반향을 일으키지 못했다. 백인들이 미국 정체성을 대변하는 '리얼 아메리카'의 주인이며 백인 중심의 문화와 종교가 소수인종을 지도하면서 미국 사회를 이끌어 가는 표준이 되어야 한다는 주장은 여전히 백인 보수세력 일부에서만 제기되었

저와 헌팅턴 등의 입장은 점증하는 이민자들이 미국의 전통적 가치를 도외시하는 경향이 있으며, 미국의 정체성은 미국을 하나로 묶어 줄 수 있는 전통적 가치와 규범에 의해서만 확립 가능하다는 주장이다.

13 불법 이민자의 유입으로 이들에 대한 무상 교육이나 무상 의료 서비스 등을 제한해야 한다는 주장을 담은 1994년 캘리포니아주의 주민발안 187(Proposition 187)이 이에 해당하는 사례로 보인다.

을 뿐 전국적으로는 큰 호응을 얻지 못했다.

그러나 1993년 클린턴 민주당 행정부가 등장한 이후 추진한 북미자유무역협정 등 자유무역 중심의 세계화 정책, 2007년 부시 행정부 말기에 시작된 미국발 글로벌 금융위기, 2009년 이후 8년간 지속된 흑인 대통령 오바마의 집권, 그리고 1990년대 남미 이민자 급증과 국내외 테러 사건은 보수적 백인 유권자들 사이에 잠재해 있던 민족주의적 정서가 성장하는 온상이 되었다. 세계화 과정에서 지식화 및 정보화 사회의 요구에 부응하지 못하고 일자리를 잃은 저소득·저학력 백인 노동자들의 불만과 좌절감, 남미 이주민의 급증으로 백인 중심의 전통적 가치가 침해되고 있다는 위기감, 오바마 행정부의 개방적 이민 정책이 백인 납세자의 희생 위에 자격 없는 이민자를 보호해 준다는 생각, 중동 이슬람 세력에 의한 테러와 국내 무슬림에 의해 자행되는 총기사건 등은 주류 언론이 크게 주목하지 않던 민족주의나 인종주의의 편린들이 라디오 토크쇼, 블로그, 웹사이트 등을 통해 백인 사회의 저류로 깊이 침윤하게 만든 불안요소들이었다. 이런 가운데 출마를 선언한 트럼프의 등장은 백인 민족주의가 본격적으로 현실정치 속에서 발흥할 수 있는 토양을 제공했다.

트럼프가 출마선언을 하면서 멕시코 이민자들을 마약 거래자, 범죄자, 강간범 등으로 비난한 발언은 민주당 정치인이나 주류 언론매체는 물론 공화당 내에서 그와 경쟁하던 다른 후보들에게서조차 강력한 비난의 대상이 되었다. 그러나 트럼프의 이러한 혐오성 발언은 백인 민족주의자, 인종주의자, 음모론자 등 극우 민중주의 세력의 환호와 갈채를 유도하는 기폭제가 되기도 했다. 1990년대 이후 온라인 네트워크상에서 세력을 키워 온 백인 민족주의 여론의 주도자들과 이들의 추종자들은 트럼프의 격정에 찬 출마선언을 접하면서, 이민 문제와 관련하여 자신들의 입장을 대변해 줄 정치인을 발견했다고 생각했다.

트럼프가 출마선언과 함께 기성 공화당 정치인들이 언급하기 꺼려했던 이민 문제를 정면으로 공격한 것은 SNS 매체를 통해 '암약(暗躍)'하던 백인 민족주의 세력이 하나의 집단으로 광범위하게 결속하여 자신들의 반이민 정서와 백인우월주의를 공공연하게 분출할 수 있는 '기회의 창'을 제공한 셈이었다. 트럼프의 반이민적 발언은 종족적 정체성을 외치면서 웹사이트나 블로그 등을 통해 활동하던 백인 민족주의 세력과 그 동조자들에게 정치적 동원을 위한 프레임을 제시했고, 이들은 트럼프의 등장을 통해 서로의 이견을 극복하고 집합적 일체감을 구축할 분위기를 마련할 수 있었다.

무엇보다 SNS 매체를 통해 백인 민족주의 정서를 광범위하게 전파한 대표적 인물은 트럼프 당선 이후 백악관에 수석 전략관(chief strategist)으로 입성한 배넌(Steve Bannon)이었다. 2007년에 만든 브라이트바트(Breitbart)라는 웹사이트를 통해 배넌은 트럼프가 등장하기 전부터 백인 민족주의나 음모론, 인종주의적 요소가 강한 논의를 전파해 왔다. 배넌을 포함하여 백인 민족주의, 백인 우월주의 등의 이념을 적극적으로 전파한 세력은 통상 '대안우파'로 불리는데, 이들 백인 민족주의 세력은 기존의 주류 보수 세력과 이들을 대변하는 공화당이 이민 문제에 정면으로 대처하지 못하고 유럽계 백인의 이익과 미국의 기독교적 정체성을 확실히 수호하지 못한다고 보았다. 따라서 새로운 우파, '대안적 우파(alternative right)', '견해를 달리하는 우파(dissident right)'라는 의미에서 자신들을 대안우파라고 구별해 부르면서, 민주당은 물론 이민 문제에서 무기력한 공화당에도 공세를 퍼부었다.[14] 이들은 인종 간에는 명백한 우열

---

14 미국에서 '대안우파'라는 명칭은 국가정책위원회(National Policy Institute)를 창설한 이후 그 명칭을 '라딕스 저널(RadixJournal)'로 바꾼 '얼터너티브 라이트 닷컴(AlternativeRight.com)'의 개설자 스펜서(Robert Spencer)가 처음 도입한 것으로 알려져 있다. 이 외에도 대안우파의 대표적 인물로는 '브이데어 닷컴(Vdare.com)'을 운영하는 브림로우(Peter Brimelow), 신세기재단(New Century Foundation)을 설립하고 아메리칸 르네상스(American Renaissance)라는 웹사이트를 운영하는 테일러(Jared Taylor), 미

과 차이가 존재하며 미국의 백인이 흑인 등 소수인종과 마찬가지로 자기 정체성을 유지하기 위해 하나의 '집단'으로 세력을 확대하면서 정부에 대해서 적극적으로 권리를 주장해야 한다고 선전했다.

이런 대안우파는 철학적 측면에서 백인 남성 중심의 위계적 사회를 지향하는 반동적 보수주의의 모습을 보였다. 이는 영국의 철학자 랜드(Nick Land)와 미국의 블로거인 야빈(Curtis Yarvin) 등이 주창한 신반동주의 운동(neo-reactionary movement) 혹은 반계몽주의(the Dark Enlightenment)에 사상적 뿌리를 두고 있다(Heikkilä 2017). 신반동주의 운동은 계몽주의 사상에 토대를 둔 인간의 진보, 개인의 권리, 자유와 평등 등의 이념을 거부하고 권위주의적 국가를 주장하는 신관방학(新官房學, neo-cameralism)을 주창하여 백인 남성 중심의 위계적 질서를 지향했다. 2015년 트럼프의 대통령 선거 출마선언 이후 이런 신반동주의 운동에 근거한 백인 민족주의, 인종주의, 백인 우월주의 조직들이 미국을 이민자들로부터 보호하고 서유럽에 뿌리를 둔 백인 중심의 문화적 정체성을 회복하기 위해 트럼프의 당선을 목표로 의기투합하여 전력을 다하게 된다.

이들 대안우파 지도자들이 반이민 정서와 백인 민족주의에 부응하여 신속하게 집단적 유대감을 구축하고 기존 워싱턴 정치권에 대항하는 트럼프와 연결되었다는 점은 트럼프의 대통령 취임과 함께 배넌이 백악관에 입성한 사실로도 입증된다. 선거운동 기간 동안 대안우파 이론가들은 트럼프의 등장에 고무되었다는 사실을 반복적으로 밝혀, 그의 등장이 백인 민족주의 세력의 동원과 활성화에 직접 영향을 끼쳤음을 알 수 있게 한다. 예컨대 신세기재단의 창시자인 테일러는 "나는 그를 만나 본 적이 없고, 당신보다 그의 마음을 더 잘 읽을 수는 없다. (…) 그러나 모든 불법

국자유당(American Freedom Party)의 존슨(William Johnson), 스톰프론트(Stormfront.org)를 창설한 블랙(Don Black) 등이 있다.

이민자들을 집으로 돌려보내고, 적어도 잠정적으로 무슬림 이민자의 입국을 금지하겠다는 사람은 의식적이든 무의식적이든 백인의 이익을 위해서 활동하는 것이다."라고 말하면서 트럼프의 출마가 백인의 이익을 대변하고 있음을 강조했다(Mahler 2016). 한편 2016년 트럼프가 공화당 예비선거에서 승리를 향해 질주할 당시 개최된 아메리카 르네상스의 오프라인 집회에 참석한 미국자유당의 존슨은 "도널드 트럼프가 공화당을 변화시켜, 공화당이 많은 측면에서 더 이상 세계주의적 보수주의 운동이 아닌 것으로 되었다. 그래서 그는 이제 공화당 내부에서 민족주의적 정서를 창조하고 있다. 이곳에서의 서사적 싸움은 세계주의와 민족주의 사이의 싸움이다."라고 말하면서, 트럼프를 통해 미국의 백인 민족주의가 실현될 수 있는 통로가 만들어졌다고 주장했다(Gray 2012).[15]

백인 민족주의자들의 성원과 지지에 힘입어 트럼프 역시 백인 민족주의 사이트에 올라온 메시지를 리트윗하거나 이들이 제공한 통계자료를 통해 백인에 대한 불법 이민자들이나 소수인종의 범죄 사실을 홍보하면서 자신의 반이민주의 노선을 정당화했다. 대안우파의 노골적인 인종주의가 문제가 되면 트럼프는 그때그때 이들과 거리를 두기도 했으나, 인종주의를 명확히 단죄하라는 요구에 대해서는 애매한 태도를 유지하며 명확한 답변을 거부하는 등 이들과의 관계를 전면적으로 단절하지는

15 존슨의 이러한 백인 민족주의적 입장은 같은 회의에 참석하여 연설한 브림로우의 인터뷰 내용, 즉 "비록 트럼프가 지더라도 그는 이미 이민과 경제적 민족주의 그리고 '미국 우선'이라는 모든 개념이 선거에서 작동함을 보여 주었다."라는 주장에서도 드러난다. 한편 존슨은 실제로 캘리포니아주의 트럼프 지지 대의원으로 선발될 만큼(나중에 제외됨) 트럼프가 미국 백인의 이익을 대변한다고 생각한 대표적 인물이었다. 그가 이끈 미국자유당은 '유럽계 백인의 관습과 유산' 보호를 표방한 백인 민족주의 정당이었다. 존슨은 트럼프 등장 이후 그를 위한 전화 자동음성 메시지를 발송하는 등 트럼프의 당선을 위해 노력했다. 그는 자동음성 메시지를 통해 "백인종은 우리가 인종주의자라고 불리기를 두려워한 나머지 미국과 유럽에서 죽어 가고 있습니다. (…) 트럼프는 인종주의자가 아닙니다. 그러나 트럼프는 두려워하지 않습니다. 쿠바인에게 투표하지 마십시오. 트럼프에게 투표하십시오." 등의 인종주의적 내용을 유권자들에게 전달했다(Harkinson 2016).

않았다.[16] 그만큼 보수적 백인의 이익을 위해 이민 문제를 활용하려는 트럼프의 선거전략과 백인 중심의 미국을 건설하고 미국의 기독교적 전통을 지켜야 한다는 백인 민족주의 대안우파의 입장은 선거기간 내내 공개적으로 혹은 암묵적으로 깊이 교감하고 있었다고 볼 수 있다.

5) 최초의 흑인 대통령 오바마의 출현

1990년대 이후 남미 이민자들이 급증하면서 이민 문제가 미국 사회의 심각한 문제로 부상하기 전까지만 해도 민주당과 공화당 모두 정도의 차이는 있지만 이민자들의 유입이 필요하다는 태도를 보였다. 민주당은 미국이 원래 다양한 종족집단으로 이루어진 다원주의 사회이므로 개방적 이민 정책은 사회적 다양성과 이를 통한 미국의 발전을 위해 지속되어야 한다고 믿고 있었다. 공화당 내 전통적 주류세력인 친기업 성향 보수주의자들 역시 전문적 기술을 지닌 이민자들이나 남미 계절노동자들을 산업 경쟁력 유지를 위한 인적 자원으로 파악했다. 따라서 1990년대를 거쳐 2000년대에 미국 사회 저변에서 세력을 키운 백인 민족주의가 본격적인 저항운동으로 변신하기 위해서는 미국 사회 전체에 충격을 줄 만한 사건이나 상황의 발생이 필요했다. 그런데 이러한 촉매제 역할을 한 것이 흑인 대통령 오바마의 등장과 그의 8년 집권이었다.

2008년 민주당 예비선거 당시 40대 후반의 일리노이주 연방 상원의원이었던 오바마는 대통령 후보 지명에 무난히 성공할 것으로 보였던 힐러리 클린턴을 제치고 민주당 대통령 후보로 등극했다. 흑인을 포함한 소수인종, 밀레니엄 세대, 대졸 이상 고학력 당원들의 전폭적 지지를 확

16 실제로 트럼프는 2016년 2월 공화당 예비선거가 시작된 이후 선두를 달리는 가운데 인종주의 집단인 KKK의 전 대표였던 듀크(David Duke)가 자신을 지지한 것에 대해 그 수용 여부를 묻는 질문에 답변하면서, "솔직히 나는 듀크를 잘 모른다."라고 말해 명확한 입장 표명을 거부하기도 했다(Domonoske 2016).

보하고 인터넷을 통한 선거자금 모금 등 새로운 선거운동 기술을 적극적으로 활용한 오바마는 사회적 통합과 미래에 대한 담대한 희망을 제시하고 클린턴을 기득권 정치인으로 비판하면서 팽팽한 접전 끝에 대통령 후보로 지명되었다. 계속해서 오바마는 서브프라임 모기지 사태로 인한 경제불황과 중동에서의 두 개의 전쟁에 염증을 느낀 미국 유권자들을 자기편으로 설득하고 이들의 지지를 확보하여, 2008년 11월 4일 공화당의 매케인 후보를 누르고 마침내 미국 최초의 흑인 대통령이 되었다.

선거운동 내내 오바마 후보는 사회적 통합을 외쳤으나, 2009년 정부 출범 이후 오바마 행정부가 추진한 정책은 민주당 진영 내 온건파보다는 진보파의 입장을 대변한 것들이었다. 오바마 대통령이 민주당 의회의 협력을 얻어 총력을 다해 추진한 의료보험 개혁은 모든 국민이 의료보험에 가입하도록 한 '공적 선택(public option)'을 두고 있어 후일 연방대법원에 의해 일부 위헌 판정을 받을 정도로 시장논리를 중요시하는 미국적 토양에서는 혁신적인 조치였다. 또한 오바마 대통령은 기후변화에 대처하기 위한 온실가스 감축 입법을 추진하여 기업부문과 친기업 성향의 공화당 주류세력으로부터 공격과 비판을 받기도 했다. 그뿐만 아니라 오바마 대통령은 행정명령을 통해 군대 내 동성애자의 커밍아웃을 허용하는 등 정치적 올바름을 강조하면서 여성 및 소수인종의 사회적 지위 향상을 위해 노력했다. 이러한 정책들은 모두 보수적 백인 유권자들의 공격 대상이 되었고, 그 결과 부시 행정부 이후 더욱 본격적으로 진행된 미국 사회의 정파적·이념적 양극화와 의회 내 정파적 대립과 갈등이 오바마 행정부에 이르러 극도로 심화되었다. 특히 오바마 대통령이 전력투구한 의료보험 개혁에 대한 보수적 유권자들의 저항과 반발은 매우 완강했는데, 이는 이들이 오바마 대통령의 이러한 정책 추진이 미국의 헌법적 가치인 작은 정부론과 재정 건전성에 정면으로 위배된다고 판단했기 때문이었다.

오바마 대통령에 대한 백인 보수세력의 불안을 부채질한 것은 개방적 이민 정책이었다. 오바마 대통령은 미국 내에 거주하는 불법 이민자들을 강제로 본국으로 소환시키기보다 선별적으로 구제해 주는 방식을 선호했다. 그러나 2007년 미국 금융위기 이후 경제 상황이 점점 더 나빠지자 이러한 관용적인 이민 정책에 대한 백인 보수층의 불만은 더욱 커졌다. 법과 질서를 강조하는 보수적 백인들은 오바마의 이민 정책이 불법 이민자에 대한 사면(amnesty)과 다름없다고 비난했는데, 오바마 대통령과 민주당은 국내 안정과 치안에 치중하는 공화당의 이민 정책을 비인도적이라고 반박했다. 한편 공화당의 공세에 직면하여 양당 협력을 통한 이민개혁이 불가능하다고 판단한 오바마 대통령은 의회의 동의가 필요없는 행정명령을 통해 불법 이민자 자녀들의 추방을 유예하는 정책을 펼치기도 했다.[17]

보수적 백인 유권자들 사이에서는 오바마 대통령의 진보적인 정책들이 백인을 국민집단으로 하는 미국의 정체성을 무시하는 처사로 비쳤다. 이러한 정책이 등장하는 것은 '미국인이 아닌 오바마', '다른 문화권에 속한 오바마', '무슬림 오바마'가 백악관의 주인이 되었기 때문에 가능하다고 생각하는 경향도 이들 사이에 널리 퍼져 있었다. 오바마 대통령은 외래인일 뿐 결코 미국인이 아니고, 그의 생부(生父)가 무슬림이기 때문에 오바마도 무슬림일 것이며, 따라서 오바마는 미국의 대통령이 되어도 미국에 충성하지 않을 것이라는 근거 없는 억측이 보수층에서 회자하는 등 그에 대한 조직적 폄하운동이 확산되기도 했다. 버서 운동 역시 이러한 억측에 따라 트럼프가 2011년에 주장했던 인종주의적 반오바마 운동 가

---

17 2012년 6월 오바마 행정부가 발표한 '아동 추방 유예(DACA: Deferred Action for Childhood Arrivals)' 프로그램이 이에 해당한다. 이 정책은 미국으로 이주해 온 부모를 따라 입국한 후 불법 체류자 신분으로 남은 사람을 대상으로 하여 2년마다 연장이 가능한 체류 허가 정책이다.

운데 하나였다.

오바마 행정부 출범 이후 그의 정책에 대한 불만과 오바마 개인에 대한 근거 없는 의혹들이 백인 사회 저류에서 확산되면서 트럼프의 위대한 미국 운동이 등장할 온상이 마련되었다. 트럼프는 오바마 행정부의 정책에 대한 보수적 백인 유권자들의 불만과 불안이 극대화된 순간에 이들의 불만을 재빨리 포착하고 공화당의 주류 엘리트와 달리 거칠고 공격적인 언어로 이들을 선동하는 한편 이들의 보호자임을 자처하면서 대통령 후보로 나서게 되었다.

3. 위대한 미국 운동의 등장과 전개

1) 트럼프의 대통령 출마선언과 백인 민족주의의 등장

2015년 6월 16일, 트럼프는 뉴욕시의 트럼프 타워에서 다음과 같은 거친 언사를 통해 대통령 선거 출마를 선언했다.

> 멕시코가 자기 사람들을 보낼 때, 그들은 가장 좋은 사람을 보내는 게 아닙니다. 여러분 같은 사람을 보내는 게 아닙니다. 그들은 문제가 많은 사람들을 보냅니다. 그들은 이런 문제들을 우리에게 가져옵니다. 그들은 마약을 가져옵니다. 그들은 범죄를 가져옵니다. 그들은 강간범들입니다. (…) 멕시코에서만 오는 것이 아닙니다. 남미 전역에서 오고 있고, 아마도 (…) 중동에서도 오고 있습니다. 그러나 우린 모르지요. 우리는 보호막이 없고 역량이 없기에 무슨 일이 벌어지고 있는지 모릅니다. 그래서 이건 중지되어야 합니다. 빨리 중지되어야 합니다. (…) 난 장벽을 세울 것이고, 어느 누구도 나보다 장벽을 더 잘 세우지 못할 것입니다. 나는 우리 남쪽 국경에 커다란, 커다란 장벽을 세우겠습니다. 그리고 멕시코가 그 비용을 지불하도록 하겠

습니다. (…) 나는 즉각적으로 오바마의 불법적 이민 행정명령을 종결하겠습니다, 즉각적으로요.[18]

이 출마연설에서 알 수 있듯이 트럼프는 격한 용어를 사용하여 멕시코 출신 불법 이민자들을 강력하게 비판했다. 그리고 이러한 이민을 막기 위해 자신이 멕시코 국경지대에 불법 이민 방지용 장벽을 건설하고 그 비용을 멕시코 정부가 치르게 할 것이라고 공언했다. 그리고 자기가 대통령으로 당선되면 불법 이민자들의 미국 내 거주를 허용하여 각종 범죄가 증가하도록 방임한 오바마 대통령의 이민 관련 행정명령을 즉각 폐지할 것임도 천명했다.

차별적이고 배타적인 인종주의적 내용을 담고 있는 트럼프의 출마연설은 민주당을 포함한 자유주의 진영과 히스패닉계 등 소수인종의 민권단체 등으로부터 강력한 비난을 받았을 뿐만 아니라, 당시 젭 부시(Jeb Bush) 등 공화당 내 유력 대통령 후보들에 의해서도 규탄의 대상이 되었다. 사실 공화당 주류세력은 2012년 대통령 선거에서 롬니(Mitt Romney) 후보가 오바마 대통령에게 패배한 후, 히스패닉계 유권자 등 소수인종에 대해 적극적 구애작전을 시도해야만 다음 대통령 선거에서 유리한 고지를 점령할 수 있다는 공감대를 지니고 있었다.[19] 따라서 선거전략상 매우 예민한 사항인 이민 문제에 대해 말을 아껴 왔던 당내 주류세력의 생각

---

18 뉴욕시에서의 대통령 출마선언(2015년 6월 16일). https://www.presidency.ucsb.edu/documents/remarks-announcing-candidacy-for-president-new-york-city

19 실제로 이러한 취지를 담은 공화당의 보고서가 2013년 3월 18일 내셔널 프레스 클럽에서 「성장과 기회 프로젝트 보고서(Growth and Opportunity Project Report)」라는 이름으로 발표되었다. 이 보고서는 2012년 대통령 선거에서 공화당이 패배한 후 그 원인을 분석하기 위해 공화당 전국 위원장인 프리버스(Reince Priebus)의 지시에 따라 작성되었다. 이 보고서에는 공화당이 미국의 인구변화 추세에 맞추어 흑인, 라티노, 아시아계 유권자, 여성, 동성애자, 젊은 유권자에게 좀 더 적극적으로 다가가야 한다는 내용이 담겨 있었다.

과 정면으로 충돌하는 트럼프의 출마연설은, 자칫 남미 이민자 등 소수 인종의 지지를 얻기 위해 이들에게 접근하려던 공화당을 궁지에 몰아넣을 수도 있는 폭언이었다.

그러나 이러한 예상과 달리 출마연설 이후 다른 공화당 후보들에 비해 트럼프에 대한 공화당 유권자의 지지도는 매우 빠른 속도로 상승하기 시작했다. 불법 이민 대처에 미온적인 공화당 주류세력에 대해 실망한 보수적 백인 유권자들은 오바마 행정부의 이민 정책을 강력하게 비판한 트럼프에 크게 공감하면서 그에 대한 적극적 지지를 표명했다. 반이민 정서에 편승한 트럼프의 백인 민족주의 프레임이 예비선거를 앞두고 분열되어 있던 공화당 지지자들을 트럼프 진영으로 결집하여 일종의 집합적 유대감을 조성해 나갔다.[20]

이와 더불어 트럼프의 선정적이고 원색적인 출마선언은 뉴스거리에 굶주린 주요 언론과 SNS 매체를 통해 매우 빠르게 확산되기 시작했다. 폭스뉴스 등 보수적 방송매체뿐만 아니라 전국적 뉴스매체인 CNN, MSNBC, 『뉴욕타임스』와 『워싱턴포스트』 등이 트럼프의 행태와 발언이 가진 미디어적 가치에 주목하여 그의 언행과 행적을 자주 보도하자 트럼프의 인지도는 빠르게 상승했다. 공화당 내 다른 어떤 대통령 후보보다 뉴스거리로서 가치가 높았던 트럼프의 발언과 행동은 주류 매체의 호기심을 채워 주기에 충분했다. 이처럼 그에 대한 보도의 분량과 빈도가 많아질수록 이에 비례하여 그의 인지도도 높아지고 그에 대한 지지율 역시

---

20 트럼프의 출마연설 후 한 달가량 지난 7월 14일에 발표된 서퍽 대학교(Suffolk University)와 유에스에이 투데이(USA Today)의 공동 여론조사에 따르면, 공화당 대선 후보 가운데 트럼프가 17%의 지지를 얻어 2위에 머문 젭 부시를 제치고 당내 예비선거 후보자 가운데 1위를 차지한 것으로 나타났다(Schleifer 2015). 한편 7월 14일 발표된 갤럽 여론조사에 따르면 공화당 지지자 가운데 트럼프를 '비중 있는 후보(serious candidate)'로 본다는 비율이 41%로 나타났는데, 이는 1999년 그가 개혁당 후보로 출마할 당시 조사 결과인 20%보다 두 배 이상 증가한 수치였다(Dugan 2015).

상승하는 길항(拮抗)적 효과가 나타났다.[21]

2015년 6월 16일 뉴욕시 트럼프 타워에서 출마선언을 한 트럼프는 7월 11일에 멕시코 이민 증대로 인해 행정적으로 여러 가지 골칫거리에 직면해 있던 애리조나주 피닉스를 방문하여 이민 제한의 필요성을 역설했다. 이는 이민 문제 개혁을 통해 백인 유권자의 불만과 불안을 해소하여 이들의 지지를 확보하는 것이 예비선거는 물론 본선거에서 자신의 당선 여부를 결정할 핵심적 과제임을 재확인하는 것이었다. 피닉스를 방문한 자리에서 트럼프는 2008년 멕시코 태생 불법 이민자로 구성된 갱단 멤버가 살해한 고등학생 아들을 둔 쇼(Jamiel Shaw Sr.)를 소개하면서 국경 안보의 필요성을 강조했다. 이 자리에서 쇼는 불법 이민자로 인한 범죄 해결을 위해 국경 안보에 강경한 입장을 고수한 트럼프를 지지한다고 밝히기도 했다(Lee and Claire 2015).[22] 트럼프는 피닉스 방문 연설을 통해 이민 문제를 다시 언급하면서 "그들은 우리의 일자리를 빼앗고 있습니다. 그들은 우리의 제조업을 빼앗고 있습니다. 그들은 우리의 돈을 빼앗고

---

21 트럼프가 누린 이러한 길항적 효과는 그가 2015년 6월 16일 출마선언을 하기 전에는 보이지 않았던 현상이었다. 트럼프가 출마선언을 하기 직전인 6월 13일에서 15일에 걸쳐 실시된 YouGov/Economist 여론조사에 따르면 당시 공화당 등록 유권자 가운데 트럼프의 지지율은 2%에 불과했다. 그러나 그가 출마선언을 하고 일주일 후에 실시된 동일 기관의 여론조사에 의하면 트럼프의 지지율은 11%로 껑충 뛰어올랐다(Sides et al. 2018: 51). 이후 트럼프에 대한 보도가 증가할수록 그에 대한 지지도는 높아졌고, 이러한 지지도는 또한 그에 대한 언론보도 빈도를 높이는 효과를 가져왔다. 이는 트럼프의 출마선언 이후 언론보도가 적어도 공화당 지지자들 사이에서는 그에 대한 지지 여부를 결정하는 데 매우 중요한 시그널로 작용했음을 의미한다(Sides et al. 2018: 52). 실제로 사이즈 등의 연구에 따르면 트럼프는 다른 어떠한 공화당 대통령 후보들보다도 언론매체가 더 많이 보도한 후보로 꼽힌다. 2015년 5월 1일부터 2016년 4월 30일까지 케이블 방송 등에서 이름이 언급된 전체 비율 가운데 트럼프가 52%를 차지했으며, 같은 기간 주요 방송매체, 케이블 네트워크뉴스, 라디오, 웹사이트에서는 25%로 가장 많은 비중을 차지했다.

22 한편 피닉스 유세 하루 전인 7월 10일에 트럼프는 로스앤젤레스에서 쇼를 포함하여 불법 이민자들에 의해 희생된 사람의 가족들을 만나 이들을 위로하고 불법 이민자 문제에 대해 강력하게 대처하겠다는 취지로 기자회견을 개최하기도 했다.

있습니다. 그들은 우리의 모든 것을 빼앗고 있습니다. 그들은 국경에서 우리를 죽이고 있습니다."라는 매우 자극적인 표현을 구사하여 백인의 박탈감과 위기의식을 자신에 대한 지지로 전환하기 위해 노력했다. 이와 동시에 그는 멕시코 정부를 비판하는 것을 물론, 민주당과 주류 언론매체, 그리고 이민 문제에 미온적인 공화당 대통령 후보들도 함께 싸잡아서 비난했다(Lee 2015).

지금까지 살펴본 것처럼 트럼프는 이민 문제라는 기폭장치를 십분 활용하여 백인들의 불안감과 불만이 분출할 수 있는 포문을 열어 주면서 자신의 공격적 선거운동을 전개해 나갔다. 트럼프는 보수적 백인 유권자들이 가장 불만스럽게 생각했던 오바마 행정부 이민 정책의 부정적 측면을 전면에 노출시켜 집요하게 비판함으로써, 이민 문제에 대한 언급을 꺼리던 다른 공화당 대선 후보들과의 차별화 전략을 펼쳐 나갔고 이를 통해 매우 빠른 속도로 보수적 지지층과 유대관계를 구축해 나갈 수 있었다. 한마디로, 트럼프는 선동적인 언어로 이민 문제를 계속 제기하고 나름의 해법을 제시함으로써 반이민 정서를 중심으로 공화당 지지자들을 결집하고, 이를 통해 소외된 백인 노동자들에게 '리얼 아메리칸'으로서의 위상을 회복해 줄 수 있다는 메시지를 꾸준히 전달하는 프레임 연계전략을 활용했다.[23]

---

23 트럼프의 피닉스 집회를 참관한 보워터(Robert Bowater)라는 이름의 한 백인 남성은 미국의 어떤 대통령도 불법 이민자를 추방할 수 있으리라 기대하지 않았지만, 불법 이민 문제와 성도(聖都: sanctuary city: 불법 이민자 추방 등을 포함한 연방정부의 강경한 이민정책에 상관없이 특정 도시들이 불법 이민자들에게 복지 혜택이나 교육 서비스를 제공하는 등 이들에게 비교적 관용적인 정책을 취하는 경우가 있는데, 이러한 정책을 실시하는 도시를 성도라고 부름) 문제가 더욱 관심을 받아야 한다고 믿기 때문에 불법 이민 문제를 직설적으로 다루는 트럼프를 직접 보기 위해 집회에 참석했다고 말했다. 그는 기자와의 인터뷰에서 미국 내에서 범죄를 저지르는 사람들을 처벌하기 위해 무언가 더 많은 조치가 필요하며 "이러한 범죄자들의 대량 추방을 보고 싶다."라고 토로하기도 했다. 그만큼 트럼프의 국경보호와 불법 이민자에 대한 강경 발언은 비록 인종주의적 색채가 강했지만

2) 국내외 테러 발생과 반무슬림 발언을 통한 지지자 결집

트럼프가 대통령 선거 출마를 선언하고 이민 문제를 중심으로 보수세력을 결집해 나가던 2015년은 중동지역에서 시리아 내전이 치열하게 전개되고, 다른 한편으로 테러집단으로 규정된 이슬람국가(ISIS: Islamic State of Iraq and Syria)가 시리아 정부에 맞서 무력투쟁을 전개하면서 시리아 및 이라크에서 세력을 확대해 나가던 시기였다. 알아사드(Bashar al-Assad) 정권의 폭압에 맞서 2011년에 시작된 시리아 내전은 정부군과 시리아 반군 간 끝없는 전쟁으로 국토를 피폐하게 만들었는데, 미국 등 북대서양조약기구(NATO: North Atlantic Treaty Organization) 국가들은 시리아 반군을 지원하고 러시아는 알아사드 정권을 지원하여 내전은 미국과 러시아의 대리전 양상을 보이기도 했다. 내전의 와중에 이슬람국가는 시리아와 이라크에서 준동하면서 세력을 확대했는데, 미국은 2014년부터 이슬람국가의 영향력 확대를 억제하기 위해 이슬람국가에 저항하는 세력에 무기를 지원하고 있었다. 그런데 시리아 내전이 장기화되자 대량 난민과 이슬람국가에 의한 유럽 내 테러 사건 등 심각한 문제가 연이어 발생했다.

2015년부터 2016년에 걸친 미국 대통령 선거운동 기간 동안 진행된 시리아 난민의 유럽 및 미국 수용 과정과 이슬람국가에 의한 테러 위협은 국경안보를 강조하던 트럼프에게 자신이 내세운 반이민 정책의 필요성을 홍보하는 동시에 지지층을 결집할 수 있는 일석이조의 호재였다. 트럼프는 시리아 난민을 테러 세력과 사실상 동일시하면서 무슬림의 입국을 금지하겠다고 공약하는 등 반이민적이고 인종주의적인 메시지를 거침없이 발신했다. 반무슬림 메시지는 멕시코 이민자에 대한 혐오성 메

보수적 백인 지지층 사이에서 그에 대한 인지도와 지지도를 높이는 효과를 가져왔다(Lee and Claire 2015).

시지와 마찬가지로 민주당은 물론 미국 주류 언론의 격렬한 비판을 받았지만, 국내외 테러로 인해 안전과 치안에 불안감을 느끼던 보수적 백인 유권자들 사이에서는 트럼프의 지지도 우위를 견고하게 하는 효과를 발휘했다.

개방적 이민 정책을 표방해 온 오바마 행정부는 적은 숫자이기는 하지만 2011년 이래 시리아 난민을 수용하기로 결정하고 꾸준히 이들을 받아들이고 있었다.[24] 그런데 국경안보와 이민 문제를 중심으로 백인 보수층을 흡수하고자 한 트럼프는 시리아 난민 문제를 미국 내 테러 등 안보 문제와 결부시키면서 시리아 난민의 입국에 대해 매우 부정적인 입장을 드러냈다. 이러한 트럼프의 태도는 그 후 2015년 11월 이슬람국가 소속 집단의 파리 동시다발 테러 사건 이후 무슬림 입국 제한이라는 더욱 극단적 공약의 발표로까지 이어졌다.

오바마 행정부의 조치에 따라 시리아 난민이 미국에 들어오기 시작하자 트럼프는 2015년 9월 30일 뉴햄프셔주 킨 고등학교(Keene High School)에서 "나는 (우리 정부가 – 인용자) 20만 명의 시리아인을 수용할 것이라고 들었습니다. 들어 보세요, 그들은 이슬람국가 소속일 수도 있습니다."라고 근거 없는 주장을 펼쳤다. 더 나아가 트럼프는 자신이 2016년 대통령 선거에서 승리하면 이들을 본국으로 돌려보낼 것이라고 말하기도 했다(BBC News 2015). 그런데 트럼프가 언급한 시리아 난민 수용 숫자는 오바마 행정부가 받아들인다고 밝힌 숫자보다 훨씬 더 많았다는 점에서 일종의 가짜 뉴스였다.[25] 그리고 그가 시리아 난민을 이슬람국가나 테

---

24 미국은 전 세계적으로 시리아 난민 위기가 진행되던 가운데 2014년 1월부터 2016년 10월까지 실제로 1만 5,583명의 시리아 난민을 받아들였다(Kallick et al. 2016).

25 시리아 내전이 격화되면서 미국이 시리아 난민을 확대 수용하기로 한 것은 사실이지만, 트럼프가 주장한 대로 20만 명까지 확대하려는 계획은 없었다. 클린턴을 포함한 민주당 정치인들이 시리아 난민의 입국 허용 숫자를 1만 명에서 6만 5,000명 정도까지 증가해야 한다고 주장한 것은 사실이며, 당시 국무부 장관인 케리(John Kerry)가 세계 각지로부터

러 세력과 연결한 것도 백인 보수층의 불안을 부채질하려는 과장된 견해일 뿐이었다. 그런데도 트럼프가 시리아 난민이 미국에 들어올 때 발생할 수 있는 사고나 범죄의 가능성을 과장하고, 이들 가운데 일부 테러분자가 있을 것이라는 근거 없는 우려를 제기한 것은 오바마 행정부를 비판하면서 보수세력을 자기에게 결집시키기 위해 위기의식과 불안감을 고조시키려는 전략에 다름 아니었다.

한편 트럼프의 반무슬림 발언에 힘을 실어 준 사건이 있었는데, 이는 2015년 11월 13일 프랑스 파리 시내에서 동시다발적으로 발생한 이슬람국가 소속 테러분자들의 공격이었다. 이날 이슬람국가 소속 테러분자들에 의해 파리 일대에서 자살폭탄 테러를 포함한 일련의 사건이 발생했다.[26] 제2차 세계대전 이후 프랑스에서 최대 규모인 130명 내외의 사망자와 410명 이상의 부상자가 발생한 이 테러 사건은 이라크와 시리아에서 프랑스가 이슬람국가를 상대로 공중폭격을 실시한 것에 대한 보복이었는데, 이 사건은 프랑스와 유럽은 물론 전 세계적으로 이슬람 테러에 대한 경각심을 불러일으켰다.

트럼프는 파리 테러 사건을 남미 이민자뿐만 아니라 중동 무슬림 이민자에 대해 강경한 입국 절차를 마련하겠다는 공약의 빌미로 삼고자 했다. 트럼프는 2015년 11월 13일 트위터 메시지를 통해 "나는 끔찍한 파리 공격의 희생자들과 인질들을 위해 기도한다."라고 말하는가 하면, "왜 우리 대통령 오바마는 이슬람 테러(Islamic Terrorism)라는 말을 사용하지

의 난민 입국 수용 한도를 2016년에는 7만 명에서 8만 5,000명, 2017년에는 10만 명까지 올리겠다고 발표한 적은 있었다(BBC News 2015). 따라서 오바마 행정부가 시리아 난민을 20만 명까지 수용하려 한다는 트럼프의 주장은 근거가 없는 것이었다.

26 당일 저녁 9시 15분경 국가 대항 축구 경기가 벌어지던 생드니스의 스타드 드 프랑스(Stade de France) 경기장에서 가장 먼저 자살 폭탄테러 사건이 발생했고, 이후 파리 시내의 카페, 레스토랑과 이글스 오브 데스 메탈(Eagles Of Death Metal)이라는 미국 록밴드가 공연하고 있던 바타클랑(Bataclan) 극장에서 총격과 인질극이 벌어졌다.

않으려 하는가? 이 모든 시간이 지나고 많은 사망자가 나온 지금은 그렇게 말해야 할 때가 아닌가?"라고 비난하면서 오바마 행정부에 이슬람 테러에 대한 분명한 입장표명을 요구하기도 했다. 이와 함께 그는 보수층 결집을 염두에 두고 향후 무슬림 이민자에 대해 더욱 강경한 조치를 시행할 것임을 시사했다.[27]

이러한 태도 표명의 연장선상에서 트럼프는 같은 해 11월 19일 미국 내에 입국하는 무슬림이 일정한 행정절차에 따라 등록 과정을 거쳐야 한다고 발언함으로써 다시 한번 반이민적 입장을 천명했다. 11월 19일에 트럼프와 인터뷰를 진행한 야후(Yahoo)의 보도에 따르면, 트럼프는 미국에 입국하는 무슬림을 대상으로 그들의 종교를 명기한 특별한 형태의 신분증을 발급하거나, 이들을 대상으로 하는 데이터베이스 구축도 배제하지 않는다는 입장을 드러냈다. 그는 심지어 무슬림에 대한 영장 없는 수사와 모스크 사원에 대한 감시도 필요하다면서 "정보와 적에 대해 학습하는 과정에서 예전에는 우리 나라에서 생각할 수 없었던 것들이 실행될 것"이라고 주장하기도 했다. 이러한 발표는 파리 테러 사건 이후 무슬림 거주자 및 입국자 사이에 테러분자가 있으면 미국 시민의 안전이 크게 위협받을 수 있다는 막연한 국민의 불안감을 이용해 자신의 강력한 반이민적 입장을 선명하게 내세워 공화당 경선에서 우위를 확보하려는 노력의 하나였다(Yuhas 2015).

시리아 난민 사태와 파리 테러 사건을 계기로 시리아 난민의 유입과 무슬림 입국에 대한 제한 등 인종주의적 반이민 노선을 강화한 트럼프의 입장은 2015년 12월 2일 캘리포니아주 샌버너디노에서 발생한 국내 테러로 인해 더욱 강한 추진력을 얻었다. 공화당 예비선거 주자 가운데 선두로 올라서기 시작한 트럼프는 계속해서 이민 문제를 집중적으로 공략

---

27 각각 2015년 11월 13일 23:52:06와 3:30:52에 발신된 트럼프의 트위터 메시지.

하면서 지지자들을 규합해 왔는데, 예비선거 시작을 두 달 정도 앞둔 시기에 국내 이슬람교도에 의해 벌어진 테러는 트럼프의 입장을 강화하는 호재가 되었다.

샌버너디노 총격 사건은 미국 출생 파키스탄계 미국인 파룩(Syed Rizwan Farook)과 파키스탄 출생 미국 영주권자 말릭(Tashfeen Malik) 부부가 샌버너디노에 소재한 인랜드 지역센터(Inland Regional Center)에 침입하여 저지른 범행이었다. 이들 부부는 샌버너디노 카운티 공중보건부 직원들의 훈련 이벤트와 크리스마스 파티를 노리고 있었는데, 이들의 총격으로 14명이 사망하고 22명이 부상당하는 사태가 발생했다. 이들 부부는 자생적 극단주의자로 이슬람국가를 지지하기는 했으나 외부 테러 조직과는 관련이 없었고, 인터넷 등을 통해 급진 이슬람주의의 영향을 받은 것으로 보도되었다(Karimi et al. 2015).

샌버너디노 사건은 시리아 난민 수용에 반대하고 무슬림의 입국 제한을 추진하겠다는 트럼프의 기존 입장을 강화하는 새로운 계기를 제공한 셈이 되었다. 이 사건이 벌어진 당일 트럼프는 "캘리포니아 총격 사건은 매우 나쁜 것이다. 치안유지팀에 행운과 하나님의 축복이 있기를…" 그리고 "#트럼프팀. 경찰과 치안유지팀은 캘리포니아 총기 공격자 가운데 한 사람을 살해한 것으로 보이며 다른 사람들과 총격전 중인 것으로 보인다. 경찰 파이팅(Go police)." 등의 트위터 메시지를 발신하며 사건 수습에 나선 경찰에 응원의 메시지를 보내기도 했다.[28]

샌버너디노 사건이 발생한 지 5일 후인 12월 7일, 트럼프는 자신의 대통령 선거운동팀을 통해서 무슬림에 대한 미국 국경의 '전적이고 완전한 폐쇄(total and complete shutdown)'가 필요하다는 취지의 성명서를 발표했다. 이 성명서는 세계 각지의 무슬림 사이에서 미국에 대한 증오가 커

28 각각 2015년 12월 2일 20:38:08의 트위터와 23:53:00의 트위터.

져 가고 있다고 설명하면서 "이 문제와 이것이 제기하는 위험스러운 위협을 결정하고 이해할 수 있을 때까지, 지하드만을 신봉하고 인간의 생명에 대해서는 이성이나 존경의 감정이 없는 사람들에 의해 우리 나라가 가공할 공격의 희생물이 될 수는 없다."라는 매우 단호한 의지를 담고 있었다(Pilkington 2015).

멕시코 이민자들에게 거친 비난을 퍼부으면서 대통령 출마를 선언하고, 이어서 시리아 내전의 확대에 따른 시리아 난민의 미국 유입과 이슬람국가의 테러 준동, 그리고 파리 테러 및 샌버너디노 테러를 겪으면서 중동 무슬림의 입국을 전면적으로 금지하겠다는 트럼프의 입장은 공화당 대통령 후보 선발을 위한 예비선거가 다가올수록 강화되었으며, 이와 함께 공화당 지지자들 내부에서 그의 인지도와 지지세는 점점 더 견고해졌다. 그 결과 2016년 2월 공화당 예비선거가 시작될 즈음에는 실제로 두세 명의 후보만이 트럼프에 필적할 수 있는 후보로 거론되었다. 이들도 3월의 제1차와 제2차 슈퍼화요일 예비선거를 거치면서 사실상 경쟁의 주도권을 트럼프에게 내줄 수밖에 없는 상황에 직면하게 되었다.

남미로부터의 이민 제한과 무슬림 입국 금지 등 백인 민족주의적 색채가 농후한 메시지를 발신하면서 등장한 트럼프는 주류 언론의 비난에도 불구하고 공화당의 보수적 유권자를 향해 지지세를 계속 확장해 나갔다. 특히 온라인상에서 활동하는 백인 민족주의자, 인종주의자, 음모론자 등 우익 극단주의자들은 이민 문제와 관련해서 자신의 입장을 대변해 줄 수 있는 적임자를 찾았다는 사실에 크게 환호했다. 이러한 모습은 "사람들이 진실을 부끄러워하지 않는 도널드 트럼프와 같은 사람을 통해 지금 힘을 얻고 있다."라고 말한 극우주의자 테일러의 발언에서도 확인될 수 있었다(Neiwert 2017: 281).

3) 공화당 예비선거와 트럼프의 대통령 후보 지명 획득

트럼프가 주도한 위대한 미국 운동은 무엇보다 그의 대통령 선거전을 중심으로 전개되었다. 오바마 행정부의 정책에 대한 불특정 백인 보수주의 유권자들의 저항운동이었던 위대한 미국 운동은 트럼프의 대통령 선거 출마, 그의 공화당 예비선거 참여, 그리고 클린턴을 상대로 한 대통령 선거전의 승리라는 일련의 흐름을 타고 전개되었다. 따라서 국경 보호와 반이민주의, 그리고 인종주의적 백인 민족주의를 특징으로 하는 위대한 미국 운동은 무엇보다 공화당 예비선거에서 트럼프의 선전(善戰)과 최종 후보 지명을 제외하고는 논의할 수 없다.

공화당 예비선거는 2016년 총 17명의 대통령 후보가 경합하여 치열한 경쟁 양상을 보여 주었다. 이렇게 많은 후보가 등장한 경우는 민주당과 공화당을 통틀어서 전례가 없었지만, 문제는 많은 후보의 출마로 인해 2015년도 초반만 해도 뚜렷한 선두주자가 부상하지 않았다는 점이었다. 2012년 대통령 선거 당시 롬니 후보가 오바마 대통령에게 패배한 후 공화당 내에는 딱히 눈에 띄는 차기 대통령 주자가 보이지 않았다. 그래서 2016년 대통령 선거가 임박했음에도 공화당의 주류 여론 주도층 사이에서 특정 후보에게 힘을 실어 주는 지지 선언 등 구체적인 움직임이 드러나지 않았다.[29] 비록 트럼프가 각종 여론조사에서 우위를 유지하기는 했지만, 2016년 2월 공화당 예비선거가 시작될 때까지만 해도 누가 공화당 후보로 최종 등극할지 예측하기 힘들었다.[30] 따라서 아이오와 코커스

---

29 다만 공화당 내에서 감지되던 중요한 분위기 가운데 하나는 2012년 롬니 후보의 패배를 거울 삼아 공화당이 미국 내 소수인종, 특히 히스패닉 유권자를 포용하는 방식으로 적극적인 중도 확장 정책을 구사하자는 것이었다. 따라서 배우자가 히스패닉인 젭 부시 후보나 쿠바 이민 부부의 아들인 루비오(Marco Rubio) 등이 대통령 선거 본선에서 경쟁력을 발휘할 수 있는 후보로 예상되기도 했다.

30 이와 대조적으로 민주당의 경우 클린턴이 유력한 후보로 부상한 가운데 민주당 진보파를 대변하는 샌더스 후보가 상당한 강세를 보이면서 어느 정도 양강구도를 형성하고 있었다.

이전에 이미 유력 대선 후보가 정당 내 주류 정치인들의 지지를 확보하면서 월등한 선거자금을 비축하여 유리한 고지를 점령해 가는 과정, 즉 '보이지 않는 예비선거(invisible primary)'라고 불릴 만한 현상이 공화당 내에서는 좀처럼 발견되지 않았다.[31]

이러한 상황에서 출마선언부터 기성 공화당 정치인들이 언급하기 꺼려하는 이민 문제를 들고 나와 미국의 국경을 수호하고 백인의 이익을 지키겠노라고 선언한 트럼프 후보의 지지율이 빠르게 올라가는 가운데 예비선거의 뚜껑이 열리자, 지역별 경선을 거칠 때마다 그의 예비선거 경쟁력이 입증되기 시작했다. 트럼프는 멕시코 이민을 미국 내 범죄 증가 등 치안 문제와 결부시키고 시리아 난민을 포함한 중동 이민자들을 테러 세력과 사실상 동일시하면서, 미국의 정체성 상실과 국제적 위상의 추락을 우려하는 보수적 백인 유권자들의 표심에 호소하여 이들의 지지를 빠르게 확보해 나갈 수 있었다. 그 결과 비록 2016년 2월 1일 아이오와 코커스에서는 크루즈에게 1위 자리를 양보했으나, 2월 9일 뉴햄프셔 예비선거와 이어서 치러진 사우스캐롤라이나 예비선거에서 승리하면서 당내 경쟁에서 선두로 부상했다.

31 공화당에서는 후보가 17명씩이나 등장하면서 예비선거에서 혼전이 예상된 데에는 2012년 롬니의 대선 실패 이후 당내에 매우 다양한 분파들이 포진해 이들을 통합할 뾰족한 방법이 없기 때문이기도 했다. 공화당 내에는 주류 시장중심주의를 표방하는 친기업 세력, 사회적 보수주의 세력, 기독교 우파의 지지를 받는 복음주의 세력, 그리고 2009년에 등장한 티파티 운동 세력 등이 존재했는데, 이러한 세력을 대표하는 다수의 후보가 등장하면서 어떤 특정 후보가 우위를 점할 수 없는 구도가 만들어져 있었다. 젭 부시 혹은 루비오 같은 온건 주류 후보나 티파티 운동의 지원을 받았던 사회적 보수주의자 크루즈(Ted Cruz), 그리고 오하이오 주지사로 백인 노동자들의 지지를 받아 온 케이식(John Kasich)과 같은 인물들이 비교적 경쟁력 있는 후보로 여겨지고 있었다. 여기에 트럼프나 피오리나(Carly Fiorina), 카슨(Ben Carson)처럼 공직선거에 출마한 경험 없이 기업계 혹은 부동산 업계에서 활동한 인물들이 포함되면서, 공화당 예비선거는 2월 아이오와 코커스나 뉴햄프셔 예비선거가 실시되기 전까지는 누가 유력 후보가 될지 구체적으로 예상하기 힘든 상황이었다.

그 후 3월 1일 실시된 제1차 슈퍼 화요일 예비선거에서 11개 주 가운데 7개 주에서 승리하고, 3월 15일 실시된 제2차 슈퍼 화요일에는 5개 주 가운데 4개 주에서 승리하면서 트럼프는 공화당 예비선거 선두주자로서 입지를 견고히 다지는 데 성공했다. 이어서 3월 16일 이후 5월 3일에 이르는 기간 동안 크루즈와 케이식 후보를 제외한 나머지 공화당 후보들이 모두 사퇴했다. 4월에 접어들면서 트럼프가 뉴욕주와 동북부 5개 주에서 압승하고 5월 3일 인디애나주 예비선거에서도 승리하자, 크루즈 지지자들이 희망하던 경합 전당대회(contested convention)의 가능성마저 사실상 사라지게 되었다.[32] 마침내 5월 26일 트럼프가 최종적으로 2,472명 대의원 가운데 과반수인 1,237명 이상의 대의원을 확보함으로써 공화당 예비선거는 사실상 트럼프를 대통령 후보로 추대하는 전당대회만을 남겨놓게 되었다.

이렇게 되자 백인 민족주의자, 백인 우월주의자 등 오바마 행정부 및 기존의 기득권 공화당 정치인들을 비판하던 각종 극단적인 우익 민중주의 집단과 그 지도자들은 트럼프 후보를 중심으로 결집하면서 전의를 다지게 되었다. 예컨대 네오나치즘 웹사이트인 데일리 스토머(Daily Stormer)의 앵글린(Andrew Anglin)은 "미국과 전 세계에 걸쳐 백인들이 우리 인종의 사악한 적대자들에 대항하여 트럼프가 승리한 이후 마치 (새천년을 앞둔 – 인용자) 1999년처럼 파티를 펼치고 있다."라고 환호했는가 하면, 브이데어의 커크패트릭(James Krikpatrick)은 "공화당 핵심 지지자들이 흥분했다. 그리고 이들은 기득권 우파(Beltway Right)를 바꾸어 버리려고 선택했다. 이들은 과거와 똑같은 바보스러운 슬로건을 원하지 않는다.

32 경합 전당대회란 전당대회 개최 시기까지 어느 한 후보가 대의원 과반수의 지지를 얻지 못해 전당대회 현장에서 참가한 대의원들의 투표를 통해 대통령 후보를 최종적으로 지명하는 전당대회를 말한다.

이들은 실제로 그들을 위해 싸워 줄 민족주의 운동을 원한다."(Neiwert 2017: 284, 286)라며 열광했다.

트럼프를 공화당의 공식 대통령 후보로 지명하기 위한 공화당 전당대회는 7월 18일에서 21일에 걸쳐 오하이오주의 클리블랜드에서 개최되었다. 트럼프는 7월 19일 공식적으로 공화당 후보로 지명되었는데, 그는 후보 수락 연설을 통해 이민 문제에 강경한 태도를 보이고 자유무역을 비판하면서 미국 우선주의를 채택하려는 의지를 반복적으로 피력했다. 트럼프는 먼저 "우리 나라가 위기의 순간에 처한 가운데 우리 전당대회가 열리고 있습니다. 우리 경찰에 대한 공격, 우리 도시에서의 테러리즘이 우리의 생활방식을 위협하고 있습니다. 이러한 위험을 파악하지 않고 있는 정치인은 나라를 이끌 자격이 없습니다."라고 힘주어 말하면서 미국 내에 고조되고 있는 위험을 강조하여 지지자들이 느끼는 위기감을 재차 부각시켰다.[33]

이어서 트럼프는 자신이 미국 안보의 수호자, 민중의 이익을 위한 대변자가 될 것임을 약속하면서 자유무역주의에 대한 비판도 이어 나갔다. 트럼프는 자신과 달리 경쟁자인 클린턴은 미국 민중의 이익을 대변하기보다 미국 외부 세력의 이익을 대변한다고 비판하면서 "내 계획과 우리 반대자(클린턴 – 인용자)의 계획에서 가장 중요한 차이점은 우리 계획은 미국을 가장 우선시한다는 것입니다. 글로벌리즘이 아니라 아메리카니즘이 우리의 신조입니다. 미국을 최우선으로 여기지 않는 정치인이 인도하는 한, 다른 나라들은 우리가 당연히 받아야 하는 존경심을 가지고 우리를 대하지 않을 것입니다. 미국 민중이 다시 한번 가장 우선시되어야

33 "Address Accepting the Presidential Nomination at the Republican National Convention in Cleveland, Ohio." https://www.presidency.ucsb.edu/documents/address-accepting-the-presidential-nomination-the-republican-national-convention-cleveland

합니다."라며 자신과 민주당의 클린턴을 차별화했다.

이와 함께 트럼프는 자신이 대적해야 하는 클린턴에 대해 본격적으로 공세를 펼치기 시작했는데, 이러한 공격의 핵심은 그녀를 특별이익에 매수된 부패한 기득권 워싱턴 정치인으로 몰아붙이고, 자신만이 부패한 정치인과 워싱턴 정가에 대항하여 민중의 이익을 대변할 수 있는 인물임을 각인시키는 것이었다. 트럼프는 기득권 엘리트와 민중, 워싱턴 정가와 생산직 노동자, 특별이익과 다수 민중의 이익을 대조시키면서 클린턴을 전자의 상징으로 삼아 맹렬하게 공격했다.

또한 트럼프는 클린턴과 달리 자신은 '잊혀진 사람'들과 해고된 공장 노동자들의 이익을 대변하는 사람으로, 그들의 목소리가 될 것임을 약속하기도 했다. "나는 강한 사람들이 자신을 방어할 수 없는 민중을 함부로 대할 수 없게 하려고 정치권에 들어왔습니다. 나보다 이 시스템을 더 잘 알고 있는 사람은 없고 나 혼자만이 이것을 고칠 수 있습니다."라며 트럼프는 자신만이 민중의 이익을 위해 기성 워싱턴 정치인에 대적할 능력을 지닌 지도자임을 강조했다.

백인 보수주의자들과 함께 극단 우익 성향 뉴스의 확산과 지지자 확보를 위해 여론을 주도하는 극우 민족주의 세력들은 트럼프라는 아웃사이더 공화당 후보를 통해 예비선거 과정의 분열과 반목을 극복하고 단합하기 시작했다. 트럼프의 비윤리적인 사생활과 성추문 등으로 인해 크루즈를 지지하던 사회적 보수주의자들과 복음주의 성향의 기독교도 역시 그의 후보 지명을 계기로 미국의 기독교적 정체성를 수호하겠다고 약속한 트럼프를 지지하는 방향으로 서서히 돌아섰다. 그리고 이들의 이러한 꿈이 최종적으로 실현되는 경로에는 클린턴과의 일전이라는 커다란 도전이 여전히 남아 있었다.

4) 클린턴과의 본선 경쟁과 승리

2016년 7월 18일에서 21일까지 오하이오주 클리블랜드에서 실시된 공화당 전당대회와 7월 25일에서 28일에 걸쳐 펜실베이니아주 필라델피아에서 실시된 민주당 전당대회에서 트럼프와 클린턴이 각각 대통령 후보로 지명된 이후, 양대 후보 간에 대통령 선거전이 치열하게 전개되기 시작했다. 흥미로운 것은 선거전이 비호감 후보 간의 대결이라는 곱지 않은 시선 속에서 진행되었다는 점, 그리고 대통령 선거에서 늘 주요 이슈로 등장했던 경제 문제 대신 인종, 성별, 종교, 이민 문제 등을 둘러싼 정체성 문제가 핵심 이슈로 부상했다는 점이다(Sides et al. 2018: 131-132).

오바마 행정부하의 국무부 장관과 뉴욕 상원의원을 역임한 민주당의 클린턴이나 위대한 미국 운동을 주창하면서 대통령 선거전에 뛰어든 트럼프는 모두 반대편 지지자로부터 맹렬한 비난을 받는 후보였을 뿐만 아니라, 전체 유권자를 대상으로 한 조사에서도 비호감도(unfavorability)가 매우 높은 것으로 평가되었다.[34] 클린턴의 경우 정치적 지위를 이용해 사적 이익을 챙긴 부패하고 정직하지 못한 기득권 정치인의 이미지가 유권자들 사이에 강하게 각인되어 있었다. 클린턴 재단(Clinton Foundation)을 통해 외국 정부로부터 재정지원을 받은 것이 선거운동 기간 중에 문제가 되기도 했고, 국무부 장관 재직 시절 사적 이메일 서버를 사용하여 사람들과 연락을 주고받음으로써 연방법을 저촉했다는 의혹도 제기되었다.[35] 러시아 해커들에 의해 민주당 전국 위원회(Democratic National

34 대통령 선거 투표일 직전인 2016년 11월 2일에서 5일까지 조사를 바탕으로 갤럽이 발표한 양대 후보의 비호감도 결과에 따르면, 트럼프는 61%, 클린턴은 52%로 나타났다. 이러한 양대 후보의 비호감도 수준은 갤럽이 비슷한 시기에 실시한 역대 대통령 후보의 비호감도 조사결과 중 최고 수치여서 주목할 만하다. 그런데 흥미로운 사실은 클린턴이 국무부 장관 시절 사적 이메일 서버를 사용한 사실이 불거지면서 그녀에 대한 비호감도가 2016년 8월 이후 빠르게 상승하여, 역시 비호감 이미지를 달고 다니던 트럼프와 사실상 거의 같은 수준이 되었다는 점이다(Holyk and Langer 2016).

Committee)의 이메일이 유출되어 후일 위키리크스(Wikileaks)가 이를 폭로했을 때, 강력한 예비선거 라이벌이었던 샌더스(Bernie Sanders) 후보를 폄하하는 클린턴 지지 성향 민주당 지도부의 이메일이 공개되면서 클린턴에 대한 신뢰도는 더욱 추락했다.[36]

트럼프 역시 출마선언 직후부터 유권자 사이에 전반적으로 비호감도가 매우 높은 후보라는 부정적 이미지를 선거 막판까지 불식하지 못했다. 이는 민주당 지지자들뿐만 아니라 예비선거에서 다른 공화당 후보를 지지했던 유권자들 사이에서도 정도의 차이는 있을지언정 유사한 경향을 보였다. 자극적이고 거칠며 사실에 근거하지 않은 발언과 주장, 납세 결과를 공개하라는 여론의 요구를 마냥 무시하는 대통령 후보답지 못한 행태, 남미 이민자 및 무슬림에 대한 인종차별적 발언, 폭스뉴스 앵커 켈리(Megyn Kelly)에 대한 비하 발언 등 선거운동 내내 지속된 여성 비하, 그리고 잊을 만하면 터져 나온 성추문 등으로 인해 공화당 지지층 내부에서조차 트럼프에 대한 반감이 컸다. 그 결과 클리블랜드 공화당 전당대회 직전까지도 트럼프의 최종적 후보 지명에 대해 회의감을 표시하는 공화당 지도자들과 유권자들이 상당히 많았다.[37] 특히 그의 도덕성 문제에 대해 매우 큰 거부감을 지니고 있던 복음주의 성향의 유권자들이 여성 스캔들을 포함한 비리로 얼룩진 트럼프를 지지한다는 것은 결코 쉬운 일이 아니었다. 이렇듯 양대 후보의 대결은 서로 반대편의 도덕적 결함을 들춰내는 상호 비방전으로 전락했다.

---

35 그뿐만 아니라 사적 이메일 서버에서 약 3만 3,000개의 이메일을 삭제했다는 의심도 받고 있었다.

36 전당대회가 임박한 시점에 이메일이 공개되자 민주당 전국위원회 위원장인 슐츠(Deborah Wasserman Schultz)는 그 자리를 사임한다고 발표하기도 했다.

37 실제로 트럼프와 경합하다가 끝내 예비선거 운동을 중단한 크루즈는 전당대회에서조차 그를 공식적으로 지지하는 발언을 끝내 거부한 채 지지자들에게 양심에 따라 투표하라고 말한 바 있다(Schleifer and Collinson 2016).

이와 함께 2016년 대통령 선거는 역대 선거와 달리 경제 문제가 크게 부각되지 않은 채 남미 이민 문제, 무슬림 입국 금지 문제 등 미국의 정체성과 관련된 문제를 중심으로 진행되는 경향을 보였다. 2016년 대통령 선거는 미국이 백인과 유럽 기독교 문명에 근거한 나라임을 강조하고 '우리' 백인 국민집단과 '그들' 남미 이민자 및 무슬림을 구별하면서 백인 민족주의 성향을 드러낸 트럼프와, 인종, 종족, 성, 종교와 상관없이 통합적이고 다원주의적인 미국이 진정한 미국의 모습이라고 강조한 클린턴 간에 미국의 정체성을 둘러싼 논쟁으로 점철되었다. 당선되면 무슬림의 입국 금지를 단행하고 불법 이민자를 강제로 송환하겠다는 트럼프와, 이와 반대로 당선 후 불법 이민자가 시민권자가 될 수 있는 길을 마련해 보겠다는 클린턴 간의 대결은 미국의 미래 정체성을 둘러싼 두 개의 상충하는 거대한 비전이 맞부딪친 갈등이었다.

이러한 분위기에서 진행된 선거전은 트럼프의 반무슬림, 반이민적 입장이 공화당 예비선거에 이어 다시 활용된 무대였다. 먼저 7월 28일 필라델피아의 민주당 전당대회에서는 차량 폭발사고로 사망한 27세의 이라크전 참전용사 칸(Humayun Khan) 대위의 부모인 키지르 칸과 가잘라 칸(Khizr and Ghazala Khan) 부부가 등단하여 트럼프의 반이민 정책을 비판했다. 전당대회 단상에서 아버지 키지르 칸이 트럼프의 무슬림 입국 금지를 강하게 비판했는데, 트럼프는 연설 이후에 진행된 ABC 뉴스와의 인터뷰에서 남편이 이야기하는 동안 한 마디 말도 하지 않은 가잘라 칸을 비난했다(Haberman and Oppel Jr. 2016). 트럼프가 아무런 희생도 하지 않았다는 키지르 칸의 비난에 대해 그는 '수천 명의 사람을 고용'함으로써 희생한 바 있다고 반박했으며, 가잘라 칸이 한 마디 말도 하지 않은 것은 이슬람법에 따른 것이라면서 이슬람의 여성차별적 태도를 비판했다(Turnham 2016). 이렇게 반무슬림적이며 인종주의적인 발언과 이민자에 대한 배타적인 태도는 공화당이 단합해야 하는 상황임에도 불구하고 공

화당 정치인으로부터조차 비난의 대상이 되었다.[38]

이처럼 트럼프의 선거운동이 이민자에 대한 부정적 태도나 반무슬림 성향 등 인종주의적 경향을 보인 것은 트럼프가 대안우파의 생각을 수용하면서 더욱 강화된 현상이었다. 이러한 사실을 입증하듯이 트럼프는 8월 17일 대안우파 웹사이트인 브라이트바트의 운영자 배넌을 선거운동 총책임자로 임명했다. 사실 투표를 3개월 정도 앞둔 상황에서 공화당 전략가들은 트럼프가 열세를 만회하기 위해 중도파 유권자들의 지지를 얻도록 노력해야 하며, 그러기 위해서는 극단적 입장을 버리고 유연한 모습을 보일 필요가 있다고 주장해 왔다. 그러나 트럼프는 이를 일축하면서 배넌을 선거운동 책임자로 선택하여 이들의 백인 민족주의 및 인종주의적 성향을 수용하는 한편, 클린턴에 대한 자극적이고 집요한 공격 노선을 강화했다(Martin et al. 2016).

이러한 트럼프의 민족주의적 성향과 대안우파의 결탁에 대해 클린턴 진영은 트럼프의 비윤리성과 인종주의적인 성향을 비판하면서 그를 공격했다. 2016년 8월 25일 네바다주 르노시의 한 초급대학에서 진행된 선거연설에서 클린턴은 트럼프의 선거운동은 편견과 망상(prejudice and paranoia)에 사로잡혀 있으며, 그가 혐오집단을 주류세력으로 포용하고 있다고 맹렬히 비난했다. 이와 함께 트럼프로 인해 급진적 주변부(radical fringe) 세력이 공화당을 지배함에 따라, 현재의 공화당은 인종주의, 반무슬림, 반여성주의가 지배한 정당으로 변질되어 결코 정통 보수주의 공화당이 아니라고 반격했다(Flegenheimer 2016).

이처럼 서로 상대편 후보의 도덕적 결함에 대해 치열한 공방을 벌이

38 공화당 예비선거 대통령 후보 가운데 한 사람이었으며 트럼프 후보 지지 선언을 거부했던 케이식 오하이오 주지사는 가잘라 칸을 비난한 트럼프를 트위터를 통해 비판하면서, 칸 부부를 언급할 때 필요한 것은 영예와 존경으로 대하는 것이라고 말했다(Haberman and Oppel Jr. 2016).

는 한편, 미국의 미래 정체성에 대해 대조적인 비전을 제시하면서 전개되던 선거운동은 트럼프보다 클린턴에게 유리한 방향으로 흘러가고 있었다. 그러나 다소 불리한 상황 속에서도 트럼프는 클린턴의 실책을 집요하게 물고 늘어졌는데, 9월 9일 뉴욕시의 선거자금 모금 연설에서 클린턴이 트럼프 지지자 일부를 대상으로 '개탄스러운 사람들(deplorables)'이라고 표현한 점도 공격의 빌미가 되었다. 이 연설에서 클린턴은 "좀 과하게 일반화해서 말하자면 트럼프 지지자들의 반은 한 바구니의 개탄스러운 사람들입니다, 그렇지요? (…) 이름을 대자면 인종주의자, 성차별주의자, 동성애 혐오주의자, 외국인 혐오주의자, 이슬람 혐오주의자 등이지요."라고 실언한 적이 있었다. 그런데 이러한 실언은 어려운 삶을 영위해 가던 미국의 일반 유권자의 곤경에 공감하지 못하는 인물이라고 클린턴을 비판할 수 있는 호재가 되고 말았다(Chozick 2016).

이러한 문제성 발언에 대해 클린턴이 즉각 실수를 인정하고 사과했지만, 트럼프는 이 실언을 활용해 클린턴이 미국 민중의 정서와 매우 유리된 부패한 엘리트라고 집중공략했다. 트럼프는 9월 12일 매릴랜드주 볼티모어에서 개최된 전국 주방위군협회(National Guard Association of the United States) 연설에서 클린턴의 '개탄스러운 사람들' 발언은 미국 유권자들에 대한 '가장 명백한 공격'이며, 이로 인해 자신의 지지자들이 가장 사악한 사람들로 악마화되는 오명을 뒤집어썼으며 품위가 손상되었다고 공격했다(Vitali 2016).

이후 정책 제시보다는 상호 비방으로 점철된 전형적인 네거티브 선거전이 전개되는 가운데 9월 26일, 10월 9일, 그리고 10월 19일 세 차례에 걸쳐 양대 후보 간에 TV 토론전이 펼쳐졌다. 전반적으로 질문에 상관없이 하고 싶은 말을 두서없이 쏟아 놓는 트럼프에 비해 클린턴의 답변과 대응이 더 나았지만, 이 토론에서도 트럼프는 클린턴을 부패하고 무능한 기득권 정치인으로 몰아붙이는 전술을 구사했다. 특히 10월 9일에 있었던 제2차 토론에서는 사적 이메일 서버를 사용하여 연방법을 어겼을 뿐만 아니라 이메일 가운데 3만 3,000건이 사라진 것에 대해 클린턴에게 해명을 요구했고, 자신이 대통령으로 당선되면 삭제된 이메일 문제를 수사하기 위해 특검을 도입하겠다고 주장하기도 했다.

이러한 공세에도 불구하고 1차 및 2차 토론회를 거치면서 양대 후보 간 지지율 격차가 벌어지자 트럼프는 더욱 강력하게 클린턴을 공격하면서 그녀가 국제금융업자와 결탁하여 미국의 주권을 팔아넘길 수 있는 인물이라고 비난하는 등 음모론을 펼치는가 하면, 특별이익에 포획된 부패한 정치인으로 강력하게 매도했다(Chokshi 2016). 이와 함께 11월 8일 투표 결과를 인정하지 않을 수 있다는 식으로 부정선거론을 제기하기도 했다. 특히 부정선거론은 10월 19일 마지막 대통령 후보 토론에서 가장 분명하게 나타났다. 즉, 선거에 패배하면 그 결과를 받아들일 것이냐는 사회자 월리스(Chris Wallace)의 질문에, 트럼프는 확답 없이 선거 과정이 자신에게 불리한 방향으로 '잘못되어(rigged)' 있기 때문에 이를 받아들일지는 그때 가서 봐야 한다고 얼버무렸다(Healy and Martin 2016).

전반적으로 두 후보 간 세 차례의 TV 토론이 트럼프의 열세를 상쇄하는 계기가 되지는 못했지만, 트럼프는 계속해서 클린턴의 비도덕성을 공격하고 그녀를 부패한 워싱턴 엘리트의 전형으로 몰아세우면서 자신만이 미국 노동자의 이익을 보장해 줄 수 있다고 반복적으로 강조했다. 그런데 역설적이지만 흥미롭게도 트럼프가 클린턴의 사적 이메일 서버 사용에 대해 집요하게 문제를 제기하자, 선거 막바지에 이르러서는 온갖 설화와 스캔들로 대통령의 자질에 강한 의문이 제기된 트럼프에 대한 비판보다 클린턴의 비리가 유권자들 사이에 각인되는 효과가 나타나기도 했다.

이러한 상황에서 선거를 불과 11일 남긴 10월 28일에 미연방수사국(FBI) 국장 코미(James B. Comey)가 의회에 보낸 서신에서 클린턴의 서버에서 새로운 이메일들이 발견되어 이에 대해 '적절한 조사 조치'를 시작했다고 통지함으로써,[39] 클린턴 이메일 서버 사건이 선거 막판의 최대 이슈로 부상했다. 코미는 이미 지난 7월에 클린턴이 비록 '극히 부주의'하기는 했으나 '범죄 의도'는 없었던 것으로 보고 이 사건을 불기소 결정하여 종결한 바 있었는데(Zapotosky and Helderman 2016), 새로운 이메일에 대한 재수사가 시작되면서 클린턴의 도덕성 문제와 공직자로서 자질 문제가 다시 여론을 자극했다.

그 후 트럼프를 비판해 오던 공화당 정치인들이 트럼프 지지 선언에 나서고 그의 비도덕적 면모를 수용할 수 없던 복음주의 유권자들이 반클린턴 연대를 구축하기 위해 트럼프 진영으로 결집하면서, 대통령 선거는 종반에 이르러 박빙의 양상을 보였다. 그리고 남미 이민자와 무슬림을 비판하고 미국 노동자들의 일자리 보호와 이를 위한 자유무역 개혁을 외치면서 클린턴에 대한 끈질긴 비판을 이어 온 트럼프가 마침내 민주당의 아성으로 여겨졌던 블루월 3개 주에서 백인 노동자들의 지지를 확보하면서 클린턴을 물리치고 백악관의 새 주인으로 입성하게 되었다.

4. 위대한 미국 운동을 위한 프레임의 전달: 트럼프의 트위터 메시지를 중심으로

3장에서 설명한 티파티 운동의 경우 잠재적 동조자를 적극적 지지자로 만든 주요 요소는 프리덤워크스와 같이 지역 풀뿌리 운동을 추진하는 전

39 클린턴의 최측근 보좌관인 애버딘(Huma Abedin)의 컴퓨터를 조사하던 중 1,000개가 넘은 새로운 이메일이 발견되었는데, 여기에는 클린턴과 주고받은 이메일도 포함되어 있었다(Helderman et al. 2016).

국 규모의 조직이나 스타인하우저와 같은 동일 조직의 선거운동 책임자 혹은 그가 훈련한 각 지역 활동가들이었다. 프리덤워크스와 이 조직의 책임자들은 온라인 활동과 지역 티파티 활동가들에 대한 훈련을 통해 티파티 운동의 메시지를 전달하면서 보수적 시민들과 프레임 연계를 시도했고 참가자들 간 유대감 조성에 기여했다. 한편 폭스뉴스는 전국적 네트워크를 지닌 방송매체로서의 기능을 효과적으로 활용했다. 폭스뉴스는 티파티 운동의 시위나 집회를 보도하는 것에서 한발 더 나아가 이를 적극적으로 홍보함으로써 티파티 운동을 위한 프레임 연계에 나섰고, 참가자들 사이에 집합적 일체감을 조성하기 위해 노력했다. 어떤 의미에서 폭스뉴스는 그 자체로 소위 '폭스뉴스 채널 티파티(FNC Tea Party)'가 되어 사실상 그 홍보 주체로서 활동했다고도 볼 수 있다.

이처럼 전국 규모의 보수단체나 방송매체가 주축이 되어 프레임 연계와 참가자 간의 유대감 조성을 시도한 티파티 운동과 달리, 위대한 미국 운동은 사실상 트럼프 개인이 각종 연설이나 인터뷰, 그리고 트위터 메시지를 통해 프레임 연계를 시도하고 추종자들 간의 유대감 형성을 주도했다. 최초의 흑인 대통령 오바마가 지배한 8년 동안 백인 노동자들의 불만과 위기의식을 면밀하게 관찰해 온 트럼프는 이들의 이런 불안한 심리상태를 더욱 자극하는 메시지를 적극적으로 발신했다. 이와 함께 월가 금융업자들의 탐욕, 워싱턴 정치인들의 무능, 그리고 힐러리 클린턴의 부패 등을 공격 포인트로 삼아 자극적이고 선동적인 각종 메시지를 살포하면서 지지자들과의 적극적인 프레임 연계를 위해 노력했다. 이를 통해 트럼프는 위대한 미국 운동에 대한 백인 노동자들의 공감을 얻어 내는 데 궁극적으로 성공했다.

그렇다면 트럼프가 각종 선거연설과 트위터의 메시지를 통해 지지자들에게 전달하려 했던 메시지의 핵심은 무엇이었는지, 그러한 메시지가 어떻게 백인 노동자들에게 호소력을 발휘하여 이들이 트럼프의 위대한 미국 운동에 동참하게 되었는지 살펴볼 필요가 있다. 먼저 필자는 트럼프가 대통령 출마를 선언한 2015년 6월 16일부터 제45대 대통령 선거가 치러진 2016년 11월 8일까지 트럼프 의사소통의 상징이라고 할 수 있는 그의 트위터 메시지를 분석했다. 이를 위해 같은 기간 동안 전체 트위터 메시지 가운데 ('좋아요'를 누를 수 없는) 단순 리트윗('RT')을 제외한 트위터 메시지 7,552건을 선별했다. 그리고 이 가운데 타인의 메시지를 그대로 인용한 것은 제외하고 자신이 직접 작성한 메시지만 다시 가려냈다. 여기서는 위대한 미국 운동과 관련된 것을 중심으로 그 내용을 살펴보기로 한다.

트위터에 나타난 트럼프의 메시지를 보면 출마선언 직후부터 2016년 1월에서 3월 정도에 이르는 공화당 경선 초반에 불법 이민 문제, 국경보호 강화, 일자리 상실과 회복, 테러의 위협, 오바마 행정부에 대한 비판 등 핵심 메시지가 집중되어 있다. 그 후에는 출마선언 직후부터 2016년 초반까지 등장했던 기존의 메시지가 계속 반복적으로 나타나는 패턴을 보인다. 그러나 이러한 메시지는 선거운동 초반보다는 덜 빈번히 등장하고, 반면에 공화당 예비선거 경쟁자였던 부시, 크루즈, 루비오 등을 집중적으로 비판하는 내용이 증가하고, 클리블랜드 전당대회 이후에는 클린턴 민주당 후보를 집요하게 공격하는 내용이 눈에 띄게 추가된다.[40] 이러한 다양한 메시지 가운데 필자는 위대한 미국 운동과 관련된 내용을 일부 선별하여, 그가 프레임 연계를 통해 지지자들 사이에 유대감을 조성하기 위해 동원한 메시지를 분석해 보고자 한다.

트럼프의 트위터 메시지는 크게 백인 민족주의, 민중주의, 미국 우선

40 기타 그의 트위터 메시지는 향후 일정에 대한 예고, 각종 언론매체와의 인터뷰를 소개하는 내용, 지지자들이 보내 준 성원에 대한 감사의 말, 그리고 추수감사절이나 성탄절 등에 행한 명절 인사 등으로 구성되어 있다.

주의라는 세 가지 주제로 분류할 수 있다. 그리고 이 세 가지 주제는 각각 다양한 하위요소를 지니고 있으며 상호 명확히 분리되어 설명될 수 없는 부분들도 있다. 그리고 이 세 가지 주제를 관통하는 논조는 이민자나 무슬림 유입 등 외래 세력의 침투로 인한 미국의 국가적 정체성 위기, 테러와 범죄 등 사회적 불안 지속, 세계화로 인한 미국 산업의 피폐화 등 매우 비관적인 미국의 미래상을 끝없이 강조하는 것이었다. 트럼프는 이런 암울한 메시지를 발신하여 강한 지도력과 결단력, 그리고 탁월한 협상과 거래능력을 지닌 자신만이 미국을 수호할 수 있는 강력한 지도자임을 내세우고자 했다.

1) 트럼프의 트위터 메시지

SNS 시대를 맞이하여 유명한 정치인들 그 누구보다 트위터를 가장 효과적이고 정치적으로 활용한 정치인이 트럼프라는 사실에 반론을 제기할 사람은 없을 것이다. 실제로 트럼프는 대통령 출마를 선언한 2015년 6월 16일부터 제45대 대통령 선거일인 2016년 11월 8일까지 7,625건의 트위터 메시지를 올렸다. 그 내용을 보면 자신의 출마를 알리고 '미국을 다시 위대하게 만들자', '힐러리 클린턴은 부패한 정치인이다', '멕시코 국경에 장벽을 건설하겠다' 등의 메시지를 발신한 경우가 대부분이었다. 그 밖에 일부 다른 사람의 트위터 메시지를 인용해서 전달하거나 거기에 자기 의견을 덧붙여 트윗하는 경우도 많았다. 그리고 트럼프의 트위터 메시지는 하루에 보통 10건 정도에서 많게는 수십 건씩 발신되는 경우가 대부분이었는데, 출마선언 당일에는 무려 30건이었고, 하루의 트위터 메시지 건수가 이보다 많은 날도 상당수 있었다.

트럼프는 트위터 메시지를 통해 통상의 선거 연설보다 훨씬 더 정제되지 않은 선동적 메시지와 거짓 정보를 전달했다. 그러나 불법 이민 유입과 특별이익의 전횡, 그리고 이러한 문제를 해결하지 못하는 워싱턴 기성 정치인들에 염증을 느낀 트럼프 지지자들은 그의 메시지가 자신들의 불만을 속 시원하게 대변해 준다는 점에서 환호했다. 이들은 트럼프의 간명하고 거친 트위터 메시지에 열광했고, 그의 구호에 공감하면서 상호 유대감을 형성했으며, 그를 지지하기 위해 공화당 예비선거와 대통령 선거에 적극 참여했다. 트위터 메시지 끝부분에 후렴구처럼 빈번히 달렸던 '미국을 다시 위대하게 만들자', '미국 우선' 등의 구호는 그의 메시지를 한층 더 선동적이며 역동적으로 만들어 주었다.[41] 그리고 '우리 나라를 되찾자', '장벽을 건설하자', '국경 없는 나라는 나라가 아니다' 등의 메시지, 배타적 애국심에 호소한 메시지, 그리고 '부패한 힐러리(crooked Hilary)'와 같은 비난성 메시지는 트럼프 지지자들이 반이민, 반자유주의, 반클린턴 구호를 외치며 결집할 수 있는 정서적 공감대를 만들어 주었다.

먼저 트럼프의 전체 트위터와 이에 대한 반응('좋아요' 등) 빈도를 월 단위로 분석하면 몇 가지 흥미로운 점이 발견된다. 우선 한 달을 못 채운 2015년 6월과 2016년 11월을 포함해서, 트럼프는 대략 월평균 424건, 하루 평균 14건 정도의 트위터 메시지를 발신했다. 트위터 건수가 가장 많았던 2015년 7월과 10월(790건)에는 하루 평균 26건 정도의 트위터 메시지를 발신했다. 사실 하루도 빼놓지 않고 트위터 메시지를 발신했다고 보면 틀림없다.

트럼프의 트위터 메시지에 대한 지지자들의 반응은 점점 고조되는 양상을 보였다. 〈표 1〉에서 알 수 있듯이, 트럼프가 발신한 트위터 메시

41 "우리는 미국인들을 위해 훌륭한 거래를 협상할 수 있는 지도자가 필요하다. 그것이 상식이다. 미국을 다시 더욱 위대하게 만들자."라든지(2015년 7월 16일 20:03:29), "우리는 우리 국민을 사랑하고 우리 가치를 지지하는 사람들만을 입국시킬 것이다. #아메리카 퍼스트"(2016년 6월 26일 02:37:59) 등이 이러한 일종의 후렴구가 들어간 트위터 메시지의 사례다.

〈표 1〉 출마선언 후 선거일까지 트럼프의 트위터: 건수, '좋아요' 및 '공유' 총합

연도	월	트위터 건수	'좋아요' 총합	'공유' 총합
2015년	6월(16일부터)	300	147,611	84,144
	7월	790	762,336	406,685
	8월	355	858,991	451,769
	9월	409	1,019,873	577,682
	10월	790	1,540,103	756,993
	11월	576	1,537,876	700,992
	12월	591	2,290,979	945,716
2016년	1월	479	2,283,462	828,783
	2월	472	3,350,591	1,249,858
	3월	420	5,363,301	1,852,529
	4월	276	3,109,490	1,075,059
	5월	344	4,426,375	1,508,561
	6월	291	4,707,740	1,682,336
	7월	371	8,594,550	2,830,268
	8월	310	5,826,121	2,025,036
	9월	272	5,797,708	2,066,680
	10월	489	10,925,686	4,735,812
	11월(8일까지)	90	3,272,452	1,342,562

지는 월평균 424건을 중심으로 비교적 고르게 분포했다. 2015년 6월과 2016년 11월을 빼고 볼 때, 가장 많은 건수는 2015년 7월과 10월 790건이고 가장 적은 건수는 2016년 9월의 272건이었다. 그리고 나머지는 몇 달을 제외하면 평균과 심하게 차이 나지 않았고, 특별히 더 많이 발신되거나 더 적게 발신되는 뚜렷한 패턴은 드러나지 않았다.

그러나 트럼프의 트위터 메시지에 대한 지지자들의 반응은 시간이

〈그림 1〉 출마선언 이후 선거일까지의 트럼프의 트위터: '좋아요' 및 '공유' 빈도

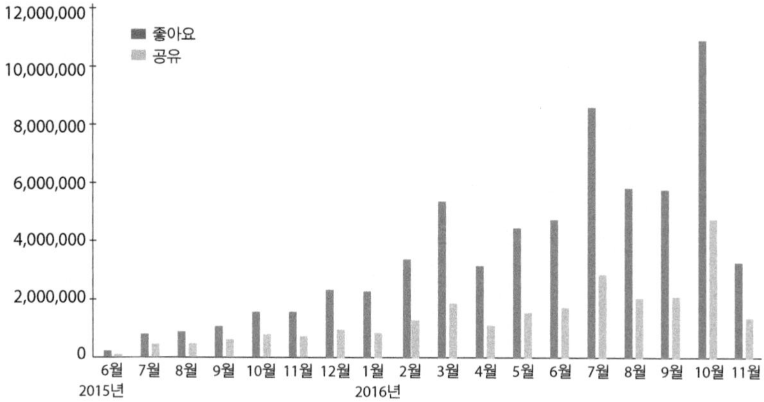

출처: Trump Twitter Archive(https://www.thetrumparchive.com)에서 날짜 필터를 통해 추출한 데이터를 통해 작성.

갈수록 점점 더 고조되었다. 위의 그래프에서 알 수 있듯이 트럼프 지지자들의 '좋아요'와 '공유'의 월별 합계는 (2016년 11월을 빼고 볼 때) 점점 우상향으로 증가하는 모습을 보여 주고 있다. 특히 공화당 예비선거가 시작되어 트럼프가 기선을 잡기 시작한 2016년 2월과 3월, 공화당 전당대회가 개최된 7월, 대선 전달인 10월의 경우 트럼프의 트위터 메시지에 대한 '좋아요'와 '공유' 빈도는 폭발적으로 증가했다. 트럼프의 출마선언 다음 달인 2015년 7월부터 제45대 대통령 선거 전달인 2016년 10월까지의 '좋아요' 빈도는 76만 2,236건에서 무려 1,092만 5,686건으로 늘어나 그 증가 속도가 트럼프의 존재감 및 영향력과 함께 매우 빨랐음을 보여 준다. 이를 통해 트럼프는 출마선언 이후 트위터 메시지 발신으로 지지자들에게 자기 의사를 매우 간명하고 효과적으로 전달했고, 트럼프 지지자들은 이에 호응하고 이러한 메시지를 광범위하게 공유함으로써 공감대를 형성할 수 있었다.

전체적으로 볼 때 트럼프의 트위터 메시지는 백인 민족주의, 민중주

의, 미국 우선주의 등의 경향을 드러내고 있다. 불법 이민에 대한 강한 대처와 국경보호를 특징으로 하는 백인 민족주의, 부패한 엘리트에 대한 비판을 드러내는 민중주의, 미국의 일자리를 좀먹는 자유무역에 대한 비판으로 가득 찬 미국 우선주의 등의 주제가 그의 트위터 메시지의 주종을 이루고 있었다. 또한 자신만이 능숙한 협상 능력과 강인한 의지력을 발휘하여 미국 민중을 보호할 수 있다는 점도 반복적으로 강조되고 있다.

2) 백인 민족주의

먼저 트럼프의 트위터는 반이민 정서를 조장해 백인 민족주의를 토대로 하는 메시지를 매우 함축적으로 전달하는 내용으로 구성되어 있다. 2015년 6월 16일 출마선언 연설에서 멕시코 이민자들을 마약 거래자, 범죄자, 강간범이라고 거칠게 비난한 그는 6월 20일 트위터에서도 "마약쟁이(druggies), 마약 거래자, 강간범, 살인자 등이 남쪽 국경을 건너오고 있다. 언제 미국이 영리해져서 이런 꼴사나운 일(travesty)을 중지할 수 있을 것인가?"라는 메시지를 통해 멕시코 불법 이민자를 모두 범법자로 취급하는 인종차별적인 모습을 보여 주었다(2015년 6월 20일 02:22:29).[42] 이어 7월 3일 트위터에서는 "우리의 남부 국경은 완전히 통제 불능이다. 이는 절대적으로 창피한 것이다"(2015년 7월 3일 22:08:09), "우리의 불안전한 남부 국경 때문에 이러한 비극적 살인 사건이 발생했는데도 다른 후보들은 어디에 있는가?"(2015년 7월 3일 22:44:54)라는 메시지를 보내기도 했다. 이는 성도인 샌프란시스코에서 이미 다섯 번이나 불법 이민자로 추방당한 경력이 있는 사라테(Garcia Zarate)라는 멕시코인이 스타인리(Kathryn Steinle)라는 여성을 사고로 살해한 사건을 두고 불법 이민자에 대해서 추

42 트럼프가 트위터 메시지를 발신한 시간은 연도, 날짜, 그리고 초단위까지 본문처럼 괄호 속에 기입하기로 한다.

방 등 강력한 조치를 취하지 않아 발생한 것이라고 주장하는 메시지였다.[43] 트럼프는 멕시코 등 남미 불법 이민자들은 대부분 범죄자라는 식으로 인종차별적 발언을 이어 나갔는데, 이는 단순히 불법 이민 문제를 제기하는 프레임 연결을 넘어 불법 이민은 곧 국내 범죄 증가로 이어진다는 식의 프레임 증폭을 시도한 것이었다.

이 외에도 트럼프는 남미 및 중동 이슬람 지역 이민자 전반에 대해 강한 인종차별적 메시지를 지속적으로 발산하면서 지지층을 결집했다. 그러한 사례를 예로 들면 다음과 같다.

- 다시 한번 불법 이민자가 훌륭하고 사랑받는 64세 여성을 두드려 패서 죽인(fatal bludgeoning) 혐의로 기소되었다. 그들을 몰아내고 장벽을 건설하자.(2015년 8월 11일 00:29:16)
- 우리는 불법 이민이라는 범죄와 살인 기계를 중지시켜야 한다. 걷잡을 수 없이 문제가 악화될 뿐이다. 우리 나라를 되찾자.(2015년 8월 11일 00:58:57)
- 얼마나 미친 상황인가. 미국 내 전체 출생자의 7.5%가 불법 이민자에게서 태어난다. 매년 30만 명 이상이다. 이건 멈추어야 한다. 감당할 수 없고 옳지도 않다.(2015년 8월 21일 13:56:00)
- 시리아 난민이 우리의 위대한 나라로 지금 쏟아져 들어오고 있다. 그들이 누구인지 알게 뭔가? 누군가는 이슬람국가일 수도 있다. 우리 대통령은 제정신이 아니지 않나(insane)?(2015년 11월 17일 13:54:30)
- 시리아 난민들이 남부 국경을 통해 미국에 들어오려다가 붙잡혔다. 얼

43 이는 사라테가 주운 권총을 천에 싸두었다가 자신이 앉아 있던 벤치에서 꺼내는 순간 총알이 우연히 발사되어 부두 교각의 콘크리트에 맞고 튕겨 나간 후 스타인리를 맞혀 그녀가 사망한 사건이다. 트럼프는 불법 이민자를 범죄자로 몰아가는 데 이 사건을 인용했고, 성도에 대한 연방정부의 지원을 없애야 한다고 주장했다.

마나 많은 사람이 성공했나? 우리는 장벽이 필요하다!(2015년 11월 22일 15:53:38)

- 우리 나라는 급진 이슬람 테러로부터 주요 위협에 직면해 있다. 우리는 매우 현명해져야 하고 강인해져야 한다. 너무 늦기 전에 빨리 말이다.(2015년 12월 9일 02:56:41)
- 미국을 보호하는 것에 관한 연설에서 나는 잠정적 입국 금지에 대해서 이야기했다. 이슬람 테러와 연관된 나라로부터 이민을 중지하는 것을 포함해서 말이다.(2016년 6월 13일 21:10:26)
- 우리는 입증된 조사 방법이 작동할 때까지 테러와 연관된 지역으로부터의 이민을 중지해야 한다.(2016년 6월 26일 02:37:59)

전반적으로 트럼프의 트위터 메시지 내용은 남미 불법 이민자들을 미국 내에서 범죄와 살인을 저지르는 위험한 사람으로 몰아세우거나, 이슬람 테러와 관련된 지역으로부터 이민을 중지해야 한다는 것 등이었다. 이처럼 남미 불법 이민자들이나 무슬림들이 미국 내 범죄 및 테러와 직접 관련이 있다는 식으로 정형화하는 신념 증폭을 통해 트럼프는 보수적인 백인 유권자의 피해의식과 위기감을 증폭시켜 이들을 지지 세력으로 결집하려 했다.

3) 민중주의

한편 엘리트와 민중의 이분법적 대립을 기초로 한 민중주의적 메시지를 통한 프레임 연계 노력 역시 트위터 메시지를 통해 반복적으로 시도되었다. 트럼프는 클린턴과 같은 부패한 정치인, 자유주의 미디어, 월가, 특별이익과 로비스트에 대해 공세를 펼쳤는데, 다음 트위터 메시지는 이러한 민중주의 프레임의 핵심을 잘 보여 준다.

• 나는 선거운동 재원을 스스로 부담하여(self-funding) 선거자금 기부자, 특별이익 혹은 로비스트들에 의해 통제당하지 않는다. 나는 미국 민중들을 위해서 일하고 있을 뿐이다.(2015년 9월 5일 21:50:25)
• 우리는 오바마를 (두 번이나) 막지 못한 실패한 공화당 기득권 세력이 잘못된 광고로 수백만 달러를 쓰면서 우리의 운동(the MOVEMENT)을 망치게 해서는 안 된다.(2016년 3월 7일 13:03:16)
• 미디어는 매우 정직하지 못하다. 내가 성명을 내면 그들은 그것을 왜곡해서 나쁘거나 어리석게 들리도록 만든다. 그들은 대중이 어리석다고 생각한다.(2016년 7월 10일 18:42:32)
• 힐러리는 결코 월가를 개혁하지 못할 것이다. 그는 월가에 매수되어 있다.(2016년 7월 29일 03:52:46)
• 기득권 세력과 특별이익은 완전히 우리 나라를 죽이고 있다. 우리는 미국을 우선시해야 한다.(2016년 8월 5일 17:58:55)
• 나는 옳지 못한 힐러리 클린턴에 대항해서 출마한 것이 아니다. 아는 매우 정직하지 못하고 완전히 편견에 찬 미디어에 대항해서 출마한 것이다. 그러나 나는 이길 것이다.(2016년 8월 7일 01:53:45)

위의 트위터 메시지에서 알 수 있듯이 트럼프는 특별이익, 공화당, 언론매체, 월가 등을 미국 민중의 이익을 돌보지 않는 기득권 세력으로 비판했다. 이와 함께 "부패한 힐러리 클린턴은 자기 남편이 거래를 위해 미국 법무부 장관을 만나고자 했다는 것을 알고 있었다. 시스템은 완전히 잘못된 것이었고(rigged) 부패했다."(2015년 8월 11일 00:29:16)라고 주장하면서, 클린턴을 국무부 장관 시절 사적 이메일 서버를 사용하여 위법행위를 한 부패한 정치인이며, 이러한 사건을 은폐하려 술수를 부리는 파렴치한 정치인이라고 비난했다. 그러면서 트럼프는 "부패한 힐러리가 정직하지 못하고 무능하며 매우 나쁜 판단력을 지지고 있음이 다시 한번 입증되었다."(2016년 7월 3일 20:20:20)라는 점을 지지자들에게 각인시키려 했다.

힐러리 클린턴, 주류 언론 등에 대한 이러한 비판에 이어 트럼프는 전형적인 민중주의적 지도자의 화술을 구사하여 자신은 기득권 세력에 저항하여 민중의 편에 설 것이고, 민중을 위해 책임지는 유능한 정치인이 될 것이라고 선언했다. 예컨대 "나는 여러분과 함께 있다. 나는 열심히 일해서 결코 여러분을 실망시키지 않을 것이다. 미국을 다시 위대하게 만들자."(2016년 8월 5일 16:41:28)라든지, "대통령으로서 나는 이 잘못된 시스템을 고쳐 여러분, 미국 민중에게만 책임질 것이다."(2016년 8월 5일 18:36:22) 등의 트위터 메시지는 트럼프 자신이 워싱턴 정가나 월가의 영향력 밖에 있는 아웃사이더의 위상을 십분 활용하여 민중의 이익을 보호하면서 미국을 더욱 위대하게 만들 것임을 강조한 내용이다.

4) 미국 우선주의

마지막으로 미국 노동자를 위한 경제적 민족주의 노선과 군사적 고립주의 성향을 특징으로 하는 트럼프의 미국 우선주의 성향의 메시지 역시 그의 트위터에서 빈번히 발신되었다. 트럼프는 민주당 정부가 추진한 자유무역으로 인해 미국 노동자들이 일자리를 잃었고, 이에 따라 미국 각지가 피폐해졌다고 주장하면서 자유무역의 폐해를 막고 이를 통해 중산층을 보호해야 한다는 논리를 펼쳤다. 그는 대통령이 무역협정을 좀 더 수월하게 추진할 수 있도록 의회가 부여해 주는 무역촉진권한(Trade Promotion Authority)에 반대 의사를 표명하면서 "상원은 무역촉진권한을 통과시켜서는 안 된다. 그것에 찬성 투표를 하는 어떤 상원의원도 미국의 대통령이 되기에 부적합하다. 미국의 노동자와 제조업자를 보호하라."(2015년 6월 22일 18:09:50)라고 주장하기도 하고, "우리는 중산층을 다시 회복하고 소중히 여겨야 한다. 이들이 한때 미국의 근간이었고 진정한 힘이었다."(2015년 6월 25일 03:17:46)라고 말하면서 중산층 보호 의지를 드러냈다.

한편 미국의 방위비 지출 및 동맹 무용론과 관련하여 트럼프는 "사우디아라비아는 그들을 위한 우리의 방위에 대해 수십억 달러를 미국에 지불해야 마땅하다. 우리가 없으면 사우디아라비아도 사라졌을 것이다."(2015년 6월 29일 11:40:38)라고 강변하면서 미국이 경제적으로 피해를 감수해야 하는 우방국 지원에 대해 강한 불만을 토로했다. 이어서 "우리는 북대서양조약기구에 대해서 불비례적으로 많은 비용을 분담하고 있다. 왜인가? 재협상해야 할 때이고 지금이 그때다."(2016년 3월 24일 14:14:14)라고 분노하면서, 냉전 이후 미국과 서유럽 국가 안보의 초석이 되어 온 북대서양조약기구에 대한 불만을 드러내고, 동맹국들이 추가적 분담을 하도록 압박할 것임을 시사했다. 또한 "미국은 우리가 사람과 국경을 지켜 주어야 하는 다른 나라들과 69개 조약을 맺고 있다. 얼마나 친절한가. 하지만 우리는 무엇을 얻고 있는가? 충분하지 않다."(2016년 5월 28일 13:47:10)라고 토로한 뒤, 역대 행정부의 협상 능력을 비판하고, 이러한 조약이 미국에 이익을 가져다주지 않았음을 강조했다.

이처럼 트럼프의 트위터 메시지는 경제적 측면에서 다자무역체제에서 탈피하여 미국 노동자들과 중산층의 일자리를 되찾아 오겠다는 경제적 민족주의를 강하게 역설하고, 군사적 측면에서 미국의 재원만 고갈시킬 뿐 이에 상응하는 이익이 돌아오지 않는 군사동맹의 비효율성을 비판했다. 결국 트럼프는 무역 상대국이나 동맹국 및 우방국가와의 협력관계를 장기적인 견지에서 파악하기보다 경제적 손익의 관점과 자국 중심주의적 경제주의 관점에서만 파악했다. 이렇게 볼 때 트럼프는 트위터 메시지를 통해서도 미국 우선주의 메시지를 중심으로 한 프레임 연계 노력을 반복적으로 시도했다고 볼 수 있다.

5장

티파티 운동과 위대한 미국 운동의 비교

지금까지 이 책은 티파티 운동과 위대한 미국 운동이 정부의 각종 정책에 대한 갈등적 저항이었다는 측면에 착안하여 양대 운동을 사회운동으로 파악하고 논의를 전개했다. 이 책은 또한 사회운동의 등장에 관한 프레임 이론과 부분적으로 티파티 운동의 경우 자원 동원 이론의 분석틀과 개념을 활용하여 양대 운동의 전개 과정과 특징을 설명했다. 티파티 운동과 위대한 미국 운동은 이 운동에 대한 잠재적 지지자들 사이에 누적되어 있던 불만과 위기의식에 대해 해석의 프레임이 제공되면서 시작되었다. 그리고 해석의 프레임을 제공한 조직이나 유력한 지도자는 불특정 다수의 잠재적 지지자들과 연계를 시도하여, 이들을 운동의 방관자에서 잠재적 동조자로, 그리고 잠재적 동조자에서 적극적 지지자로 변화시키는 효과를 가져올 수 있었다.

그런데 양대 사회운동의 경우 이러한 프레임 연계가 효과를 발휘하여 대중동원에 성공하는 과정에서 작동했던 중요한 요소는 보수적 유권자들이 매우 중요시하는 가치나 이념 혹은 문화적 전통이나 종족적 동질성이 비미국적인 집단이나 외래세력에 의해 침해당하고 있다는 인식이었다. 자신들이 소중히 여기는 것들이 침해되고 있다는 인식이 존재했기 때문에 이들의 분노나 좌절감은 그렇지 않은 경우보다 훨씬 더 크고 깊게 나타났다. 이 책이 분석한 양대 사회운동의 경우 잠재적 참가자들이 소중하게 여긴 것은 가치나 이념 혹은 문화적 전통이나 종족적 일체감 등 미국의 국가 정체성과 관련된 것이었는데, 이들은 '리얼 아메리카'의 회복이라는 공통 목표를 지니고 이러한 저항운동에 참여하면서 정부의 정책에 변화를 가져오고자 했다. 연방정부의 재정 규모를 줄여 작은 정부를 수복하거나, 이민 정책을 획기적으로 개선하여 국경을 수호하자는 것이 양대 운동의 요구사항이었다.

먼저 티파티 운동은 오바마 행정부 출범과 함께 실시된 경기부양책이나 의료보험 개혁 추진, 그리고 민주당의 상징처럼 된 관용적 이민 정책 등에 대한 보수적 유권자들의 불만이 원동력으로 작용했다. 이러한 불만을 간파하면서 티파티 운동의 핵심 조직들과 지도자들은 제한 정부, 재정 건전성, 시장자유주의와 같은 미국의 헌법적 가치가 침해되고 있다는 프레임을 제공함으로써 잠재적 참가자들과 연계를 시도하고, 이들 사이에 유대감과 일체감의 형성을 지원하면서 마침내 동원에 성공했다. 티파티 운동은 오바마 행정부가 추진한 정책들이 미국의 헌법적 가치에 부합하지 않는다는 분노와 불만에 따라 추동된 저항운동이었다.

한편 위대한 미국 운동은 민주당이 꾸준히 추진해 온 개방적 이민 정책과 자유무역 정책 등이 미국 백인 노동자들의 이익을 보호하지 못한다는 불만과 위기감에서 야기되었다. 저소득·저학력 백인들의 주변화 및 소외감이 과거 수십 년 동안 추진된 세계화의 물결 속에서 누적된 결과 나타난 백인들의 저항이 트럼프의 등장을 계기로 폭발적으로 분출한 현상이 위대한 미국 운동이었다. 트럼프는 '미국을 다시 위대하게 만들자'라는 구호와 함께 백인 노동자들의 좌절감과 소외감, 그리고 보수적 백인들의 정체성 위기감 속에서 불법 이민에 대한 문제를 거칠고 과감하게 밀어붙여 위대한 미국 운동의 동력을 확보하고 유지할 수 있었다.

이 장에서는 양대 사회운동의 등장과 전개 과정을 염두에 두고 양대 운동의 연속성, 그리고 공통점과 차이점을 검토해 보고자 한다. 실제로 두 운동은 모두 '리얼 아메리카'를 지켜 내고 미국의 국가적 정체성 유지를 위한 집합적 동원 노력의 하나였다는 점에서 유사성을 보이면서도, 운동의 지향점이나 저항 방식 등에서는 상당한 차이점을 드러낸다. 참가자 가운데 반이민 정서를 지닌 백인의 불만을 연결고리로 해서, 티파티 운동은 후일 트럼프가 주창한 위대한 미국 운동과 연결되는 연속성을 지니며, 흑인 대통령 오바마의 출현에 따른 위기감과 그의 정책에 대해 불만을 표출했다는 측면에서 위대한 미국 운동과 공통점을 보인다. 그러나 다른 한편에서 보면 헌법적 정체성 수호를 위해 제한 정부나 자유시장주의의 가치를 몰역사적인 헌법 근본주의 시각에서 주장한 저항운동이었다는 점에서, 백인 민족주의라는 종족적 정체성을 바탕으로 한 위대한 미국 운동과 차이를 보인다. 이러한 사항 등을 배경으로 다음의 두 절에서는 양대 사회운동 간의 연속성, 그리고 유사성 및 차이점을 검토하기로 한다.

1. 티파티 운동과 위대한 미국 운동의 연속성

근본적으로 티파티 운동과 위대한 미국 운동은 모두 리얼 아메리카의 회복을 위한 정체성 운동이었다. 그러나 티파티 운동은 작은 정부, 시장중심주의, 재정 건전성과 시민의 자유라는 헌법적 가치를 회복하자는 운동이었고, 트럼프가 주창한 위대한 미국 운동은 이민과 사해 동포주의 그리고 세계화로부터 백인의 나라인 미국을 수호하고 더 나아가 대외적으로 미국의 이익을 가장 우선시하겠다는 종족주의적 미국 우선주의 운동이었다는 점에서 차이점을 드러낸다. 그러나 이러한 차이점에도 불구하고 양대 사회운동은 티파티 운동의 저류에 있던 반이민주의 및 인종주의 정서를 통해 서로 연결되는 측면도 있었다. 초기의 티파티 운동은 작은 정부를 지향하면서 헌법 근본주의를 중심으로 태동한 운동이었지만, 티파티 운동 지지자들 가운데 시장자유주의 세력보다는 백인 민족주의에 경도된 우익 민중주의 세력이 잔존하여 새로운 기회의 창을 마주하면서 트럼프가 주창한 위대한 미국 운동과 접점을 찾게 된다.[1]

티파티 운동과 위대한 미국 운동은 사실 여러 측면에서 상반되는 주장과 방향성으로 인해 그 연속성을 상정하기가 쉽지 않아 보인다. 2016년 대통령 선거에 출마한 트럼프는 작은 정부를 지지한 인물이 결코 아니었다. 그는 오히려 미국 노동자들의 삶을 보호해 준 메디케어나 사회보장 프로그램의 지출 삭감에 반대한 인물이었다. 그리고 메디케어나 사회보장 프로그램 등의 축소 및 삭감에 반대한 그의 입장은 사실 이러한 정책이 미국 정부의 재정 건전성을 저해하는 것이라고 비판한 티파티 운동의 입장과 배치되는 것이었다. 또한 라이언(Paul Ryan) 하원의장을 포함한 공화당 내 친기업, 친시장 성향의 주류세력은 메디케어와 같은 사회지출이 연방정부 적자 누적의 주요한 원인이라고 여기며 그 개혁을 위해 노력해 온 것이 사실이었다.

한편 2016년 대통령 선거 당시 트럼프를 열렬히 지지했던 백인 노동자들은 2009년 티파티 운동 참가자들과 그 구성 및 성격 면에서 상당히 달랐다. 트럼프를 지지한 백인 노동자들은 티파티 운동이 주창한 작은 정부론에 선뜻 동의할 수 없었다. 그들은 메디케어나 사회보장 정책 등 연방정부의 사회지출 프로그램을 자신들과 같은 성실 납세자, 자신들과 같이 미국을 위해 희생하고 노력한 '자격 있는 시민'들이 정부로부터 당연히 받아야 할 혜택이라고 굳게 믿고 있었다. 노동자들의 이러한 정서를 잘 알고 있던 트럼프는 기업의 성장을 위한 감세에는 적극적이었으나

1 이를 티파티 1.0, 2.0, 3.0의 진화로 보면서 설명하는 글로는 Rosenthal(2016)을 참조하기 바란다.

티파티 운동이 주창한 작은 정부론과 여기서 도출되는 연방정부의 사회지출 삭감을 결코 그대로 수용할 수 없었다.[2]

그러나 2016년 공화당의 예비선거 전개 과정에서 티파티 운동 지지자 상당수가 마침내 트럼프를 후원하고 지지하는 현상이 벌어졌다. 2010년 중간선거에서 오바마 대통령의 민주당이 63석의 하원의석을 상실하면서 양원 다수당 자리를 모두 공화당에 빼앗길 당시 티파티 운동 지지자들의 의회선거 투표가 공화당의 승리에 매우 주효했었는데, 그때 티파티 운동의 맹렬한 기세에 편승하여 상원의원이 된 크루즈도 2016년 대통령 선거에서는 트럼프에 비해 티파티 지지자들 사이에서 경쟁력이 떨어졌다. 2019년 5월에 발표된 퓨리서치센터(Pew Research Center)의 여론조사 결과에 따르면 2016년 공화당 예비선거를 앞둔 2015년 12월 조사에서 티파티 운동에 동의한다는 공화당 지지자들의 35%가 트럼프 후보를 지지해 크루즈의 24%를 능가했으며, 2016년 4월 조사에서는 티파티 운동에 동의한다는 공화당 지지자의 44%가 트럼프를 지지하고 크루즈에 대한 지지도는 35%로 나타나 여전히 트럼프 후보의 우세를 보여 주었다(Pew Research Center 2019).

이처럼 티파티 운동과 트럼프의 주장 사이에 보이는 차이에도 불구하고 티파티 운동과 위대한 미국 운동이 연결될 수 있었던 배경은 초기 티파티 운동이 등장할 당시에는 전면에 부상하지 못한 채 저류에 흐르고 있던 반이민주의였다. 그리고 시간이 흐름에 따라 티파티 운동 지지자들

2 실제로 티파티 운동의 등장 초기 단계부터 티파티 운동을 적극적으로 후원한 프리덤워크스의 아미와 같은 전직 공화당 의원은 라이언과 마찬가지로 작은 정부를 지향하면서 메디케어 축소와 부시 당시에 추진된 사회보장의 사유화를 적극적으로 지지했다. 초기 티파티 운동을 주도하거나 지원한 단체의 관점에서 볼 때, 정부의 사회적 지출(social spending)의 축소에 큰 관심이 없던 트럼프는 사실 정통 보수주의자일 수 없었다. 따라서 그가 2015년 대통령 선거 출마를 선언했을 때 티파티 운동에 적극적으로 관여했던 시장자유주의자 정치인들은 미온적이거나 혼란스러운 반응을 보였다.

가운데 비교적 전향적이고 합리적인 건전재정론자 혹은 시장자유주의자를 제외한 세력은 반이민 정서를 수용하면서 결집했고, 소위 '티파티 3.0'이라고 불리는 티파티 운동은 이제 반이민주의를 핵심적 구호로 하는 우익 민중주의 운동으로 변화하기 시작했다(Rosenthal 2016). 따라서 트럼프의 등장은 티파티 운동을 합리적 시장 중심주의 세력과 보수 민중주의 세력으로 분리하는 효과를 가져왔다고 볼 수 있다. 그리고 이들 보수 우익 민중주의 세력이 2015년을 전후하여 트럼프의 반이민주의 노선에 크게 공감하면서 백인 노동자들과 연대해 위대한 미국 운동으로 거듭 태어나는 배경이 마련되었다. 이들 티파티 운동에 참여했던 반이민 성향의 우익 민중주의 세력과 세계화를 거부하고 멕시코 국경에 장벽을 쌓아 올리겠다는 트럼프에게서 미국의 수호자를 발견한 백인 노동자 세력이 결합하면서, 백인 민족주의라는 정체성 정치가 발현된 것이다.

2. 티파티 운동과 위대한 미국 운동의 유사점 및 차이점

이민 문제를 둘러싸고 티파티 운동과 위대한 미국 운동의 접촉점이 있다면, 다른 한편으로 '리얼 아메리카란 무엇인가'를 주제로 삼은 두 저항 운동의 유사점과 차이점은 무엇인가? 이러한 유사점과 차이점을 간단히 정리하자면 다음과 같다.

1) 양대 운동의 유사점

우선, 티파티 운동과 위대한 미국 운동은 서로 지향점은 다르지만 '리얼 아메리카'를 규정하는 핵심은 무엇인가라는 질문을 던진 미국 정체성 회복 운동이었다는 점에서 유사하다. 티파티 운동은 헌법에 대한 근본주의적 해석을 바탕으로 제한 정부와 재정 건전성, 반규제와 시장자유주의 등 헌법적 정체성을 추구했고, 위대한 미국 운동은 백인을 국민집단으로 삼아 이민자를 배척하고 기독교와 서유럽에 뿌리를 둔 미국 사회를 회복하겠다는 종족적 정체성을 추구했다. 그리고 양대 사회운동은 모두 운동의 지지자들이 소중하게 여기는 사상, 원칙, 종교, 혈족 등에 대한 위협에 분노하면서 등장했다. 양대 사회운동은 가치나 이념 혹은 전통이나 문화를 중심으로 자신들이 공감할 수 있는 프레임이 제공되자 이에 호응하면서 저항을 위한 동원에 적극 참여했다.

이미 설명한 것처럼 티파티 운동은 작은 정부와 재정 건전성, 그리고 시장중심주의를 지상 가치로 삼아 이를 위반하는 구제금융이나 경기부양책, 의료보험 개혁, 기후변화 대책 등 각종 규제 정책을 미국의 건국정신에 위반하는 것으로 보는 헌법 근본주의적 입장에서 저항했다. 티파티 운동 지지자들은 오바마 행정부 등장 초기에 추진된 경기부양책과 그 후에 추진된 의료보험 개혁 등을 모두 미국이 지켜 온 헌법적 정체성을 크게 훼손하는 정책이라고 여겼다. 산텔리의 티파티 구호와 프리덤워크스 및 폭스뉴스 등의 프레임 연계 노력은 헌법적 정체성의 손상에 분노한 잠재적 동조자들을 시위 현장으로 동원하기 위한 것이었다.

한편 트럼프가 주창한 위대한 미국 운동은 미국을 백인의 나라, 서유럽 문명에 뿌리를 둔 기독교 국가로 규정하면서, 이러한 미국을 남미 이민자나 무슬림, 그리고 문화적 다양성을 주장하는 정치적 올바름으로부터 지키겠다는 운동이었다. 이렇게 볼 때 위대한 미국 운동은 백인 중심의 국가 정체성을 확립하겠다는 배타적이고 종족적 성격의 민중주의 운동이었다. 클린턴 행정부와 오바마 행정부의 개방적 이민 정책과 자유무역 정책이 백인 노동자들의 이익을 지켜내지 못한 것을 비판하면서, 기독교의 수호자이자 백인 권리의 구현자인 트럼프를 통해 미국을 더욱 위대하게 만들자는 운동이 위대한 미국 운동이었다. 이처럼 양대 운동은 서로 목표는 다르지만 '리얼 아메리카'의 회복을 목적으로 미국의 정체성을 모색했다는 점에서 유사성이 있다.

둘째, 티파티 운동과 위대한 미국 운동은 반오바마 운동의 성격을 띤다는 점에서도 유사하다. 이러한 성격은 오바마 행정부의 정책에 대한 불만 표출이라는 점과 함께, 그가 미국 최초의 흑인 대통령으로 당선된 것에 대한 깊은 좌절감과도 관련되어 있다. 흑인 대통령 오바마 개인에 대한 의심과 불만, 그리고 좌절감이 티파티 운동의 저류에 흐르고 있었지만, 위대한 미국 운동의 경우 이러한 정서가 백인 민족주의나 대안우파의 인종주의와 결부되면서 좀 더 명백하게 드러났다.

티파티 운동은 오바마 행정부가 등장하자마자 취한 경기부양 정책에 대한 반발에서 촉발되어 의료보험 개혁 추진으로 인해 더 강력해졌다. 오바마 행정부의 각종 정책이 미국의 건국 이념과 헌법적 가치를 위반했다고 인식되면서 이들 정책에 대한 반발이 오바마 개인에 대한 인격적 폄하로까지 발전해 그를 무슬림 혹은 히틀러와 같은 국가사회주의자(Nazi: National Socialist)로 비난하는 극단적 현상까지 나타났다.

한편 트럼프가 주창한 위대한 미국 운동은 오바마 행정부가 고수한 개방적 이민 정책과 자유무역 추진이 미국의 국경수호에 위협이 되며, 백인 노동자의 일자리를 지켜 주지 못한다는 불만에서 태동했다. 오바마 대통령의 이민 정책이 남미 이민자와 무슬림을 엄격한 조사 없이 미국 국내로 방면하는 결과를 낳아 궁극적으로 미국 내 범죄와 테러가 증가했다는 트럼프의 주장은, 그의 정책에 대한 비판을 넘어 오바마 대통령이 미국을 지킬 의사가 없는 외래인이라는 인종주의적 관점과 관련되어 있었다. 이처럼 양대 사회운동은 모두 특정 인물이 주도한 정부의 정책에 대한 강한 반감의 발현이라는 점에서 모두 반오바마 운동의 성격을 지니고 있었다.

마지막으로, 양대 사회운동은 미국 사회가 극단적으로 양극화된 환경 속에서 등장했다는 점에서 유사점을 보인다. 인종, 학력, 거주지역 등 몇 가지 사회경제적 지표가 서로 깊은 상관관계를 지니고 연동되어 움직이면서 미국 사회의 양극화는 소수인종 대 백인, 고학력 대 저학력 유권자, 도시 대 농촌 거주자 간의 대립이라는 이분법적 구도 속에서 과거 수십 년 동안 계속 분열되는 현상을 보여 왔다. 이러한 양극화 추세 속에서 소수인종과 고학력자, 도시 거주자는 민주당을, 저학력 백인과 농촌 거주자는 공화당을 지지하는 정파적 정렬 현상까지 등장하면서 양대 정당 지지자 간에 서로 공감대를 형성할 수 있는 생활세계적 터전이 사라졌다.

서로 다른 방송매체와 SNS 매체를 활용하면서 양대 진영에 속한 사람들은 자신들의 신념을 더욱 확고히 하는 확증편향에 사로잡혔고, 이러한 상황에서 민주당에 비해 공화당이 이민 문제나 정치적 올바름에 대한 불만으로 인해 훨씬 더 극단적인 우익정당으로 변모했다. 이러한 양극화 현상은 부시 대통령 집권 8년을 지나 흑인 오바마 대통령 집권 8년을 거치면서 더욱 깊어졌는데, 보수세력의 불만이 이러한 대립과 대결의 환경 속에서 티파티 운동과 트럼프가 주도한 위대한 미국 운동의 형태로 나타나게 되었다.

2) 양대 운동의 차이점

앞에서 설명한 유사성에도 불구하고 티파티 운동과 위대한 미국 운동은 몇 가지 면에서 중요한 차이점을 보인다. 우선 티파티 운동 참가자들 사이에 부분적으로 반이민주의나 인종주의적 요소가 잠재해 있었지만, 등장과 전개 당시 티파티 운동의 핵심 주장은 이러한 요소와 궤적이 달랐다. 실제로 티파티 참가자들에 대한 여론조사 결과를 보면 이민 문제보다는 정부의 과도한 지출에 대한 우려가 더 중요한 비중을 차지하는 것으로 나타나기도 했다(The New York Times/CBS News Poll 2010). 그리고 인종주의적 입장을 지니는 단체가 티파티 운동 집회에 참여하거나 티파티 운동의 이름을 내세울 때 이를 배척한 사례도 있었다. 따라서 티파티 운동 지지자들 가운데에서 반이민주의적이고 인종주의적 성향이 발견되고 실제로 이들의 비중이 상당수 있었더라도, 티파티 운동이 추구하고자 한 핵심적 가치는 작은 정부, 재정 건전성, 시장자유주의 등 헌법적 가치와 관련된 것이었지 결코 민족적·종교적·문화적 요소가 아니었다.

반면에 우익 민중주의 세력과 백인 노동자들의 연합운동이라고 할 수 있는 위대한 미국 운동은 티파티 운동과 달리 재정 건전성이나 작은 정부론과 거리를 둔 채 진행된 백인 중심주의와 인종주의적 성향이 두드러진 종족적 정체성 운동이었다. 예컨대 트럼프 자신도 핵심 지지층인 백인 노동자들의 이익과 상반되는 정책에는 관심을 보이지 않았다. 트럼프는 친시장적 공화당 주류 정치인들이 줄기차게 주장해 왔던 메디케어 개혁론을 기성 정치인의 반민중적 정책으로 치부하는 등 사회적 지출 예산의 삭감에는 반대했다. 반면 위대한 미국 운동은 기독교도 백인의 나라인 미국을 지키고 이를 위해 이민을 제한하고 국경수호를 강화하겠다는 인종적·종교적·문화적 민중주의의 성격을 띠고 있었다. 그리고 이러한 인종적·종교적·문화적 요소는 오바마라는 흑인 대통령이 집권한 8년을 거치면서 누적된 불안과 불만의 산물이라고 할 수 있다. 위대한 미국 운동이 지닌 이러한 백인 민족주의적 요소들은 티파티 운동의 핵심 구호였던 제한 정부, 시장자유주의, 재정 건전성 등으로는 설명할 수 없는 내용이었다.

둘째, 양대 운동 지지자의 인적 구성의 측면에서도 티파티 운동과 위대한 미국 운동의 핵심 지지층은 상당한 차이를 보였다. 티파티 운동 참가자나 지지자들은 대체로 소득수준에서 중산층 이상이고, 연령 면에서 비교적 나이가 많은 중장년층이며, 학력 수준에서 대졸 이상의 백인들로 구성되어 있었다. 이러한 현상은 티파티 운동에 대한 단순한 지지자에서 적극적 참가자로 변모해 갈수록 더욱 두드러졌다. 사회경제적 수준에서 낙후되어 있다거나 소외된 사람들이라기보다는 오바마 행정부의 지출 정책과 연방정부의 역할 팽창 등에 대해 불만을 지닌 사회 중상류층 백인들이 티파티 운동의 주요 지지자였다(CBS News/New York Times Poll 2010).

반면에 트럼프의 백인 민족주의에 동조한 세력들은 학력과 소득수준이 상대적으로 낮은 백인들로 구성되어 있었다. 이들 가운데에는 대체로 민주당 정부가 꾸준히 추진한 세계화로 인해 일자리를 잃을 수도 있다는 두려움과 불만을 지닌 고졸 이하 노동자 출신이 많았으며, 민주주의에 대한 보편적 믿음보다는 미국을 하나님이 선택한 새천년왕국으로 믿고 이를 이민자들의 침투로부터 지켜 내야 한다는 문화적·종교적 보수주의자들이었다(Pew Research Center 2018). 공화당의 전통적인 친기업적 주류 세력이 남미 이민자들에게 계절 이민의 필요성으로 인해 상대적으로 개방적이었던 것과 대조적인 생태계에서 자란 백인 민족주의 성향 노동자들은 백인이 중심이 되는 미국의 서유럽적 정체성을 중요시하면서 트럼프의 권위주의적 반이민주의 리더십을 추종했다.

셋째, 티파티 운동은 위대한 미국 운동과 달리 반엘리트적 성향을 보이지는 않았으며, 그런 의미에서 '착취하는 소수의 엘리트 대 착취당하는 다수의 민중'이라는 이분법적 민중주의 대립 구도 속에서 작동하지 않았다. 버서 운동 등 음모론이나 반이민주의 등 우익 민중주의 요소가 없지는 않았으나, 무엇보다 티파티 운동은 시장자유주의를 강조하고 연방정부의 부채 확대에 대한 합리적 우려를 제기했다. 이들은 오바마 행정부 당시 과도한 연방정부 지출에 불만을 지녔으나, 이는 본질적으로 연방정부의 지나친 팽창과 재정 지출, 그리고 이에 따른 재정 악화에 대한 불만이었지 기득권 정치인이나 월가 혹은 자유주의 언론매체 등에 대한 극단적 반감을 드러낸 것은 아니었다.

이와 달리 위대한 미국 운동은 개방적 이민 정책과 자유무역을 추구한 민주당 정치인, 힐러리 클린턴 등 기득권 정치세력, 부패한 월가, 자유주의적 언론매체 등을 백인 노동자들의 이익을 돌보지 않고 국적 없는 사해동포주의와 무역 개방을 추구하는 세력으로 몰아붙이는 전형적인 민중주의 경향을 보였다. 위대한 미국 운동은 낙후된 산업지대에서 일자리를 상실하고 궁지에 몰린 백인 노동자나, 인종적 다양화의 거대한 추세 속에서 미국 기독교적 정체성을 유지하려는 농촌지역의 백인 복음주의 기독교도들을 핍박받는 다수로 설정하고 이들의 분노에 편승해 세력을 확대해 나간 운동이었다. 따라서 소수의 엘리트와 다수의 민중이라는 이분법적 구도가 매우 선명하게 드러난 위대한 미국 운동의 경우 티파티 운동에서는 두드러지지 않았던 우익 민중주의적 요소가 드러났다.

마지막으로, 이 책이 양대 운동을 분석하기 위해 원용한 프레임 이론과 관련해 보자면, 티파티 운동은 프리덤워크스와 같은 시장자유주의적 보수단체나 폭스뉴스처럼 전국적 네트워크를 지닌 보수 방송매체에 의해 메시지가 전파된 측면이 강한 반면, 위대한 미국 운동의 프레임 연결이나 증폭 등은 기본적으로 트럼프 개인의 연설이나 트위터 메시지 등을 통해 전달된 측면이 두드러졌다. 위대한 미국 운동은 거친 언사로 언론의 주목을 받으면서 세력을 모아 온 트럼프의 개인 플레이와 이에 대한 백인 노동자 지지층의 강력한 환호에 힘입어 추동력을 얻을 수 있었다. 트럼프와 트럼프 지지자 사이에 트럼프에 필적할 만큼 프레임의 생성, 전달, 매개 역할을 담당한 별도의 조직은 존재하지 않았다. 트럼프에 대한 언론의 관심과 대안우파의 지지는 트럼프의 강력한 메시지에 반응하면서 형성된 것이었지, 이들이 트럼프의 강력한 메시지를 유도한 것이 결코 아니었다. 즉, 트럼프 스스로 프레임의 형성과 대중과의 연계에서 핵심적인 행위자였다는 면에서 티파티 운동과 위대한 미국 운동은 차이점을 보인다고 할 수 있다.

6장

결론

1. 논의의 정리

지금까지 이 책은 티파티 운동과 위대한 미국 운동을 '리얼 아메리카'의 회복을 위한 저항운동으로 보고 논의를 전개했다. 이 책은 먼저 오바마 행정부 등장 직후 전개된 티파티 운동을 재정 건전성과 작은 정부, 시장 자유주의를 추구한 헌법적 정체성 회복 운동이라고 파악했다. 그리고 트럼프의 대통령 출마선언과 함께 시작된 위대한 미국 운동을 반엘리트주의적 경향을 드러내면서 미국의 국경을 수호하고 미국의 이익을 최우선으로 하며 백인 중심의 미국 사회를 지켜내려는 종족적 정체성 운동이라는 관점에서 설명했다.

이러한 문제의식과 연구목표에 따라 이 책은 양대 저항운동이 '정부의 정책에 반대하거나 정부의 조치에 불만을 지닌 불특정 다수가 자신의 목적을 달성하기 위해 상당 기간 정부에 갈등적 저항을 지속적이고 반복적으로 시도하는 집합행동'이라는 사회운동의 정의에 부합한다고 보았다. 그리고 이 책은 이렇게 정의된 사회운동의 관점에서 양대 운동을 설명하기 위해 먼저 사회운동에 관한 다양한 이론을 설명하고, 각각의 이론이 양대 사회운동을 설명하는 데 적합한지 검토했다.

이어서 이 책은 양대 운동을 설명하는 데 분노와 좌절감이라는 심리적 요인의 중요성을 인정하면서도, 이러한 심리적 요소만으로는 두 운동의 등장과 전개를 충분히 설명하기 어렵다고 보았다. 이 점에 착안하여 이 책은 다른 어떤 이론보다 프레임 이론이 양대 사회운동의 등장과 전개 과정을 설명하는 데 가장 적절하다고 보았고, 부분적으로 티파티 운동의 경우에는 자원 동원 이론도 원용했다. 프레임 이론을 양대 사회운동을 모두 설명하는 데 활용한 이유는 크게 두 가지다. 첫째, 이들 운동의 등장과 전개 과정에서 특정 단체나 개인이 시도한 프레임 연결과 프레임 증폭, 혹은 프레임 전환 등의 노력이 매우 중요했기 때문이며, 둘째, 이 이론이 저항 동원의 미시적 메커니즘을 제공하고 있어 일차적으로 개인들이 집합행동에 참가하는 과정을 설명하는 데 유용하다고 생각했기 때문이다.

이어서 이 책은 3장과 4장에 걸쳐 티파티 운동과 위대한 미국 운동을 각각 설명했다. 각 장에서는 양대 사회운동을 먼저 연대기적 사건을 중심으로 설명했다. 이어서 프레임 이론을 적용하여 양대 사회 이론을 설명하고, 티파티 운동의 경우에는 자원 동원 이론을 함께 이용하여 설명했다. 이 책은 먼저 티파티 운동의 경우 전국 규모로 활동한 프리덤워크스나 전국적 네트워크를 지닌 방송매체인 폭스뉴스를 프레임 연계와 자원 동원의 핵심적 역할을 한 조직으로 파악하고, 이들 조직의 활동을 중심으로 이 운동의 등장과 전개 과정을 설명했다. 무엇보다 프리덤워크스는 티파티 운동 발흥 초기 각 지역에서 활동하던 온라인 활동가들의 역할을 넘겨받아 티파티 운동이 전국적으로 세력을 확대하면서 확산되도록 프레임 연계 역할을 적극적으로 수행했다. 프리덤워크스는 티파티 운동의 핵심 구호가 자신들의 신념인 감세, 시장자유주의, 재정 건전성, 개인의 자유 등의 가치에 부합한다고 보고 이 운동의 적극적 후원자가 되어 자원 동원에도 기여하는 한편, 티파티 운동의 전국적 확산과 착근을 위해 프레임 연결과 증폭에 집중했다. 폭스뉴스 역시 티파티 운동의 시위나 집회에 대한 보도의 기능에서 한 발 더 나아가, 이 운동을 홍보하고 이 운동에 참여하는 데 필요한 다양한 노하우를 전달하는 등 사실상 티파티 운동 기구로 활동했다.

한편 위대한 미국 운동의 경우 이 책은 선거연설과 트위터 메시지 등을 적극적으로 활용한 트럼프가 사실상 지지자들과 소통한 프레임 연계의 중추적 인물이었다고 보았다. 그는 백인 민족주의, 미국 우선주의, 민중주의 등의 메시지를 발신하면서 잠재적 지지자들과 프레임 연계를 위해 노력했고, 오바마 행정부와 클린턴 후보를 테러와 불법 이민에 관대한 비애국적인 정치인으로 몰아붙였다. 특히 대통령 선거운동 과정에서 발생한 국내외 테러 사건에 편승하여 불법 이민자들과 무슬림을 미국의 안정을 해치고 치안을 불안하게 하는 잠재적 범죄자로 치부하기도 했다. 이러한 급진적인 반이민적 노선 표명을 통해 급격한 인구변화에 따른 위상 하락을 경험하면서 동시에 서유럽 중심의 기독교적 미국 정체성의 약화를 염려하는 백인들의 지지를 얻어 낼 수 있었다. 이와 함께 트럼프는 클린턴 후보를 특별이익에 포획된 무능한 정치인으로 폄하하면서 엘리트의 속박 속에서 신음하는 미국 민중의 이익을 대변할 것임을 약속하기도 했다.

마지막으로, 이 책은 티파티 운동과 위대한 미국 운동이 운동 목표와 지향점의 차이에도 불구하고 반이민 정서의 공유라는 측면에서 일종의 연속성을 지닌다고 보았다. 이 책의 5장에서는 양대 사회운동의 이러한 연속적 측면을 먼저 설명한 후, 두 운동의 유사점과 차이점을 아울러 보았다. 먼저 티파티 운동의 전개 당시 전면에 나서지 못했던 반이민적, 인종주의적 우익 민중주의 세력이 트럼프의 대통령 출마선언과 함께 백인 노동자들과 손을 잡으면서 티파티 운동 당시 저류에 흐르던 반이민주의 정서가 트럼프의 선거운동을 거치면서 빠르게 활성화되었다는 점을 설명했다. 트럼프의 대선 출마선언이라는 기회의 창을 통해 비교적 전향적이었던 주류 시장자유주의적 성향의 티파티 운동 세력과는 다른 모습을 띤, 우익 민중주의적 성향의 티파티 운동 세력이 반이민주의와 인종주의적 성향을 노골적으로 드러내면서 백인 민족주의의 최전선에 나섰다.

이와 함께 이 책은 티파티 운동과 위대한 미국 운동은 모두 미국의 국가적 정체성 회복을 추구했다는 점, 양대 사회운동 모두 반오바마 운동의 성격을 띠었다는 점 등에서 유사성이 있음을 설명했다. 한편 이러한 반이민적 연속성과 반오바마의 유사성에도 불구하고 양대 사회운동은 운동의 목표와 지향점, 운동 참가자나 지지자의 인적 구성, 반엘리트적 성향의 유무 등에서 차이점을 보인다는 점도 아울러 지적했다.

2. 사회운동과 미국 정치의 미래

제2차 세계대전 이후 안정적 제도권 정치의 전형으로 생각되어 오던 미국 정치는 부시와 오바마 행정부를 지나면서 극단적인 정파적 대립과 이에 따른 정치권의 기능부진으로 인해 제도권 정치에 대한 국민의 불신이 최고조에 달하는 상황에까지 이르렀다. 이와 함께 예산법안 통과 및 부채 상한선 증액 과정이 의회 내 양당 간 대립과 정파적 대치의 희생물이 되어 정부폐쇄(government shutdown)나 채무불이행을 야기할 수 있는 위기 상황이 미국 의회정치의 일상화된 한 단면이 되는 지경에 이르렀다. 여기에 더하여 흑인이나 이민자를 포함한 사회적 소수세력은 유대감을 상실한 채 개별적 정체성을 추구하는 한편, 트럼프의 등장과 함께 백인 민족주의가 발호하면서 미국 사회는 분열적인 정체성 정치로 인해 연방 국가(United States)가 아니라 탈연방 국가(Disunited States)로 치닫는 것은 아닌가 하는 우려마저 제기되었다. 2016년과 2020년 대통령 선거를 거치면서 미국이 일종의 내전 상황에 돌입했다는 이야기가 나올 정도로 미국의 제도적 정치는 제 기능을 발휘하지 못하는 지경에 이르렀고, 제도권 정치에 대한 미국 국민의 신뢰는 더욱 낮아졌다.

이처럼 제도권 정치가 제 기능을 발휘하지 못하면서 미국 정치를 보는 시각 역시 다원주의적 정치 과정론에 국한되기보다 좀 더 시야를 넓혀야 할 필요성에 직면했다. 물론 정기적 선거, 정당 간 경쟁, 이익집단의 로비 및 선거자금 지원활동, 의회를 중심으로 한 입법 과정의 중요성을 무시하는 것은 아니지만, 이러한 '과정으로서의 정치'만으로는 오늘날 미국 정치의 현실을 온전하고 충분하게 설명하는 데에 한계가 있음을 느끼게 된다. 선거나 정당정치 및 이익집단의 활동 너머에서 움직이는 운동정치, 정당의 외부에서 영향력을 발휘하여 정당의 체질을 변화시키려는 사회운동을 제도권 정치와 함께 조망하고 분석해야만 미국 정치의 면모를 온전히 파악할 수 있는 상황이 전개되었다.

이 책이 분석한 티파티 운동과 위대한 미국 운동은 바로 미국 정치의 변화된 모습을 우리 시야 안으로 밀어 넣으면서 좀 더 넓은 시각에서 미국 정치를 분석할 것을 요구하고 있다. 이 책의 의의 역시 티파티 운동이나 위대한 미국 운동과 같은 정부에 대한 갈등적 저항운동에 착안하여, 통상적인 제도권 정치와 성격이 다른 '운동정치'에 주목하여 미국 정치를 바라보도록 촉구하는 데 있다. 대의 민주주의의 핵심 기제인 정당정치가 티파티 운동이나 위대한 미국 운동과 같은 정당 외부의 세력에 의해 포획되는 현상은 분명 정상적인 대의 민주주의와는 구별해서 보아야 한다. 정당이 사회적 불만 요소를 흡수하고 이를 제도권 안에서 소화하는 대의 민주주의가 통상의 교과서에서 가르치는 미국 정치였다면, 티파티 운동이나 위대한 미국 운동에 의해 공화당이 포획되는 주객전도의 이상(異常) 현상은 정당의 쇠퇴와 함께 대의 민주주의의 취약성을 상징적으로 보여준다. 정당이 국민의 의사를 결집하지 못하고 의회가 국민이 원하는 정책을 제때 만들어 내지 못할 경우, 티파티 운동이나 위대한 미국 운동과 같은 사회운동이 발흥하여 미국 정치를 주도하는 현상이 나타난다고 볼 수 있다. 2021년 1월 6일 트럼프의 사주를 받은 우익 극단주의 폭도들의 의사당 점령 사태는 대의 민주주의의 위기를 넘어 민주주의의 퇴행적 발현이 헌정 위기로까지 치달을 수 있음을 웅변적으로 드러낸 사례였다.

티파티 운동과 위대한 미국 운동이 미국 정당정치의 한 축인 공화당과 미국 제도권 정치에 던진 충격은 미국이 건국 이래 몇 차례 헌정의 위기를 넘기면서 유지해 왔던 민주주의의 조건들이 오랜 기간에 걸쳐 서서히 사라져 갔음을 시사한다. 미국의 민주주의는 다원주의적 관용의 문화, 온건 양대 정당 간의 합리적이고 실용주의적인 정책경쟁, 지속적인 경제성장에 따른 두터운 중산층의 존재, 국민집단인 백인 우위의 인종적·문화적·종교적 동질성, 전통적 주류 언론매체들이 누리던 우월한 과점적 지위 등을 바탕으로 유지될 수 있었다.

실제로 건국 이후 계속 이민을 수용해 온 미국은 이민자들의 정치적 동원이라는 선거 인센티브로 인해 다원주의적 정치문화와 이에 따른 관용의 정치를 체득해 왔다. 다양한 이민자 집단의 지지를 얻어 내고, 이러한 지지를 엮어 가는 노력이 집중되지 않고서는 지역 혹은 전국 수준을 막론하고 각급 선거에서 선거 승리를 위한 연합을 구축할 수 없었다. 또한 미국의 정당은 유럽의 토지 귀족 혹은 부르주아를 중심으로 하는 우익 정당과 노동자를 중심으로 하는 사회주의 계열 좌익 정당이 대립하는 계급 갈등의 양상을 보이지 않았다. 미국의 민주당과 공화당은 이념보다는 실용주의적 정책노선을 중심으로 경쟁해 왔고, 투표와 개표 등 선거행정에 대한 유권자의 믿음은 견고했으며, 순조롭고 협조적인 정권이양 과정은 미국을 민주주의 모범 국가로 만들어 주었다. 그리고 광대한 국토와 자원 그리고 이것이 제공하는 경제적 신분상승의 다양한 기회는 잠재적 사회 갈등을 해소해 주는 배출구 역할을 담당했다. 이와 함께 전후 미국이 누리던 경제적 풍요는 노동자들의 중산층화를 촉진하면서 미국의 민주주의가 가진 자와 그렇지 못한 자를 중심으로 대치하는 현상을 방지해 주었다. 또한 미국 백인이 누리던 우월한 지위는 백인 중심의 사회적·문화적·종교적 동질성의 토대 위에 이민을 수용하고 이민자들의 이질적인 문화를 다수의 아량으로 받아들이게 하는 역할을 수행했다. 마지막으로, 주류 방송사와 신문사는 경쟁 속의 합의를 통해 인종주의나 사회주의 등 극단적인 목소리를 배제하는 한편 정치권에 대한 견제 기능을 충실히 이행했다.

그러나 미국 민주주의를 지탱해 오던 이러한 조건들이 서서히 약해지거나 사라지면서 미국 민주주의는 점점 더 강한 도전에 봉착하기 시작했다. 공화당은 반이민적이고 인종주의적인 극단 세력의 침투에 취약해졌고, 민주당은 전통적 지지층이었던 백인 노동자들을 외면하면서 소수자 중심의 정체성 정치에 함몰되는 양상을 보였다. 이러한 변화의 경로에서 두 정당이 합의와 협력의 접점을 찾지 못하면서 미국 정치는 장기간 표류하기 시작했다. 2016년 트럼프의 등장 이후 적지 않은 유권자가 선거 결과를 불신하게 되었고, 정권이양 과정은 헌정 위기를 동반할 수 있는 위험한 상황에 이르게 되었다. 한편 세계화의 후유증 속에서 미국은 더 이상 냉전 당시와 같은 패권적 지위를 누릴 수 없는 상황을 맞이했고, 트럼프로 대변되는 미국 우선주의는 2022년 인플레이션 감축법(IRA: Inflation Reduction Act)의 자국 상품 우대조항에서도 알 수 있듯이 외양을 달리한 채 바이든 행정부에서도 계속되고 있다. 1990년대 이후 남미 이민이 폭증하면서 인구의 다수를 차지하던 백인의 지위는 수십 년 이내에 소수인종이 다수를 차지하는 사회가 도래해 더욱 위협받을 것으로 전망된다.

현재 공화당으로 대변되는 보수주의 진영과 민주당으로 대변되는 자유주의 진영은 정치권뿐만 아니라 미국 사회 전역에서 대립과 갈등의 양상을 노출하고 있다. 트럼프가 2020년 대통령 선거에서 패배한 후 백인 민족주의 세력의 맹위가 다소 잠잠해진 것처럼 보이지만, 자신들이 누리던 지위의 상대적 하락에 대한 위기감을 계속 느낄 수밖에 없는 백인들이 인구변화의 대세를 필연적인 것으로 받아들여 백인 중심의 국가를 회복하자는 운동을 언제 포기할지 지금으로서는 알 수 없다.

이러한 상황 속에서 미국의 민주주의는 나라의 절반(折半)이 민주적 절차를 통해 나머지 절반과 적대적으로 살아가는 일종의 '반민(半民) 민주주의'를 당분간 경험할 수밖에 없을 것으로 보인다. 우리 측 후보가 더 좋아서 그를 위해 투표하는 것이 아니라, 상대방 후보가 싫어서 우리 측 후보에 투표한다는 부정적 정파성(negative partisanship)과 정서적 양극화(affective polarization)가 위력을 발휘하는 한 통합의 민주주의는 요원하며, '반민 민주주의'가 상당 기간 지속될 가능성이 커 보인다.

이러한 반민 민주주의의 도래는 적어도 상당 기간 미국 민주주의의 미래에 매우 중요한 이론적 과제를 던져 줄 것으로 보인다. 매우 소수의 주장에 불과해 보이지만 상대방을 '민주적 절차에 따라 무조건 혐오하는' 정당 지지자를 현실적으로 인정하되, 반민 간 혐오와 갈등을 최소화하고 이를 조절해 나가는 것에 만족하는 민주주의 모델을 만들어 가자는 주장이 제기될 수 있다. 혹은 이러한 반민 간 혐오와 갈등은 공동체의 유지를 근본에서부터 위태롭게 하는 위협 요인이므로 공공선을 추구하는 상생의 공화국을 건설하기 위해 현상 타개 방법을 꾸준히 모색해 나가야 한다는 주장이 계속해서 제기될 수도 있다. 실제로 2016년 트럼프의 대통령 당선을 전후하여 최근까지 미국에서 쏟아져 나오는 저작들은 대개 후자에 속한다고 할 수 있다.

이 책은 티파티 운동과 위대한 미국 운동이 공화당과 보수주의 세력을 더욱 우경화하고 이에 대한 민주당과 자유주의 세력의 커다란 반발을 불러와 미국 정치의 '반민 민주주의화' 국면을 자극한 일련의 과정을 연구한 성과물로 볼 수 있다. 그런데 이러한 공화당의 극단적 우경화 현상은 2020년 트럼프의 대선 패배 이후에도 지속되고 있어 문제다. 민주주의가 요구하는 '수평적 책임성'의 한 축을 담당해야 할 의회는 극우 성향의 하원의원 결집체인 '프리덤코커스'가 과도한 영향력을 행사하는 공화당으로 인해 양대 정당 간 정상적인 협력이 어려운 상황이다. 한편 여전히 2020년 대통령 선거를 부정선거로 보는 공화당 유권자들의 존재와 공화당이 지배하는 주에서 통과된 투표권 제한 조치들은 '수직적 책임성'을 통한 미국 민주주의의 정상적인 운영에 장애가 되고 있다.

이러한 상황에서 트럼프는 2022년 11월 15일 2024년 대선 출마를 선언했다. 그런데 2023년 3월 30일 트럼프는 2016년 대선 당시 성인물 여배우에 대한 입막음용 금전 지급과 관련된 회계 조작 등의 혐의로 뉴욕 맨해튼 지방법원 대배심에 의해 기소되었다. 미국 역사상 검찰에 기소된 최초의 대통령이라는 오명을 안게 된 것이다. 그러나 이러한 역풍에도 불구하고 트럼프는 공화당 내 차기 대선 후보 가운데 50%가 넘는 압도적 지지율을 얻었고(Edwards-Levy 2023; Yokley 2023), 그 여세를 몰아 정권 교체를 바라는 당원들의 열정적 지지에 힘입어 2024년 3월 12일 공화당 대선 후보로 확정되었다. 뉴욕 회계 부정 사건 등 그에 대한 네 건의 형사재판이 진행되거나 예정된 가운데 트럼프가 다시 한번 공화당 대선 후보로 등장했다는 사실은, 위대한 미국 운동의 위력이 지금도 여전히 강하게 느껴지고 있으며 미국의 제도권 정치는 아직도 운동정치와 대결해야 할 난제를 안고 있음을 보여 준다. 2024년 11월 5일 실시될 바이든과 트럼프의 역사적인 재대결은 미국 민주주의 및 제도권 정치의 복원력을 가늠할 또 다른 시험대가 될 것으로 보여 그 과정과 결과가 궁금하다.

참고문헌

1. 저서, 논문, 논평

Abramowitz, Alan I. and Kyle L. Saunders. 2008. "Is Polarization a Myth?" *The Journal of Politics* 70(2): 542-555.

Abramowitz, Alan I. 2010. *The Disappearing Center: Engaged Citizens, Polarization, and American Democracy*. New Haven: Yale University Press.

Abramowitz, Alan I. and Steven Webster. 2016. "The Rise of Negative Partisanship and the Nationalization of U.S. Elections in the 21st Century." *Electoral Studies* 41: 12-22.

Abromeit, John, York Norma, Gary Marotta, and Bridget María Chesterton, eds. 2016. *Transformation of Populism in Europe and the Americas: History and Recent Tendencies*. London: Bloomsbury Academic.

Achen, Christopher H. and Larry M. Bartels. 2016. *Democracy for Realists: Why Elections Do Not Produce Responsive Government*. Princeton: Princeton University Press.

Aldrich, John H. and David W. Rohde. 2001. "The Logic of Conditional Party Government: Revisiting the Electoral Connection." Lawrence C. Dodd and Bruce I. Oppenheimer (eds.), *Congress Reconsidered* (269-292). Washington DC: CQ Press.

Applebaum, Anne. 2020. *Twilight of Democracy: the Seductive Lure of Authoritarianism*. New York: Large Print, Random House.

Bell, Daniel, ed. 1963. *The Radical Right: The New American Right*. New York: Doubleday and Company.

Binder, Sarah A. 2003. *Stalemate: Causes and Consequences of Legislative Gridlock*. Washington, D.C.: Brookings Institution Press.

Black, Earl and Merle Black. 2007. *Divided America*. New York: Simon and Schuster.

Bond, Jon R. and Richard Fleisher. 2000. *Polarized Politics: Congress and the President in a Partisan Era*. Washington, D.C.: CQ Press.

Bonikowski, Bart and Paul DiMaggio. 2016. "Varieties of American Popular Nationalism." *American Sociological Review* 81(5): 949-980.

Burghart, Devin. 2012. "Chapter 3. View from the Top: Report on Six National Tea Party Organizations." Lawrence Rosenthal and Christine Trost (eds.), *The Precipitous Rise of the Tea Party* (67-97). Berkeley: University of California Press.

Campbell, John L. 2018. *American Discontent: the Rise of Donald Trump and Decline of the Golden Age*. New York: Oxford University Press.

Continetti, Matthew. 2010. "The Two Faces of the Tea Party: Rick Santelli, Glenn Beck, and the future of the populist insurgency." *Weekly Standard* 15(39). http://weeklystandard.com/articles/two-faces-tea-party

Citrin, Jack, Cara Wong, and Brian Duff. 2001. "The Meaning of American National Identity." R. D. Ashmore et al. (eds.), *Social Identity, Intergroup Conflict, and Conflict Reduction* (71-100). New York: Oxford University Press.

Dionne Jr., E. J. 2010. "The Tea Party's Radicalism." *The Oregonian*. Feb. 11. http://www.oregonlive.com/opinion/index.ssf/2010/02/the_tea_partys_radicalism.html

Dionne Jr., E. J., Norman Ornstein, and Thomas E. Mann. 2017. *One Nation After Trump: A Guide for the Perplexed, the Disillusioned, the Desperate, and the Not-Yet Deported*. New York: St. Martin Press.

Eisinger, Peter K. 1973. "The Conditions of Protest Behavior in American Cities." *American Political Science Review* 67(1): 11-28.

Etzioni, Amitai. 2010. "The tea partiers are half right." Aug. 2. http://edition.cnn.com/2010/OPINION/08/02/etzioni.tea.party/index.html#fbid=6p8vt2srQcz&wom=false

Feldman, Stanley. 2003. "Enforcing Social Conformity: A Theory of Authoritarianism." *Political Psychology* 24(1): 41-74.

Ferrara, Peter. 2009. "The Tea Party Revolution." *The American Spectator*. Special Report. April 15. http://spectator.org/archives/2009/04/15/the-tea-party-revolution/print

Fiorina, Morris, Samuel J. Abrams, and Jeremy C. Pope. 2005. *Culture War?: The Myth of a Polarized America*. New York: Pearson.

Frank, Thomas. 2005. *What's the Matter with Kansas?: How Conservatives Won the Heart of America*. New York: Picador.

Gamson, William. 1968. *Power and Discontent*. Homewood, IL: The Dorsey Press.

Gamson, William. 1975. *The Strategies of Social Protest*. Homewood, IL: The Dorsey Press.

Gardiner, Steven L. 2005. "White Nationalism Revisited: Demographic Dystopia and White Identity Politics." *Journal of Hate Studies* 4(59): 59-87.

Good, Chris. 2009. "The Tea Party Movement: Who's In Charge?" *The Atlantic*. April 14.
https://www.theatlantic.com/politics/archive/2009/04/the-tea-party-movement-whos-in-charge/13041/

Green, John C., Mark J. Rozell, and Clyde Wilcox, eds. 2003. *The Christian Right in American Politics*. Washington, D.C.: Georgetown University Press.

Greenberg, Stanley B. 2004. *The Two Americas: Our Current Political Deadlock and How to Break It*. New York: Thomas Dunn Books.

Gurr, Ted R. 1970. *Why Men Rebel*. Princeton: Princeton University Press.

Hacker, Jacob S. and Paul Pierson. 2005. *Off Center: The Republican Revolution and the Erosion of American Democracy*. New Haven and London: Yale University Press.

Hacker, Jacob S. and Paul Pierson. 2019. "The Republican Devolution: Partisanship and the Decline of American Governance." *Foreign Affairs*. July/Aug.
https://www.foreignaffairs.com/united-states/republican-devolution-partisanship-governance

Haidt, Jonathan. 2016a. "When and Why Nationalism Beats Globalism." *American Interest* 12(1). July 10.
http://www.the-american-interest.com/2016/07/10/when-and-why-nationalism-beats-globalism/

Haidt, Jonathan. 2016b. "The Ethics of Globalism, Nationalism, and Patriotism." *Minding Nature* 9(3): 18-24.

Harris, Lee. 2010. "The Tea Party vs. the Intellectuals." *Policy Review* No. 161. Hoover Institution.
http://www.hoover.org/publications/policy-review/article/5387

Hartz, Louis. 1955. *The Liberal Tradition in America: An Interpretation of American Political Thought since the Revolution*. New York: Harcourt Brace and Co.

Heikkilä, Niko. 2017. "Online Antagonism of the Alt-Right in the 2016 Election." *European Journal of American Studies*. Special Issue: Popularizing Politics: The 2016 U.S. Presidential Election 12(2).

https://www.researchgate.net/publication/318880757_Online_Antagonism_of_the_Alt-Right_in_the_2016_Election

Hetherington, Marc J. and Jonathan D. Weiler. 2009. *Authoritarianism and Polarization in American Politics*. Cambridge: Cambridge University Press.

Hetherington, Marc J. and Elizabeth Suhay. 2011. "Authoritarianism, Threat, and Americans' Support for the War on Terror." *American Journal of Political Science* 55(3): 546-560.

Ho, Clarence Y. H. 2012. "Chapter 4. Astroturf versus Grass Roots: Scenes from Early Tea Party Movement." Lawrence Rosenthal and Christine Trost (eds.), *Steep: The Precipitous Rise of the Tea Party* (98-129). Berkeley: University of California Press.

Hofstadter, Richard. 1964. *The Paranoid Style in American Politics and Other Essays*. Cambridge: Harvard University Press.

Howell, William G. and Terry M. Moe. 2020. *Presidents, Populism, and the Crisis of Democracy*. Chicago: The University of Chicago Press.

Huntington, Samuel P. 1983. *American Politics: The Promise of Disharmony*. Cambridge: The Belknap Press of Harvard University.

Huntington, Samuel P. 2004. *Who Are We?: The Challenges to America's National Identity*. New York: Simon and Schuster.

Iyengar, Shanto, Yphtach Lelkes, Matthew Levendusky, Neil Malhotra, and Sean J. Westwood. 2019. "The Origins and Consequences of Affective Polarization in the United States." *Annual Review of Political Science* 22: 129-146.

Kallick, D. Dyssegaard, Cyierra Roldan, and Silva Mathema. 2016. "Syrian Immigrants in the United States A Receiving Community for Today's Refugees." Center for American Progress. Report. Dec. 13.
https://www.americanprogress.org/article/syrian-immigrants-in-the-united-states-a-receiving-community-for-todays-refugees/

Kazin, Michael. 2016. "Trump and American Populism: Old Whine, New Bottles." *Foreign Affairs* 95(6): 17-24.

Kinder, Donald R. and Cindy D. Kim. 2009. *US vs Them: Ethnocentric Foundations of American Opinion*. Chicago: The University of Chicago Press.

Kitschelt, Herbert P. 1986. "Political Opportunity Structures and Political Protest: Anti-Nuclear Movements in Four Democracies." *British Journal of Political Science* 16(1): 57-85.

Klandermans, Bert. 1984. "Mobilization and Participation: Socio-Psychological

Expansions of Resource Mobilization Theory." *American Sociological Review* 49(5): 583-600.

Klandermans, Bert and Suzanne Staggenborg, eds. 2002. *Methods of Social Movement Research*. Minneapolis: University of Minnesota Press.

Kohn, Hans. 1961a. *The Idea of Nationalism: A Study in Its Origins and Background*. New York: The McMillan Company.

Kohn, Hans. 1961b. *American Nationalism: An Interpretative Essay*. New York: Collier Books.

Krugman, Paul. 2009. "Tea Parties Forever." April 12. http://www.nytimes.com/2009/04/13/opinion/13krugman.html?_r=2&scp=1&sq=tea%20party&st=cse

Kuzio, Taras. 2002. "The Myth of the Civic State: A critical survey of Hans Kohn's framework for understanding nationalism." *Ethnic and Racial Studies* 25(1): 20-39.

Lepore, Jill. 2010. *The Whites of Their Eyes: The Tea Party's Revolution and the Battle over American History*. Princeton: Princeton University Press.

Levendusky, Matthew. 2009. *The Partisan Sort: How Liberals Became Democrats and Conservatives Became Republicans*. Chicago: The University of Chicago Press.

Levitsky, Steven and Daniel Ziblatt. 2018. *How Democracies Die*. New York: Crown.

Lieven, Anatol. 2005. *America Right or Wrong: An Anatomy of American Nationalism*. Oxford: Oxford University Press.

Lipsky, Michael. 1968. "Protest as a Political Resource." *American Political Science Review* 62(4): 1144-1158.

Mann, Thomas E. and Norman J. Ornstein. 2006. *The Broken Branch: How Congress Is Failing America and How to Get It Back on Track*. Oxford: Oxford University Press.

Mansfield, Edward D., Diana C. Mutz, and Devon Brackbill. 2016. "Effects of the Great Recession on American Attitude Toward Trade." *British Journal of Political Science* 49(1): 1-22.

March, Louis T. 1999. *Immigration and the End of Self-Government*. Raleigh, NC: Representative Government Press.

Mason, Lilliana. 2018. *Uncivil Agreement: How Politics Became Our Identity*. Chicago: The University of Chicago Press.

McAdam, D. 1982. *Political Process and the Development of Black Insurgency 1930-1970*. Chicago and London: The University of Chicago Press.

McAdam, D., Sidney Tarrow, and Charles Tilly. 2001. *Dynamics of Contention*. Cambridge: Cambridge University Press.

McCarthy, John D. and Mayer N. Zald. 1977. "Resource Mobilization and Social Movements: A Partial Theory." *American Sociological Review* 82(6): 1212-1241.

Melucci, Alberto. 1988. "Getting Involved: Identity and Mobilization in Social Movements." B. Klandermans, H. Kriesi, and S. Tarrow (eds.), *International Social Movement Research*, Vol. 1 (329-348). Greenwich, CT: JAI Press.

Melucci, Alberto. 1995. "The Process of Collective Identity." Hank Johnston and Bert Klandermans (eds.), *Social Movement and Culture* (41-63). Minneapolis: University of Indiana Press.

Morris, Aldon, D. 1984. *The Origins of the Civil Rights Movement: Black Communities Organizing for Change*. New York: The Free Press.

Mudde, Cas. 2016a. "Chapter 1. The Populist radical right: A pathological normalcy." *On Extremism and Democracy in Europe* (3-12). London and New York: Routledge.

Mudde, Cas. 2016b. "Populist Radical Right Parties in Europe Today." John Abromeit, York Norma, Gary Marotta, and Bridget María Chesterton (eds.), *Transformation of Populism in Europe and the Americas: History and Recent Tendencies* (295-307). London: Bloomsbury Academic.

Neiwert, David. 2017. *Alt-America: The Rise of the Radical Right in the Age of Trump*. London and New York: Verso.

Nesbit, Jeff. 2016. *Poison Tea: How Big Oil and Big Tobacco Invented the Tea Party and Captured the GOP*. New York: St. Martin's Press.

Niblett, Robin. 2017. "Liberalism in Retreat: The Demise of a Dream." *Foreign Affairs* 96(1): 17-24.

Norris, Pippa, Stefaan Walgrave, and Peter van Aelst. 2005. "Who Demonstrates? Antistate Rebels, Conventional Participants, or Everyone?" *Comparative Politics* 37(2): 189-205.

Oberschall, Anthony. 1993. *Social Movements: Ideologies, Interests, and Identities*. New Brunswick: Transaction Publishers.

Olson, Mancur. 1965. *Logic of Collective Action: Public Goods and the Theory of Groups*. Cambridge, MA: Harvard University Press.

Opp, Karl-Dieter. 2009a. "Chapter 5. The Resource mobilization perspective." *Theories of Political Protest and Social Movements: A Multidisciplinary Introduction, Critique, and Synthesis* (127-160). London and New York: Routledge.

Opp, Karl-Dieter. 2009b. "Chapter 6. Political opportunity structures, protest, and social movements." *Theories of Political Protest and Social Movements: A Multidisciplinary Introduction, Critique, and Synthesis* (161-203). London and New York: Routledge.

Opp, Karl-Dieter. 2009c. "Chapter 11. The Structural-cognitive Model: A Synthesis of Collective Action, Resource Mobilization, Political Opportunity, Identity, and Framing Perspectives." *Theories of Political Protest and Social Movements: A Multidisciplinary Introduction, Critique, and Synthesis* (327-350). London and New York: Routledge.

Ott, Brian L. and Greg Dickison. 2019. *The Twitter Presidency: Donald J. Trump and the Politics of White Rage*. New York and London: Routledge.

Painter, Nell Irvin. 2019. "What Is White America?: The Identity Politics of the Majority." *Foreign Affairs* 98(6): 177-183.
https://www.foreignaffairs.com/reviews/review-essay/2019-10-15/what-white-america

Panizza, Francisco, ed. 2005. *Populism and the Mirror of Democracy*. London and New York: Verso.

Parker, Christopher and Christopher C. Towler. 2010. "Tea Party Preliminary Content Analysis: 2010 Multi-state Survey on Race & Politics Content Analysis." The University of Washington Institute for the Study of Ethnicity, Race and Sexuality.
https://depts.washington.edu/uwiser/tp_content_analysis.htm

Piven, Frances Fox and Richard A. Cloward. 1991. "Collective Protest: A Critique of Resource Mobilization Theory." *International Journal of Politics, Culture and Society* 4(4): 435-458.

Piven, Frances Fox. 2006. *Challenging Authority: How Ordinary People Change America*. Lanham: Rowman & Littlefield Publishers, Inc.

Rasmussen, Scott and Douglas Schoen. 2010. *Mad As Hell: How the Tea Party Movement Is Fundamentally Remaking Our Two-Party System*. New York: Harper.

Robinson, Peter. 2010. "Triumph of the Tea Party." *Forbes*. Jan. 2.
http://www.forbes.com/2010/01/21/tea-party-democracy-obama-politics-opinions-columnists-peter-robinson.html

Rosenthal, Lawrence and Christine Trost. 2012. *Steep: The Precipitous Rise of the Tea Party*. Berkeley: The University of California Press.

Rosenthal, Lawrence. 2016. "Trump, the Tea Party, the Republicans, and the Other." *Othering and Belonging*. Issue 1(Summer): 54-79.

Schlesinger, Jr., Arthur M. 1998. *The Disuniting of America: Reflections on a*

Multicultural Society. New York: W. W. Norton.

Sides, John, Michael Tesler, and Lynn Vavreck. 2018. *Identity Crisis: The 2016 Presidential Campaign and the Battle for the Meaning of America*. Princeton: Princeton University Press.

Skocpol, Theda and Venessa Williamson. 2011. "The Fox in the Tea Party." Dec. 22. https://www.reuters.com/article/idUS385328795220111221

Skocpol, Theda and Venessa Williamson. 2012. *The Tea Party and the Making of Republican Conservatism*. Oxford: Oxford University Press.

Smelser, Neil J. 1962. *Theory of Collective Behaviour*. London: Routledge and Kagan Paul, Ltd.

Snow, David, Burke Rochford, Steven Worden, and Robert Benford. 1986. "Frame Alignment Processes, Micromobilization, and Movement Participation." *American Sociological Review* 51(4): 464-481.

Spalding, Matthew. 2010. "Reclaiming America: Why We Honor the Tea Party Movement." WebMemo. No. 2961. The Heritage Foundation. July 15. https://www.heritage.org/political-process/report/reclaiming-america-why-we-honor-the-tea-party-movement

Stenner, Karen. 2005. *The Authoritarian Dynamic*. Cambridge: Cambridge University Press.

Stewart, Charles J., Craig Allen Smith, and Robert E. Denton, Jr. 2007. *Persuasion and Social Movements*. Long Grove, IL: Waveland Press, Inc.

Summers, Larry. 2016. "How to Embrace Nationalism Responsibly." July 10. https://www.washingtonpost.com/opinions/global-opinions/how-to-embrace-nationalism-responsibly/2016/07/10/faf7a100-4507-11e6-8856-f26de2537a9d_story.html

Swain, Carol M. 2002. *The New Nationalism in America: Its Challenge to Integration*. Cambridge: Cambridge University Press.

Tajfel, Henri, M. G. Billig, R. P. Bundy, and Claude Flament. 1971. "Social Categorization and Intergroup Behavior." *European Journal of Social Psychology* 1(2): 149-178.

Tarrow, Sidney. 2011. *Power in Movement: Social Movements and Contentious Politics*. New York: Cambridge University Press.

Theiss-Morse, Elizabeth. 2009. *Who Counts as American?: The Boundaries of National Identity*. Cambridge: Cambridge University Press.

Tilly, Charles. 1973. "Does Modernization Breed Revolution?" *Comparative Politics* 5(3): 425-447.

Tilly, Charles and Sidney Tarrow. 2007. *Contentious Politics*. Boulder and London: Paradigm Publishers.

Tilly, Charles and Lesley J. Wood. 2020. "Chapter 1. Social Movement as Politics." Charles Tilly et al., *Social Movements, 1768-2018*. New York and London: Routledge.

Tilly, Charles, Ernetsto Castañeda, and Lesley J. Wood. 2020. *Social Movements, 1768-2018*. New York and London: Routledge.

Truman, David. 1951. *The Governmental Process: Political Interests and Public Opinion*. New York: Alfred A. Knopf.

van Aelst, Peter and Stefaan Walgrave. 2001. "Who is that (wo)man in the street?: From the normalization of protest to the normalization of the protester." *European Journal of Political Research* 39: 461-486.

van de Donk, Wim, Brian D. Loader, Paul G. Nixon, and Dieter Rucht. *Cyberprotest: New Media, Citizens and Social Movements*. London and New York: Routledge.

Walker, Jack L. 1991. "Chapter 3. Explaining the Mobilization of Interests." *Mobilizing Interests Groups in America: Patrons, Professions, and Social Movements*. Ann Arbor: The University of Michigan Press.

Walsh, Edward J. 1981. "Resource Mobilization and Citizen Protest in Communities Around Three Mile Island." *Social Problems* 29(1): 1-21.

White, John Kenneth. 2003. *The Values Divide: American Politics and Culture in Transition*. New York: Chatham House Publishers.

Williamson, Vanessa, Theda Skocpol, and John Coggin. 2011. "The Tea Party and the Remaking of Republican Conservatism." *Perspective on Politics* 9(1): 25-43.

Winberg, Oscar. 2017. "Insult Politics: Donald Trump, Right-Wing Populism, and Incendiary Language." *European Journal of American Studies*. Special Issue: Popularizing Politics: The 2016 U.S. Presidential Election 12(2). https://pdfs.semanticscholar.org/6a84/1165b96fe3f5318bea3e15aa2438ffd5341b.pdf?_ga=2.17278137.1442197084.1570783878-1774487334.1570783878

Zernike, Kate. 2010a. *Boiling Mad: Inside Tea Party America*. New York: Times Books.

2. 신문 및 방송, 블로그, 인터넷 뉴스 자료

BBC News. 2015. "Donald Trump: I would send Syrian refugees home." Oct. 1. https://www.bbc.com/news/world-us-canada-34397272

Bennett, George. 2010. "Woman's year-ago protest launched tea party movement in Florida." Feb. 9.

http://www.palmbeachpost.com/news/state/womans-year-ago-protest-launched-tea-party-movement-224494.html?imw=Y

Blair, Tony. 2017. "Tony Blair Against Populism, the Center Must Hold." March 3. https://www.nytimes.com/2017/03/03/opinion/tony-blair-against-populism-the-center-must-hold.html

Chokshi, Niraj. 2016. "Trump Accuses Clinton of Guiding Global Elite Against U.S. Working Class." Oct. 13. https://www.nytimes.com/2016/10/14/us/politics/trump-comments-linked-to-antisemitism.html

Chozick, Amy. 2016. "Hillary Clinton Calls Many Trump Backers 'Deplorables,' and G.O.P. Pounces." Sep. 10. https://www.nytimes.com/2016/09/11/us/politics/hillary-clinton-basket-of-deplorables.html

Domonoske, Camila. 2016. "Trump Fails To Condemn KKK On Television, Turns To Twitter To Clarify." Feb. 28. https://www.npr.org/sections/thetwo-way/2016/02/28/468455028/trump-wont-condemn-kkk-says-he-knows-nothing-about-white-supremacists

Flegenheimer, Matt. 2016. "Hillary Clinton Says 'Radical Fringe' Is Taking Over G.O.P. Under Donald Trump." Aug. 25. https://www.nytimes.com/2016/08/26/us/politics/hillary-clinton-speech.html

Gamboa, Suzanne. 2015. "Donald Trump Announces Presidential Bid By Trashing Mexico, Mexicans." June 17. https://www.nbcnews.com/news/latino/donald-trump-announces-presidential-bid-trashing-mexico-mexicans-n376521

Goldman, Russell. 2009. "Tea Party Protesters March on Washington Thousands march on Capitol, rip idea of government involvement in health care." Sep. 13. https://abcnews.go.com/Politics/tea-party-protesters-march-washington/story?id=8557120

Gray, Rosie. 2012. "Inside the Tea Party Factory." Aug. 2. https://www.buzzfeednews.com/article/rosiegray/inside-the-tea-party-factory

Gray, Rosie. 2016. "Inside A White Nationalist Conference Energized By Trump's Rise." May 26. https://www.buzzfeednews.com/article/rosiegray/inside-a-white-nationalist-conference-energized-by-trumps-ri

Haberman, Maggie and Richard A. Oppel Jr. 2016. "Donald Trump Criticizes Muslim Family of Slain U.S. Soldier, Drawing Ire." July 30.

https://www.nytimes.com/2016/07/31/us/politics/donald-trump-khizr-khan-wife-ghazala.html

Hamsher, Jane. 2009. "A Teabagger Timeline: Koch, Coors, Newt, Dick Armey There From the Start." April 15.
https://www.huffpost.com/entry/a-teabagger-timeline-koch_b_187312

Harkinson, John. 2016. "Trump Selects a White Nationalist Leader as a Delegate in California: Meet William Johnson, head of the American Freedom Party." July/August Issue.
https://www.motherjones.com/politics/2016/05/donald-trump-white-nationalist-afp-delegate-california/

Healy, Patrick and Jonathan Martin. 2016. "Donald Trump Won't Say if He'll Accept Result of Election." Oct. 19.
https://www.nytimes.com/2016/10/20/us/politics/presidential-debate.html

Helderman, Rosalind S., Matt Zapotosky and Sari Horwitz. 2016. "Computer seized in Weiner probe prompts FBI to take new steps in Clinton email inquiry." Oct. 28.
https://www.washingtonpost.com/politics/fbi-to-conduct-new-investigation-of-emails-from-clintons-private-server/2016/10/28/0b1e9468-9d31-11e6-9980-50913d68eacb_story.html

Itkowitz, Colby. 2015. "Donald Trump says we are all too politically correct. But is that also a way to limit speech?" Dec. 9.
https://www.washingtonpost.com/news/inspired-life/wp/2015/12/09/donald-trump-says-were-all-too-politically-correct-but-is-that-also-a-way-to-limit-speech/

Karimi, Faith, Jason Hanna and Yousuf Basil. 2015. "San Bernardino Shooters 'Supporters' of ISIS, Terror Group Says." Dec. 5.
https://edition.cnn.com/2015/12/05/us/san-bernardino-shooting/index.html

Kurtzleben, Danielle. 2022. "Trump announces 2024 presidential run." Nov. 15.
https://www.npr.org/2022/11/15/1137052704/trump-2024-president-campaign

Lee, Kurtis. 2015. "Arizona Crowd Welcomes Donald Trump's Tough Stance on Immigration." July 11.
https://www.latimes.com/nation/politics/la-na-trump-arizona-rally-20150710-story.html

Lee, Michelle Ye Hee. 2015. "Donald Trump's False Comments Connecting Mexican Immigrants and Crime." July 8.
https://www.washingtonpost.com/news/fact-checker/wp/2015/07/08/donald-trumps-false-comments-connecting-mexican-immigrants-and-crime/

Lee, MJ and Pat St. Claire. 2015. "Trump Draws Thousands in Phoenix, Continues Immigration Theme." July 11.
https://edition.cnn.com/2015/07/11/politics/donald-trump-phoenix-rally/index.html

Mahler, Jonathan. 2016. "Donald Trump's Message Resonates With White Supremacists." Feb. 29.
https://www.nytimes.com/2016/03/01/us/politics/donald-trump-supremacists.html

Malkin, Michelle. 2009a. "From the Boston Tea Party to Your Neighborhood Pork Protest." Feb. 16.
https://www.unz.com/author/michelle-malkin//2009/02/16/from-the-boston-tea-party-to-your-neighborhood-pork-protest/

Malkin, Michelle. 2009b. "Tea Party U.S.A.: the Movement Grows." Feb. 21.
https://www.unz.com/author/michelle-malkin//2009/02/21/tea-party-usa-the-movement-grows/

Martin, Jonathan, Jim Rutenberg, and Maggie Haberman. 2016. "Donald Trump Appoints Media Firebrand to Run Campaign." Aug. 17.
https://www.nytimes.com/2016/08/18/us/politics/donald-trump-stephen-bannon-paul-manafort.html

Montgomery, David S. Horwitz, and Marc Fisher. 2010. "One woman's quest turns into 'tea party'." May 30.
https://buffalonews.com/news/one-womans-quest-turns-into-tea-party/article_2f7886b3-d7ea-560b-8194-c4d85c1b4eac.html

NPR Staff. 2010. "Tea Party Express Comes To A Head On Tax Day." April 15.
https://www.npr.org/2010/04/15/126022349/tea-party-express-comes-to-a-head-on-tax-day

Orr, Gabby, Kristen Holmes, and Veronica Stracqualursi. 2022. "Former President Donald Trump announces a White House bid for 2024." Nov. 16.
https://edition.cnn.com/2022/11/15/politics/trump-2024-presidential-bid/index.html

Pilkington, Ed. 2015. "Donald Trump: ban all Muslims entering US." Dec. 8.
https://www.theguardian.com/us-news/2015/dec/07/donald-trump-ban-all-muslims-entering-us-san-bernardino-shooting

Ramjug, Peter. 2020. "Many Republicans Don't Believe the Election Results, A New Survey Says." Dec. 11.
https://news.northeastern.edu/2020/12/11/who-won-the-2020-presidential-election-joe-biden-or-donald-trump-depends-whom-you-ask/

Reynolds, G. Harlan. 2009. "Tax Day Becomes Protest Day: How the tea parties could

change American politics." April 15.
https://www.wsj.com/articles/SB123975867505519363

Robbins, Liz. 2009. "Tax Day Is Met With Tea Parties." April 15.
https://www.nytimes.com/2009/04/16/us/politics/16taxday.html

Schleifer, Theodore. 2015. "Donald Trump leads new national poll." July 15.
https://edition.cnn.com/2015/07/14/politics/donald-trump-leading-poll/index.html

Schleifer, Theodore and Stephen Collinson. 2016. "Defiant Ted Cruz stands by refusal to endorse Trump after being booed during convention speech." July 22.
https://edition.cnn.com/2016/07/20/politics/ted-cruz-republican-convention-moment/index.html

Shivaram, Deepa. 2022. "Trump has raised millions. He may run in 2024, so where will all that money go?" Aug. 24.
https://www.npr.org/2022/08/24/1118946905/trump-pac-money-fec

Steinhauser, Brendan. 2014. "5th Year Anniversary of the 9/12/09 Taxpayer March on Washington." Sep. 12.
http://www.brendansteinhauser.com/blog/5th-year-anniversary-of-the-91209-taxpayer-march-on-washington

Turnham, Steve. 2016. "Donald Trump to Father of Fallen Soldier: 'I've Made a Lot of Sacrifices'." July 31.
https://abcnews.go.com/Politics/donald-trump-father-fallen-soldier-ive-made-lot/story?id=41015051

Vitali, Ali. 2016. "Trump: Clinton's Deplorables Comment 'Explicit Attack' on Voters." Sep. 13.
https://www.nbcnews.com/politics/2016-election/trump-calls-clinton-s-deplorable-comment-explicit-attack-voters-n646886

Walker, Hunter. 2015. "Donald Trump just released an epic statement raging against Mexican immigrants and 'disease'." July 7.
https://www.businessinsider.com/donald-trumps-epic-statement-on-mexico-2015-7

Yuhas, Alan. 2015. "Trump won't rule out special ID for Muslim Americans noting their religion." Nov. 20.
https://www.theguardian.com/us-news/2015/nov/19/donald-trump-muslim-americans-special-identification-tracking-mosques

Zapotosky, Matt and Rosalind S. Helderman. 2016. "FBI recommends no criminal charges in Clinton email probe." July 5.
https://www.washingtonpost.com/world/national-security/fbi-chief-plans-remarks-to-

media-amid-heightened-focus-on-clinton-email-probe/2016/07/05/a53513c4-42b9-11e6-bc99-7d269f8719b1_story.html

Zeleny, Jeef. 2009. "Thousands Rally in Capital to Protest Big Government." Sep. 12. http://www.nytimes.com/2009/09/13/us/politics/13protestweb.html

Zernike, Kate. 2010b. "Unlikely Activist Who Got to the Tea Party Early." Feb. 27. http://www.nytimes.com/2010/02/28/us/politics/28keli.html?th&emc=th

Zernike, Kate. 2010c. "Shaping Tea Party Passion Into Campaign Force." Aug. 25. https://www.nytimes.com/2010/08/26/us/politics/26freedom.html

3. 트럼프 연설 및 페이스북 · 트위터 메시지

"Remarks Announcing Candidacy for President in New York City." June 16, 2015. https://www.presidency.ucsb.edu/documents/remarks-announcing-candidacy-for-president-new-york-city

"Remarks Following the Montana, South Dakota, New Mexico, New Jersey and California Primary Elections." June 7, 2016. https://www.presidency.ucsb.edu/documents/remarks-following-the-montana-south-dakota-new-mexico-new-jersey-and-california-primary

"Address Accepting the Presidential Nomination at the Republican National Convention in Cleveland, Ohio." July 21, 2016. https://www.presidency.ucsb.edu/documents/address-accepting-the-presidential-nomination-the-republican-national-convention-cleveland

"Remarks at Youngstown State University in Youngstown, Ohio." Aug. 15, 2016. https://www.presidency.ucsb.edu/documents/remarks-youngstown-state-university-youngstown-ohio

"Remarks on Immigration at the Phoenix Convention Center in Phoenix, Arizona." Aug. 31, 2016. https://www.presidency.ucsb.edu/documents/remarks-immigration-the-phoenix-convention-center-phoenix-arizona

"Remarks to the Economic Club of New York at the Waldorf Astoria in New York City." Sep. 15, 2016. https://www.presidency.ucsb.edu/documents/remarks-the-economic-club-new-york-the-waldorf-astoria-new-york-city

"Remarks on Proposals for the First 100 Days in Office at the Eisenhower Complex in Gettysburg, Pennsylvania." Oct. 22, 2016. https://www.presidency.ucsb.edu/documents/remarks-proposals-for-the-first-100-daysoffice-the-eisenhower-complex-gettysburg

Trump, Donald J. 2016. "A NATION WITHOUT BORDERS IS NOT A NATION AT ALL. WE MUST HAVE A WALL. THE RULE OF LAW MATTERS! -DJT." Aug. 16. https://www.facebook.com/DonaldTrump/posts/a-nation-without-borders-is-not-a-nation-at-all-we-must-have-a-wall-the-rule-of-/10157502556780725/

Trump Twitter Archive. https://www.thetrumparchive.com/

4. 기타 자료

1) 이민 관련 자료

Migration Policy Institute. "US Immigration Trends." https://www.migrationpolicy.org/programs/data-hub/us-immigration-trends

World Population Review. "US Immigration by Country 2023." https://worldpopulationreview.com/country-rankings/us-immigration-by-country

2) 여론조사 결과

CBS News/New York Times Poll. 2010. "THE TEA PARTY MOVEMENT: WHO THEY ARE: April 5-12, 2010." April 14. https://www.cbsnews.com/htdocs/pdf/poll_tea_party_who_they_are_041410.pdf

Dugan, Andrew. 2015. "As in 1999, Most Do Not See Trump as Serious Candidate." July 14. https://news.gallup.com/poll/184115/1999-not-trump-serious-candidate.aspx?utm_source=alert&utm_medium=email&utm_content=morelink&utm_campaign=syndication

Edwards-Levy, Ariel. 2023. "CNN Poll: Trump leads 2024 GOP primary field, but many voters are open to supporting other candidates." May 24. https://edition.cnn.com/2023/05/24/politics/cnn-poll-republican-primary-field/index.html

Holyk, Gregory and Gary Langer. 2016. "Poll: Clinton Unpopularity at New High, on Par With Trump." Aug. 31. https://abcnews.go.com/Politics/poll-clinton-unpopularity-high-par-trump/story?id=41752050

Jones, Jeffrey M. 2010. "Debt, Gov't. Power Among Tea Party Supporters' Top Concerns." July 5. http://www.gallup.com/poll/141119/Debt-Gov-Power-Among-Tea-Party-Supporters-Top-Concerns.aspx

Newport, Frank. 2010. "Tea Party Supporters Overlap Republican Base." July 2.

http://www.gallup.com/poll/141098/Tea-Party-Supporters-Overlap-Republican-Base.aspx

Page, Susan and Naomi Jagoda. 2010. "What is the Tea Party?: A growing state of mind." July 2.
https://abcnews.go.com/Politics/tea-party-supporters-frustrated-obama-spending-government/story?id=11077339

Pew Research Center. 2018. "For Most Trump Voters, 'Very Warm' Feelings for Him Endured." Aug. 9.
https://www.pewresearch.org/politics/2018/08/09/an-examination-of-the-2016-electorate-based-on-validated-voters/

Pew Research Center. 2019. "Trump's Staunch GOP Supporters Have Roots in the Tea Party." May 16.
https://www.pewresearch.org/politics/2019/05/16/trumps-staunch-gop-supporters-have-roots-in-the-tea-party/

Saad, Sydia. 2010. "Tea Partiers Are Fairly Mainstream in Their Demographics." April 5.
http://www.gallup.com/poll/127181/Tea-Partiers-Fairly-Mainstream-Demographics.aspx

Saad, Lydia. 2016. "Trump and Clinton Finish With Historically Poor Images." Nov. 8.
https://news.gallup.com/poll/197231/trump-clinton-finish-historically-poor-images.aspx

The New York Times/CBS News Poll. 2010. "National Survey of Tea Party Supporters." April 5-12.
https://www.nytimes.com/interactive/projects/documents/new-york-timescbs-news-poll-national-survey-of-tea-party-supporters

Yokley, Eli. 2023. "Tracking the 2024 Republican Primary: Pence, Christie have little support." June 6.
https://pro.morningconsult.com/trackers/2024-gop-primary-election-tracker

3) 미디어 매터스(Media Matters) 자료

Hananoki, Eric. 2009a. "REPORT: "Fair and balanced" Fox News aggressively promotes "tea party" protests." April 8.
https://www.mediamatters.org/fox-news/report-fair-and-balanced-fox-news-aggressively-promotes-tea-party-protests

Hananoki, Eric. 2009b. "Fox News "hops" aboard Tea Party Express with rampant promotions, live coverage." Aug. 28.
https://www.mediamatters.org/fox-news/fox-news-hops-aboard-tea-party-express-rampant-promotions-live-coverage

Hananoki, Eric. 2009c. "'Voice of the opposition': Fox News openly advocates against Democratic Congress, White House." Sep. 11.
https://www.mediamatters.org/fox-news/voice-opposition-fox-news-openly-advocates-against-democratic-congress-white-house#20091005

Hananoki, Eric and Julie Millican. 2009. "2009: A year of Fox News political activism." Dec. 22.
https://www.mediamatters.org/fox-news/2009-year-fox-news-political-activism

Media Matters Staff. 2009. "Hosting the party: Fox aired at least 20 segments, 73 promos on "tea party" protests -- in just 8 days." April 15.
https://www.mediamatters.org/fox-news/hosting-party-fox-aired-least-20-segments-73-promos-tea-party-protests-just-8-days

4) 유튜브 자료

YouTube. "Rick Santelli and the Rant of the Year."
https://www.youtube.com/watch?v=bEZB4taSEoA

찾아보기

ㅂ

ㅅ

ㅇ

ㅎ